KB157189

서른여섯, 은퇴하기 좋은 나이

서른여섯, 은퇴하기 좋은 나이

경제적 자유를 꿈꾸는
밀레니얼 세대를 위한
부의 절대 공식

여신욱 지음

프롤로그

견공은 출근을 이해하지 못한다

어느 출근길이었다. 아내는 먼저 회사에 가고 없었다. 나도 출근을 하려고 가방을 맨 채 현관을 나섰다. 그런데 키우던 강아지와 눈이 마주쳤다. 나는 강아지한테 이렇게 말했다. "회사 갔다 올게!" 그때 강아지가 짓던 표정을 아직도 잊을 수 없다.

그것은 나라를 잃은 표정이었다.

두 주인이 모두 나가고 집에 홀로 남겨지는 개의 표정. 거기서 엄청난 상실감을 읽을 수 있었다. 개도 인간과 똑같이 감정을 느낀다. 가족들이 직장으로 사라지고 나면 최소 10시간은 혼자 있어야 한다. 오랫동안 방치되는 개의 입장에서는 엄청난 마음고생이 있었을 것이다. 개는 출근이 왜 필요한지 이해하지 못하니까.

그런 생각이 머릿속을 지배하기 시작하자 하루하루가 괴로워졌다. 내가 말 못하는 동물에게 왜 이런 시련을 줘야 하는가, 하는 회의감이 들었다. 어쩔 때는 출근하는 아내와 나를 보며 벽 뒤에 숨어 고개만 내민 채로 우리가 나가는 모습을 보고 있기도 했다. 그때의 표정은 부모와 떨어져야 하는 어린아이가 눈물이 나오는 걸 참으려고 애쓰는 것과도 비슷했다. 개의 삶은 길어봐야 20년이다. 20년 뒤에 나는 고작 56세. 그 이후에도 수십 년을 더 살아갈 것이다. 하지만 개에게는 20년 남짓 주어진 시간이 전부다. 게다가 그 삶에서 주어진 사랑의 대상은 나와 아내뿐이다. 그런 개를 위해서 약간의 시간을 더 함께 보내주는 게 그렇게까지 어려운 일일까?

개가 중요한가 사람이 중요한가 묻는다면 당연히 사람이 중요하다. 하지만 나의 직장이 중요한가 나의 개가 중요한가 묻는다면? 갑자기 생각이 복잡해졌다. 직장은 나에게 소중한 곳이다. 생존을 책임지는 1차 전선이었다. 하지만 내 인생에서 가장 소중한 것은 아니었다. 누군가 나에게 세상에서 가장 소중한 것을 묻는다면 '1.아내 2.개 3.부모님…' 이런 순서였다(제발 부모님이 내 책을 보지 않기를). 직장은 잘은 기억나지 않지만 한 8~10위 사이였던 듯하다. 어찌되었든 개가 직장보다 더 소중했던 것이다(제발 예전 직장 동료분들이 내 책을 보지 않기를).

무라카미 하루키의 소설 데뷔작 《바람의 노래를 들어라》를 보면 동화 《플랜더스의 개》의 마지막 장면에 대한 언급이 나온다. 주인공 소년과 개가 그림 앞에서 꼭 껴안고 생을 마감하는 장면에 대해 한 사람이 이렇게 이야기한다. "이보게, 자네는 개가 그림을 위해 죽는다는 것을 이해할 수 있겠나?" 아무래도 개가 그림을 위해 죽는다는 건 너무 비현실적이다. 말이 안 된다. 그렇다면 사람이 개를 위해 직장을 그만두는 건 어떨까? 조금 한심하게 들릴 수는 있지만 불가능하진 않다. 모든 것은 선택의 문제다. 많은 사람이 개를 키우고, 몇몇은 (이따금씩) 퇴사를 한다.

시작부터 개 이야기가 너무 길었다. 하지만 이런 우스운 발상에서 출발하여, '개를 위한 퇴사'가 꽤 그럴듯한 설득력을 가지기 시작했다. 어쩌면 훨씬 하찮은 이유로도 사람들은 퇴사를 해왔을 것이다. 이미 내 고민은 퇴사를 하느냐 마느냐가 아니었다. '어떻게 하면 생존권을 위협받지 않으면서 퇴사를 할 수 있을까?'로 바뀌었다. 서른여섯이 되던 해의 봄에 시작된 고민이었다.

이후에 더 자세히 설명하겠지만 막상 목표가 정해지고 나니 복잡한 일이 아니었다. '1. 생존하기 위한 경제적 조건을 갖춘 상태에서 2. 가급적 많은 자유 시간을 가지는 것' 이 두 가지를 동시에 충족하면 되는 것이었다. 이것을 가능하게 하기 위한 고민에 고민이 이어졌다. 엑셀 창을 열어 예산을 짜고, 글을 쓰며 생각을 정리하고, 아내와 (싸움에 가까운) 회의를 하였다.

긴 과정을 생략하고 결과만 이야기하자면, 나와 아내와 강아지는 경기도 판교에서의 모든 생활을 정리하고 제주 서귀포로 이주하였다. 6m짜리 이사 트럭에 우리의 모든 살림을 싣고 소중한 짐들은 소형 SUV 뒷자리에 가득 채웠다. 그러고는 6시간을 달려 완도항으로, 완도에서 2시간 30분 동안 배를 타고 제주항으로 이동했다. 제주항에서 한라산을 넘어 새로운 집에 도착하기까지는 1시간 10분이 걸렸다. 2018년 11월 4일의 일이었다. 새벽 5시 30분에 출발했는데 도착하니 밤 9시가 넘어 있었다. 보일러는 꺼져 있었고, 이삿짐 트럭은 다음 날 도착하는 일정이었기 때문에 우리는 침낭을 깔고 텅 빈 아파트에서 1박을 했다.

그렇게 시작된 새로운 생활은 어느덧 3년째에 접어들었다. 그 사이에도 많은 시행착오가 있었지만, 한 번도 후회한 적은 없다. 가장 만족스러운 점은 내가 스스로 결정을 내리고, 내 삶을 온전히 통제하는 자유로움이다. 회사생활을 함께 하던 사람들이 종종 묻는다. 회사에 가지 않으면 기분이 어떻냐고. 어쩌면 '생각보다 별거 없고 좋은 줄 모르겠다', 그런 대답을 예상한 질문일지도 모른다. 그렇지만 나는 가감 없이 솔직하게 대답하곤 한다. "완벽하지는 않지만 행복하다"고. 대한민국에서 36년을 살아오면서 '나의 삶은 행복한 편이다'라고 인정하는 건 처음 있는 일이었다.

하루의 대부분을 운동, 독서, 낮잠, 요리로 보낸다. 체지방은 7%가 빠졌다. 중증 고지혈증이 사라졌다. 주말이 되면 비슷한 가치관을 가진 사람들과 맛있는 음식을 나눠 먹고 좋은 대화를 나누기도 한다. 무엇보다 가족과 많은 시간을 함께 보낼 수 있다는 것이 행복하다.

그러던 차에 미국에서 유행하고 있는 파이어FIRE 운동에 관심을 갖게 되었다. 'FIRE'는 'Financial Freedom, Retire Early'라는 구호의 줄임말이다. 최대한 단시간에 경제적 자유를 달성하고 젊은 나이에 은퇴하는 라이프스타일을 추구하는 밀레니얼 세대의 트렌드였다. 서울에서 직장생활을 할 때도 얼핏 이러한 흐름에 대해 들은 적이 있지만 큰 관심은 없었다. 그런데 서귀포로 내려와 시간 여유가 생기고 생각이 많아지다 보니, 내가 회사를 정리하고 제주도로 이주해서 삶을 새롭게 설계한 과정과 미국의 파이어 운동 사이에 유사성이 있다는 것을 깨닫게 되었다.

특정 세대를 중심으로 일어나는 트렌드에는 그들이 겪는 위기와 기회가 고스란히 투영되어 있다. 금융위기 이후 미국 밀레니얼 세대의 불안감이 어떻게 새로운 라이프스타일을 만들었는지 책과 블로그, 팟캐스트, 유튜브 등 다양한 경로를 통해 자세히 확인할 수 있었다. 자연스럽게 대한민국의 밀레니얼로서 나와 주변 동료들의 위기와 기회는 무엇인지도 생각해보게 되었다. 애증의 관계였던 직장생활을 청산하며 고민한 부분, 자유인으로 살아가며 새롭게 마주하게 되는 고민들을 곱씹어보았다.

이 책에서는 왜 파이어 운동이 들판의 불처럼 번지는지를 알아보고, 우리나라 사람들의 상황에 맞는 경제적 자유의 형태는 무엇인지에 대해 이야기해보려 한다. 결론부터 말하자면, 이것은 조기퇴사를 위한 요령이 아니다. 파이어 운동은 훨씬 깊은 곳, 우리 삶의 근원적인 정체성에 대한 고민을 다루고 있다. 정체성에 대한 고민 없이는 절대로 목표를 달성할 수 없으며, 심지어는 목표 자체를 세울 수도 없다.

첫 번째 장에서는 파이어 운동이 정확히 어떤 현상이며 파이어족의 정체성은 무엇인지에 대해 이야기해보고자 한다. 미국에서 이러한 트렌드가 시작된 이유는 무엇인지, 우리나라에서는 어떤 식으로 해석되고 있는지 다룰 것이다. 그리고 경제적 자유인이 된다는 게 어떤 것인지에 대한 올바른 접근법을 정의해보고자 한다.

두 번째와 세 번째 장에서는 경제적 자유를 달성하는 올바른 접근법에 따라 어떻게 해야 최대한 빠르게 자산이 불어나는지에 대한 실용적인 행동지침을 제안할 것이다. 단순히 10억 달성 공식을 알려주는 것도 아니고, 퇴사 후 생존 요령 같은 것도 아니다. 그보다는 근본적으로 이 사회의 속성을 활용하는 법, 자본주의 사회에서 살아가는 모범 답안을 제시하고자 한다. 가급적 나의 노력을 줄이면서도 지속성이 높은 경제활동을 하는 법에 대해 다룰 예정이다. 이 모든 수고의 궁극적 목표는 커진 자유 시간과 불어나는 자산을 통해 새로운 방식으로 삶의 패턴을 설계하는 것이다.

많은 사람이 만족스럽지 못한 삶을 산다고 생각한다. 하루에 8시간 이상을 격무에 시달리지만 삶의 질은 조금도 높이지 못하고 있다며 답답해 한다. 한편, 세상의 다른 쪽에는 필요한 만큼의 자유를 누리면서도 생존에 대한 걱정을 하지 않는 새로운 형태의 인류도 존재한다. 이것은 운 때문도 아니고 능력의 문제도 아니다. 얼마나 영리하게 라이프스타일을 설계하고 실천하는지가 관건이다. 그 저변에는 자신의 정체성을 정립하는 철학적 과정이 존재한다. 파이어가 하루빨리 퇴사해서 놀고먹는 요령을 터득하기 위한 움직임이 아니라는 것을 이해하고, 삶에 있어 진정한 자유가 무엇인지 고민할 수 있는 성찰의 계기를 이 책이 만들어줄 수 있길 바란다. 나아가 이 모든 것을 가능하게 할 수 있는 자본주의 시대의 생존법에 대한 필드 매뉴얼이 되었으면 한다.

세상은 그렇게 공평하지 않다. 하지만 공평함과 내 인생을 바꾸는 것은 별개의 문제다. 조금만 시야를 넓히면 생각지도 못한 삶의 방식이 있다는 사실을 공유하고 싶다. 약간의 의지와 계획만 있으면 어렵지 않게, 너무 늦지 않게 바꿀 수 있다는 것을 알리고 싶다.

차 례

PART 3

지금 당장 투자를 시작해야 하는 진짜 이유

PART 1

직장이 있는데 행복하지 않다

CHAPTER 1

▼

출근하자마자 퇴근하고 싶은 사람들에게

파이어족이 된 미국의 밀레니얼들

그런 사람이 있다고 치자. 이름은 편의상 제이슨이다. 시카고에 살고 있으며 5년 전 대학을 졸업하고 처음으로 사회생활을 시작했다. 취직은 어렵지 않았다. 경기가 좋았기 때문이다. 하지만 근본적으로는 본인의 직장을 마음속 깊이 싫어하고 있다. 한 번도 일터에서 재미를 느껴본 적이 없다. 특히 직장 상사를 싫어한다. 오만하고 권위적인데다 머리도 나쁘다. 가까이에서 이야기할 때 입냄새도 심하다. 무엇보다 싫은 이유는 합리적이지 않은 사람이기 때문이다. 하지 않아도 되는 일을 쓸데없이 만들어 다른 사람들을 고생시킨다. 해결 방법은 제이슨이 회사를 떠나거나 그의 상사가 회사를 떠나거나 둘 중 하나다. 하지만 그의 상사는 이 회사에서 자리를 잡았기 때문에 더 오래 남아 있을 것이다. 그렇다면 제이슨이 먼저 나가는 게 가장 빠른 해결책일 텐데 당장 이 일을 그만두면 학자금 대출을 갚을 방법이 없어진다.

그 놈의 학자금 대출.

10만 달러(약1.2억 원)가 넘는 빚이다. 나름대로 꾸준히 갚아왔지만 아직 절반 정도가 남았다. 사실 받는 연봉을 감안했을 때, 좀 더 독하게 저축했다면 지금쯤은 다 갚고 남았을 수도 있다. 하지만 그렇게까지 살고 싶지 않았다. 취직을 했고 돈도 버는데 좀 쓰는 건 괜찮다고 생각했다. 특히 자동차를 할부로 산 게 타격이 컸다. 자동차 할부금이 빠져나가기 시작한 이후로 학자금 대출을 갚는 속도가 확연히 느려졌다.

미국의 학자금 대출 문제

미국 학자금 대출 규모는 1.5조 달러(약 1800조 원)가 넘는다. 무서운 속도로 증가해서 주택담보대출을 제외하면 가장 큰 규모의 빚이라고 한다. 특히 신용카드보다 연체율이 높다는 점이 심각하다. 10년째 이어진 미국의 호경기에도 불구하고 젊은 미국인들은 사회생활 시작부터 빚과 싸우고 있는 것이다.

그렇다 보니 다니고 있는 직장을 무척이나 싫어하면서도 계속해서 다니게 된다. 회사에서 받는 스트레스도 여전하다. 이를 풀기 위한 소비도 늘어난다. 주말이 되면 비싼 레스토랑이나 바에도 들러야 한다. 상사에게 무시당하기 싫어서 좀 더 좋은 옷을 사기도 했다. 새로 나온 고화질 빔 프로젝터를 사고 새로 나온 드론도 사보았다. 프로젝터와 드론을 보관하기 위한 새 장식장도 샀다. 하지만 제이슨은 오래지 않아 깨달았다. 무엇을 사더라도 월요일 아침에 다시 출근하러 나갈 때의 서글픈 기분을 지워주지는 못한다는 것을.

그러던 어느 날, 그는 퇴근길에 우연히 팟캐스트를 듣게 되었다. 서른다섯 살의 진행자가 서른세 살에 은퇴하여 자유인이 된 변호사를 인터뷰하고 있었다. 그 변호사는 높은 연봉을 받으면서도 학교에 다니던 때와 동일한 생활 패턴을 유지하며 상당히 많은 돈을 저축했다. 학생 때처럼 조그만 집에서 룸메이트들과 생활한다. 차 없이 대중교통만 이용하고, 점심은 도시락으로 해결한다. 매해 연봉의 70%를 저축했고, 그 저축액을 인덱스 펀드에 투자했다. 7년이 채 되지 않아 그 변호사는 일하지 않고도 평생 먹고 살 수 있는 구조로 경제적 자유를 이루며 은퇴했다. 지금은 작업실을 만들어 그림을 그리면서 일상을 보낸다고 한다. 알고 보니 서른다섯 살의 진행자도 직장생활 5년만에 경제적 자유를 얻은 조기 은퇴자였다. 그는 마케팅 대행사에 다니면서 3가지 부업을 하고 월 소득의 80%를 저축했다고 말했다.

팟캐스트를 듣던 제이슨은 뭔가 '번쩍' 하는 것을 느꼈다. 집에 도착하자마자 'Financial Independence'에 대해 찾아봤고 굉장히 방대한 커뮤니티가 존재함을 알게 되었다. 수많은 블로거, 유튜버, 팟캐스트 진행자들이 있었고 하나같이 이른 나이에 경제적 자유를 통한 조기 은퇴에 성공한 사람들이었다. 이른바 'FIRE'라 불리는 라이프스타일에 몰두한 사람들이었다. 가급적 많은 돈을 절약해 남김없이 투자하고, 그 수익으로 더 빠르게 돈을 불려 간다. 그렇게 5년에서 10년 정도 빡빡한 삶을 살다 보면 조기 은퇴라는 결실을 얻는다. 남들은 한참 노동의 굴레에 빠져 있을 때 여유롭게 은퇴하여 젊음과 자유를 온전히 누리는 삶을 살아가는 것이다.

제이슨은 그 주 주말부터 외식을 끊었다. 대신 마트에 가서 장을 보기 시작했다. 집에서 음식을 만들어 먹고, 도시락을 싸서 출근했다. 두 번 쓰고 창고에 넣어 둔 드론은 중고 거래 사이트에 올려 팔아버렸다. 빔 프로젝터도 팔았다. 넣을 게 없어진 장식장도 당연히 팔았다. 그렇게 온갖 방법을 통해 현금을 긁어 모아 인덱스 펀드로 옮겼다. 예전보다 저축액이 세 배나 늘었다. 빠른 속도로 학자금 대출을 갚기 시작했다. 지금은 타고 다니는 자동차를 팔고 헐값의 중고차로 바꾸는 것을 고민하고 있다. 계약 기간이 끝나면 더 작지만 월세가 저렴한 집으로 이사할 예정이다. 퇴근 후 집에 돌아오면 갖가지 부업에 대한 정보를 알아보고, 경제적 자유를 추구하는 많은 온라인 동료들과 생각을 나누며 노하우를 공유한다.

◆◆◆

이 가상의 사례는 미국에서 파이어를 실천하는 전형적인 파이어족 밀레니얼의 모습이다. 파이어는 정말 불fire같은 기세로 번지고 있는 라이프스타일 트렌드 중 하나다. 기존 삶의 방식을 갈아 엎고, 재정적 독립을 앞당기기 위해 수단과 방법을 가리지 않는 사람들이다. '혹독하게 저축'하고 '갖가지 부업'을 하며 '모은 돈을 최대한 투자'하는 사람들이다. 이미 많은 사람이 이런 라이프스타일로 조기 은퇴를 달성하였다. 그리고 다른 사람들에게 노하우를 전수하고 동기부여를 해주기도 한다.

돈을 절약하는 것, 더 벌려고 노력하는 것, 모은 돈으로 재테크를 하는 것… 이런 것들은 사실 모두가 알고 있는 당연한 상식이다. 나라와 상관없이, 직업과 상관없이 누구나 어렴풋이 알고 있다. 하지만 스스로를 파이어족으로 정의하는 사람들은 그 상식에 대한 실천의 강도가 다르다. 하나의 정체성으로 가져가는 집요함이 있다.

말하자면 일종의 문화가 되고 있다.

누군가는 아이돌 가수를 따라다니고, 누군가는 코스튬 플레이에 심취한다. 어떤 사람들은 채식을 하기도 한다. 파이어족은 최대한 아끼고, 조금이라도 더 벌고, 번 돈을 열심히 굴리면서 조기 은퇴를 향해 젊음을 불태운다.

왜 이런 현상이 생겼을까? 왜 이런 활동이 하나의 문화가 되어 번지고 있는 것일까? 그 이유는 미국 사회가 지난 10년간 겪은 변화에서 찾을 수 있다. 일반적으로 밀레니얼 세대라고 하면 1982년에서 2000년 사이에 태어난 사람들을 뜻한다. 밀레니얼 세대의 선봉에 있는 1982년 근처에 태어난 사람들은 2000년 초반부터 중반 언저리의 시기를 대학에서 보낸다. 그리고 사회에 막 진출했거나 진출을 앞두고 있을 때 누구나 기억하는 그 사건, 바로 서브프라임 모기지 사태를 겪게 된다.

서브프라임 모기지subprime mortgage 사태란?

2008년에 뭔가 큰일이 있었다는 것은 대부분 기억하고 있지만 막상 무슨 일이 일어났는지는 자세히 모르는 경우가 많다. 이해를 돕기 위해 최대한 쉽게 설명해보고자 한다.

흔히 말하는 금융위기는 대부분 '부채'에서 시작된다. 빚을 과도하게 빌린 쪽의 상환 능력이 사라지면 빌린 쪽도 망하고 빌려준 쪽도 망하는 연쇄효과가 일어난다. 이런 파산 상황이 퍼지다 보면 큰돈의 흐름을 관장하는 금융 시스템이 흔들리게 되고, 국가의 경제에 충격을 주게 된다. 세계 경제는 서로 그물처럼 얽혀 있기 때문에 한쪽이 흔들리면 다른 쪽에도 차례로 충격이 전해진다. 그렇게 도미노가 무너지듯 글로벌 경제가 한꺼번에 어려워지는 현상이 금융위기다.

2008년 금융위기의 경우는 사람들이 집을 사기 위해 과도하게 부채를 일으킨 게 화근이었다. 미국의 주택상승이 이어지며 부동산 붐이 일어나 사람들이 능력 밖의 과도한 대출(모기지)을 일으켜 집을 샀다. 거기에 더해 은행들은 적절한 제어 없이 무분별하게 대출을 내주었다. 모기지가 잘 팔리고 매출이 늘어나니 탐욕을 부린 것이다.

서브프라임 모기지는 돈을 많이 못 벌고 이자 상환 능력이 떨어지는 경제력이 약한 사람들에게 판매된 주택담보대출을 말한다. 은행은 이자와 원금을 제대로 상환할 수 있는 건전한 소비자에게만 대출을 내주어야 하는데, 우량 고객들은 이미 모두 대출을 받은 상태였다. 그러자 은행은 능력 밖의 빚으로 부동산 투기를 하려는 사람들에게도 분별력 없이 대출을 해주기 시작했다. 판매 실적에 눈이 멀어 부실한 대출을 마구 팔아 치운 것이다. 거기서 끝나지 않고 갖가지 부실 대출을 한데 묶어서 파생금융상품으로 만들어 팔기도 했다. 여기에 부실 대출을 묶은 파생금융상품을 다시 묶어서 파는 파생의 파생상품까지 더해졌다. 포장지를 여러 번 덧댈수록 안에 뭐가 들었는지 알기가 어려워진다. 이렇게 복잡하게 은폐된 부실 대출이 제때 정리되지 않았고, 결과적으로 둑이 터져 물이 쏟아지듯 한번에 충격이 전해진 것이다.

리먼브라더스의 파산을 비롯해 미국의 몇몇 투자은행들이 혹독한 피해를 입었다. 미 증시에서 어마어마한 돈이 증발되었고, 특히 해당 모기지의 파생상품에 투자한 사람들은 엄청난 돈을 잃었다. 수백만 개의 일자리가 사라졌다. 부동산발 위기였기 때문에 아무 죄 없이 월세를 꼬박꼬박 내던 서민들이 살 곳을 잃기도 했다. 미국뿐이 아니다. 앞서 말했듯 글로벌 경제는 연결되어 있기 때문에 미국과 교류를 하는 거의 모든 나라들이 그 충격을 함께 받게 되었다. 우리나라 또한 달러 환율이 폭등하는 바람에 키코KIKO사태 등의 연쇄적 피해를 입었으며, 아직도 그 충격에서 회복되는 과정에 있다.

부채(빚)는 이자를 착실히 갚고 원금을 상환할 수 있으면 금융시장에 건전한 에너지를 공급한다. 하지만 갚을 능력이 사라지고 파산하는 순간, 돈을 빌려준 채권자에 막대한 손실을 입힌다. 서브프라임을 통해 미국이 배운 것은 '어리숙하게 살다가는 한순간에 살던 집을 잃을 수도 있다'는 사실이었다.

어떻게 보면 매도 먼저 맞는 게 낫다. 막 사회활동을 시작할 무렵에 큰 경제위기를 겪게 되면 급격한 가치관의 변화를 맞이하게 된다. 그게 미국의 밀레니얼 세대가 마주한 상황이었다. 경제규모가 가장 큰 미국이라는 나라에서도 정신 바짝 차리지 않으면 생존권이 위협받을 수 있구나, 그런 냉혹한 현실을 일찍부터 인식한 것이다. 거기에 앞서 언급한 학자금 대출의 무게까지 더해져 미국 밀레니얼들의 돈에 대한 인식은 어느 때보다 날이 서 있다.

그 이전의 미국 중산층은 은퇴 이후의 삶에 대해 큰 걱정이 없었다. 봉급에서 아주 소액이라도 떼서 퇴직연금에 넣어 두면 60세가 넘어 은퇴했을 때 먹고 살 걱정은 없는 상태가 됐기 때문이다. 커다란 경제규모와 강력한 정부, 견고한 금융시장이 자국민의 노후를 책임진다는 막연한 안도감으로 살아온 사람들이 대부분이었다. 그러나 밀레니얼 세대는 그 믿음이 한순간에 산산조각 날 수도 있다는 경계심을 안고 경제활동을 시작한 것이다.

그와는 별개로 지난 10년간 진행된 기술적인 변화도 눈여겨볼 만하다. 현재 미국 경제를 이끌어 가는 최고의 기업들은 모두 IT 베이스의 기술기업이다. 그리고 이런 기업들이 가져온 변화 또한 밀레니얼들의 발상에 큰 변화를 주었다. 우버와 에어비앤비 같은 공유경제 기업들이 크게 성공한 이유가 무엇일까? 따지고 보면 금융위기 이후 팍팍해진 중산층의 경제력 때문이다. 어떻게든 부업을 통해 소득을 늘릴 필요를 느끼던 차에 자신이 이미 보유한 자원(자동차나 집에 딸린 빈 방 같은)을 이용해 가욋돈을 만들 수 있는 서비스들이 나타난 것이다. 그리고 이런 기업들이 나타날 수 있었던 배경 또한 스마트폰에 의한 정보혁명 덕분이었다. 애플리케이션을 만들어 갖가지 형태의 온라인 서비스를 큰 리스크 없이 빠르게 만들어 낼 수 있었고, 우버나 에어비앤비 같은 플랫폼 기업이 쏟아질 수 있는 모바일 생태계가 조성되었다.

이런 기술적인 변화가 밀레니얼에게 끼친 영향은 무엇일까? 바로 의지가 있으면 플러스 알파를 만들 수 있는 시대를 열어주었다는 점이다. 조금만 더 수고를 들이면 크고 작은 부업을 통해 추가수익을 얻을 수 있게 되었다. 그리고 부업을 위해 들여야 하는 시간과 노력도 기술의 발전으로 계속해서 세분화되고 효율적으로 변했다. 원하기만 한다면 '직장에 앉아 봉급을 기다리는 것'보다 더 빠르게 돈을 벌 수 있는 시대가 되었다. 고용안정성이 흔들리는 위기와 동시에 새로운 경제활동의 기회가 찾아왔다. 이런 조건들에 발맞춰 자신의 삶을 바꾸려는 야심찬 개인주의자들이 일으킨 삶의 방식이 파이어족이라는 트렌드를 만든 것이다.

우리나라 밀레니얼들의 바다 건너 불구경

그렇다면 미국의 파이어 신드롬에서 9,500km 떨어진 곳에 있는 다른 밀레니얼들의 이야기를 해보자. 우리나라 말이다. 결론부터 말하자면, 큰 관심은 없는 것 같다. 아직은 바다 건너 불fire구경을 하고 있다는 느낌을 지울 수가 없다. 인지는 하고 있지만 그다지 와닿지는 않는 눈치다.

2019년 언저리에 몇몇 미디어에서 파이어족에 대한 이야기를 소개한 적이 있다. 책으로도 몇 권 소개가 되어 있고 쌀박한 리포트나 다큐멘터리 영상 등도 나오곤 했다. 하지만 미국에서 센세이션을 불러일으킨 것에 비하면 우리나라에서는 그 반향이 크지는 않은 듯하다. 현지에서 파이어 신드롬은 대단하다. 고소득 직종에 있는 젊은 층이 파이어족이 되면서 저축을 너무 많이 하고 소비가 활성화되지 않아 미국 연준이 골치 아파하고 있다는 웃지 못할 기사[1]도 본 적이 있다.

저축을 많이 한다고 나라가 걱정을 하다니. 실로 당황스럽지 않은가? 물론 이면을 들여다보면 소비 확장에 기반을 두고 있다는 미국이라는 나라의 특성과 대선을 전후한 정치구도, 거기에 얽힌 연

1 "조기 은퇴 꿈꾸는 '파이어족', 미 연준에 골칫거리", 한국경제, 2020. 02. 18, https://www.hankyung.com/economy/article/202002184123Y

준의 입장까지 복합적으로 연결된 고민이긴 하다. 하지만 우리가 궁금해할 만한 이야기는 아니다. 당장 우리나라 젊은 층에선 저축은 고사하고 취직도 안되어 고민이다. 저축액이 많은 게 고민이라는 이야기를 들으면 바로 공감을 하기가 어렵다.

그럼에도 더욱 아이러니한 현상이 발생하고 있는데, 'FIRE'가 아닌 'FLEX' 신드롬이다. 알다시피 플렉스는 비싼 명품을 시원하게 소비하고 SNS를 통해 자랑하는 트렌드를 말한다. 원래는 근육에 힘을 주는 행위를 뜻하는 단어인데 미국의 흑인 래퍼들 사이에서 자신의 성공과 부를 과시하는 용어로 통용되기 시작했다. 우람한 몸에 비싼 장신구와 명품을 걸치고 알통을 뽐내는 자세로 사진을 찍는 모습들 때문에 이런 표현이 만들어졌다고 한다. 우리나라에서는 미국 힙합 문화에 영향을 받은 한국 래퍼들이 유머 소재로 사용하면서 유명해졌다.

일부 젊은 층을 중심으로 능력 밖의 과소비가 유행이 된 것도 사실이다. 영혼까지 끌어모아 외제차를 사고, 월급보다 비싼 명품 아이템을 사 모으며 SNS에 자랑하는 사진들이 이슈화되었다. 나는 어느덧 그런 것들을 기사로나 읽어야 하는 나이가 되어서 혀를 끌끌 차며 나라의 미래를 걱정했다. 마침 그 시기에 내 유튜브 채널의 구독자 중 스물한 살의 주식 초보가 제주로 찾아왔다. 이와 같은 현상이 얼마나 심각한 것인지 궁금해서 이런 저런 대화를 나누다 주변의 20대에 대해 물어봤다.

"동국 씨, 혹시 주변 20대 친구들 중에도 플렉스 그런 거 하는 애들이 있어요?"

"네? 음… 있는 것 같기도 하고… 가끔 본 것도 같은데 잘 모르겠어요."

"막 분수에 넘치는 비싼 거 사서 SNS에 자랑하고 그런 친구들 없어요?

위의 대학생을 비롯해 직접 만난 20대 친구들에게 물어보면 대체로 그렇게 명품을 무분별하게 사들이는 경우는 소수라는 답이 돌아오곤 했다. 알려진 것만큼 심각한 현상은 아닌 듯하다. 뉴스는 언제나 오버한다. 그런데 이런 현상들을 주의깊게 살펴보다 보면, 한 가지 재미있는 사실을 발견할 수 있다. 극도의 절약과 저축, 투자에 몰두하는 라이프스타일과 미래를 걱정하지 않으며 극도의 소비를 앞세우는 라이프스타일. 이 대조적인 현상은 사실 같은 원인에서 파생되었다는 점이다. 둘 다 금융위기와 그에 따른 경기침체에 따라 만들어진 성향이다. 하나의 트라우마에 대해 각각 다른 방어기제가 작동한 것이다.

파이어의 경우 경제적 생존에 대한 불안감 때문에 철저하게 (어떻게 보면 과도할 정도로) 미래를 대비하는 행동으로 표출된 현상이다. 반면 플렉스는 아무리 노력해도 생존이 쉽지 않을 것 같다는 절망감 때문에 지금 이 순간을 순수하게 즐기려는 형태로 드러나는 현상이라고 볼 수 있다. 함께 태어난 쌍둥이가 비운의 사건으로 다른 환경에서 자라게 되어 전혀 다른 인생을 살게 되는 이야기와도 같다. 이런 대조는 같은 심리가 다른 환경을 만나면서 발전된 사례라고 생각한다.

그런데 유감스럽게도 미국보다 우리나라의 밀레니얼 세대들이 더 시니컬하다. 플렉스는 차라리 블랙 코미디에 가깝다. 최근까지도 우리나라의 밀레니얼들은 자조적인 성향이 강했다. 헬조선이라는 표현은 물론이고, 88만원 세대, 3포 세대, N포 세대 등 전반적으로 희망을 많이 잃은, 어깨가 무거운 느낌을 지울 수가 없다. 그러다가 결국엔 너무 열이 받으니까 그냥 걱정 자체를 놓아버리고 괴로워 하기를 포기해버린 것이다. 신나게 지르고 자랑하고 다니면 일단 그 순간에는 즐겁기 때문이다. 이런 시니컬함은 어떤 배경으로 설명할 수 있을까?

한 대를 맞으면 오기가 생긴다. 두 대를 맞으면 오기가 꺾인다. 세 대를 맞으면 희망이 꺾인다. 콤보 공격은 이렇게 무서운 것이다. 미국의 밀레니얼들이 한 대를 얻어맞은 상황이라면 우리의 밀레니얼들은 3단 콤보를 맞고 정신이 혼미해져 있는 그런 상태가 아닐까 생각한다. 2008년의 금융위기는 우리나라에도 큰 고생을 안겼다. 그러나 그 전에 더 큰 트라우마를 안겨준 금융위기가 있었다. 바로 1997년의 아시아 외환위기다.

1997년 외환위기와 IMF 구제금융 사태

당시의 금융위기는 아시아에서 비롯되었다. 이 사태 또한 과도하게 늘어난 부채를 갚지 못하는 상황에서 발생했다. 당시 부채를 과도하게 빌린 주체는 우리나라를 포함한 아시아의 '기업'들이었다. 서브프라임이 '주택을 구매하려는 가정'에서 시작된 것과 비교된다. 이전까지 아시아 기업들의 성장 속도는 무서웠다. 하지만 국가 전체의 발전보다 기업의 발전이 더 빨랐기 때문에 자국 밖에서도 자금 조달이 필요했다. 달러를 빌리는 기업이 늘어난 것이다. 달러를 빌려 사업을 확장하는 과정에서 부채가 과도하게 늘어났는데, 어느 순간 환율이 바뀌게 되었다. 당시 달러당 700원대였던 환율이 1,900원 이상으로 치솟았다. 환율 변동에 의해 갚을 부채가 기하급수적으로 늘어나며 상환 문제가 발생한 것이다.

빚을 못 갚은 기업들이 단체로 위기에 빠지며 동아시아 전반의 금융위기로 번졌다. 결국 구제금융(말 그대로 살려주기 위해 억지로 돈을 빌려주는 것이다)을 통해 급한 불을 끌 수밖에 없었다. 우리나라 국민들에게 큰 트라우마를 남긴 IMF 사태 이야기다. IMF는 국제통화기금, 즉 세계 무역이 안정될 수 있게 돈을 빌려줄 수 있는 금융기관이다. 환율 변동으로 우리나라 전체가 어려워졌기 때문에 돈을 빌려서 상황을 안정시키는 것이다.

결과적으로 IMF는 강도 높은 구조조정을 조건으로 걸고 돈을 빌려 주었다. 우리나라는 국가 전체가 대수술에 들어갔다. 수많은 기업이 도산했고 수많은 가장들이 직장을 잃었다. 잘 모르는 사람들은 IMF가 뭔가 저승사자 같은 나쁜 존재라고 생각하는데, 냉정히 보면 그 책임은 기업들의 과도한 확장 욕심과 방만한 부채경영에 있었다. 오히려 당시의 혹독한 구조조정은 결과적으로 우리나라의 경제 체력을 한 단계 높여 준 계기가 된 것도 사실이다. 역시 매는 먼저 맞으면 좋은 것이다. 이후 국내 기업들의 부채건전성과 경쟁력 강화는 글로벌에서의 생존력에 도움이 되었다.

다행히 나라가 망하는 것은 피할 수 있었고 어찌되었든 꾸역꾸역 경제규모는 커지고 있다. 하지만 IMF 사태는 개개인의 가정에 큰 상처를 남겼다. 현재의 밀레니얼 세대들은 당시에 중학생 이하의 어린 나이였다. 정확히 어떤 상황이 벌어진 것인지는 이해하기 힘들었을 것이다. 나 또한 중학생의 나이였는데, 뉴스에서 그 소식을 접하고 아버지께 "아버지~ 모라토리엄이 무슨 말이에요?"라고 해맑게 질문했던 기억이 난다. 아버지는 헛기침을 하셨다. 잠깐 생각을 하시더니 국가가 채무 불이행 상태가 되어서 다른 나라에 빌린 돈을 못 갚는다고 선언하는 것이라고 말씀해주셨다. 나는 눈치 없이 또 질문을 하였다. "돈 못 갚는다고 말하면 끝이에요? 그럼 어떻게 되는데요?" 아버지는 두 번째 헛기침을 하고 나서 말씀하셨다. 그다음부터는 다른 곳에서 돈을 빌릴 수 없단다… 워낙에 표정에 감정을 드러내지 않는 경상도 사나이였기 때문에 무표정하고 건조하게 조곤조곤 설명을 해주셨지만 눈치 없는 아들의 해맑은 질문에 아버지는 등골이 서늘해졌을 것이다.

아버지는 그나마 경기가 좋았던 조선소에서 근무하셨기 때문에 우리 집은 큰 어려움 없이 그 시기를 지나갈 수 있었다. 하지만 굉장히 많은 기업이 도산하고 수많은 근로자들이 실직하던 시절이었다. 밀레니얼 세대들은 태어나서 처음으로 부모님들이 위기에 빠지고 생존의 어려움을 겪는 것을 보며 자랐다. 무의식중에 큰 트라우마를 안고 자라게 되었을 것이다.

그 후 10년이 지난 2008년에 금융위기가 발생하였다. 밀레니얼들은 실질적인 사회 진출을 전후로 두 번째 혼란을 경험하게 된다. 부모님이 어려운 걸 목격한 정도가 아니다. 당장 내 발등에 불이 떨어진 것이다. '취업' 자체가 정말 힘들고 어려운 일이 되었다. 지원서를 수십, 수백 개씩 써도 취업이 안되는 경우도 허다했다. 뭐 대단한 일자리를 주는 것도 아니면서 이렇게 까다로운 장벽을 세워 놓으니 거기서 오는 실망감도 상당했을 것이다. 10년 단위로 두 번의 금융위기를 연달아 맞은 것, 그리고 그 후유증으로 이어지는 저성장의 그늘까지 거치면서 우리나라의 밀레니얼들은 사회생활에 본격적으로 뛰어들기도 전에 번아웃 증후군에 빠진 것은 아닐까?

◆◆◆

참고로 미국의 경우는 2008년 금융위기 직후 강력한 부양책을 쓰고 돈을 풀어서 지난 10년 동안 경기를 회복시켜 왔다. 실로 훌륭한 대처였다. 하지만 우리나라의 경우 경제규모의 한계성, 무역 위주의 산업에서 오는 변동성, 당파로 나뉘어 대립되고 있는 불안한 정치상황 등 다양한 이유 때문에 아직도 저성장의 그늘을 본격적으로 벗어나지 못한 상태다. 이런 갑갑한 사실들이 쌓이고 쌓이다 보니 현재 가장 젊은 생산 인구인 밀레니얼들은 만성 피로에 시달리게 된 것이다.

그렇다고 그림자만 있었던 것은 아니다. 80~90년대를 이끌던 굴뚝산업들은 많이 어려워졌지만 IT, 엔터테인먼트, 게임 등의 새로운 지식산업들은 큰 성장을 거두고 있다. 표면적으로는 저성장이지만 신규 산업의 고성장과 기존 산업의 쇠락이 함께 일어나고 있다. 어찌되었든 밀레니얼 세대도 꾸역꾸역 취직을 했고 아무도 받아주지 않으면 스타트업을 차려서 고용 창출을 꾀했다. 그중에 일부는 크게 성공하기도 했다. 이와 같이 이전과는 다른 형태로 우리나라의 산업 지도가 변하고 있다. 개인적으로는 향후 10년 정도는 새로운 경쟁력이 해외로 진출하고 빛을 발하면서 또 한 번의 퀀텀 점프가 가능할 것이라고 믿는다.

그런데 그건 경제지에나 나올 만한 이야기다. 나라 꼴이 어떻게 되건 사실 내가 밥 벌어먹고 사는 게 더 중요하지 않은가? 조금씩 적응해가고 있는 우리나라의 산업 지형에 비해, 정작 사회활동을 하고 있는 개개인들의 생존 전략은 제대로 진화하지 못했다. 자산을 관리하고 경제적 생존력을 키우는 과정은 누구나 챙겨야 하는 삶의 한 축이다. 하지만 밀레니얼 세대들은 당장 사회 진출 자체부터가 높은 허들이었기 때문에 '어떻게 해야 부자가 되는지'에 대한 장기적 고민을 할 기회가 많지 않았다.

물론 앞선 세대라고 딱히 전략적으로 행동한 것은 아니다. 하지만 밀레니얼 세대의 부모님들은 열심히 노동하고 착실히 저축하면 10%가 넘는 은행 이자를 받으면서 자연스럽게 재산을 증식할 수 있었다. 그렇다면 지금은 어떠한가? 코딱지만 한 현재의 예금이자에 기대서는 절대로 재산 증식을 할 수가 없다. 거기에 고용안정성도 갈수록 약해지고 있다. 직장생활만 얌전히 해서는 꾸준한 수입을 얻을 수 있을지 불투명하기만 하다. 우리의 구매력은 더디게 성장하는 와중에 부동산과 같은 실물 자산의 가격은 무섭게 오르고 있다. 고작 집 한 채를 구하는 것도 갈수록 어려워지는 시대가 된 것이다.

이런 배경을 보노라면 미국의 파이어 운동을 바라보는 우리의 시각은 아직은 냉소적인 듯하다. 5~10년을 집중해서 평생의 자유를 얻을 수 있다? 쉽게 받아들여지기 어려운 발상이다. 그런 일이 가능하다고 해도 우리나라 상황과는 맞지 않는 것도 같다. 미국의 파이어 운동은 절약, 부업, 사업, 투자 등 재산증식을 위한 다양한 분야를 한꺼번에 다루고 있는데 우리나라에서는 시도하기 힘든 독특한 시도들도 상당히 많다. 아직까지는 우리나라의 밀레니얼들에게 대안이 많지 않은 상황이다.

다행인지 불행인지, 이런 냉소적인 시각은 2020년을 기점으로 조금씩 바뀌고 있다. 2020년 3월에 글로벌 증시가 큰 폭으로 하락하는 사태가 발생했다. 코로나바이러스 유행이 촉발한 현상이었다. '경기침체 우려 > 원유 가격 폭락 > 달러자금의 긴급 유출 > 증시 신용자금 강제 청산.' 이러한 연쇄반응으로 인해 코스피 지수가 2,200대에서 1,400대까지 크게 폭락한 것이다. 2008년 이후 가장 크게 폭락한 이 사태는, 역설적으로 십여 년 만에 가장 훌륭한 투자 기회가 되었다.

덕분에 투자에 관심이 없던 젊은 세대가 주식 투자를 다르게 보는 계기가 만들어지기도 하였다. 하지만 문제는 단기간에 증시가 급반등하여 절호의 기회가 새로운 투전판으로 변질되었다는 점이다. 지수가 가파르게 오르는 속도를 보며 제대로 준비되지 않은 사람들이 너도나도 주식 시장에 뛰어들었다. 의도적으로 주가를 띄운 후 뒤늦게 뛰어든 사람들에게 고가에 주식을 떠넘기는 작전주가 늘어났고, 제대로 된 논리 없이 단발적 이벤트에 가격이 크게 널뛰는 테마주가 기승을 부리기 시작했다. 이런 상황에서 충분히 배우지 않고 투자를 시작하게 되면 어떻게 될까? 처음 한두 번은 운 좋게 돈을 벌기도 하지만 지속 가능성이 없어 자산을 꾸준히 늘릴 수가 없다. 운이 다할 무렵에 수익도 같이 멈춰버리기 때문이다. 운이 좋고 나쁘고와 관계없이 꾸준히 재산이 늘어날 수 있는 구조를 갖춰야만 진정한 경제적 자유를 얻을 수 있다.

우리나라에서 경제적 자유를 달성하고 일찍 은퇴하여 평화로운 삶을 꿈꾸는 것은 불가능한 일일까? 현실을 냉정히 밝히자면, 갈수록 어려워지고 있는 것이 사실이다. 하지만 그런 어려움은 기존의 패러다임을 따를 때에만 적용된다. 세상의 변화를 잘 이해하면 충분히 시도해볼 수 있다. 무엇보다도 중요한 것은 침착함을 잃지 않는 것이다. 일단 난처한 상황에 빠졌다고 해서 겁에 질려 여기저기 뛰어다녀서는 안 된다. 한 자리에 앉아 차분히 생각해야 한다. 일단 문제가 뭔지를 정의해야 한다. 문제를 정의하고 나서도 단번에 해결하려 드는 건 금물이다. 급하게 굴지 않고 할 수 있는 것부터 '차근차근' 풀어내는 것이 중요하다. 이제부터는 '차근차근'에 대해 좀 더 이야기해보자.

전략적 선택과 슬기로운 포기

소수의 플렉스족들처럼 아예 포기하고 순간을 만끽하는 즐거운 인생을 택한 사람들도 있지만, 사실은 미래를 준비하기 위해 갖은 노력을 하는 사람들이 훨씬 많다. 성실히 직장에 다니고 자기계발에 매진하며 뭐든 시도해보는 부지런한 사람들이 존재한다. 그런데 구체적인 실행 전략 측면에서는 다소 파편화되어 있는 것 같아 보인다.

특히 아쉬운 점은 '시대의 룰'에 대한 고민 없이 지금 당장 뭐라도 열심히 하면 성공할 수 있다는 막연한 희망을 가지는 모습이다. '왜' 하는지에 대한 고민 없이 일단 좋아 보이기 때문에 무턱대고 뛰어드는 사람들이 많은 듯하다. 흔히 '지금보다 더 돈을 많이 벌 수 있는 방법'으로 떠올리는 예시들은 다음과 같다.

1. 짠테크를 통해 저축량을 최대한 늘린다.
2. 직장에서 두각을 나타내고 실력 발휘를 해서 임원의 자리에 오르거나 몸값을 높인다.
3. 스타트업을 창업하고 고성장 기업을 만들어 엑시트한다.
4. 영혼까지 끌어 모아서 부동산을 매수한다.
5. 주식을 통해 투자금을 크게 불린다.
6. 쇼핑몰을 차리거나 가게를 열어 직접 장사에 뛰어든다.
7. 유튜브 채널을 키워서 광고 수입을 벌어들인다.

이외에도 굉장히 많은 후보들이 있다. 누구나 각 선택지에 대해 최소 한 번 이상 고민해보았을 거라고 생각한다. 두세 개 이상의 선택지를 놓고 고민하거나 동시에 시도해본 경우도 있을 것이다. 그리고 이런 것들을 시도해본 경험이 있다면 생각처럼 제대로 실천하지도 못하고 좋은 결과가 나오지도 않아 좌절을 하기도 했을 테다.

아마 다들 살면서 한 번쯤은 책이나 유튜브, 신문 기사를 통해 접한 성공 사례들을 보며 감동한 경험이 있을 것이다. 나와 별반 다르지 않은 평범한 사람이 비범한 성공을 거둔 사례를 보고 심장이 뛰는 것을 느껴본 적이 반드시 있을 것이다. 내 운명을 바꾸겠다는 각오로 도전하기 시작한 어느 날 아침이 있을 것이다. 그리고 (아마도) 처음 시작했을 때는 의욕이 넘치고 에너지가 생기며 완전히 바뀐 내 자신을 느꼈을 것이다.

그러나 3일이 지나고 2주가 지나고 한 달이 지나다보면 냉정한 현실에 가로막혔던 경험이 훨씬 많지 않았는가? 막상 시도해보니 생각처럼 쉽지도 않고, 결과도 신통하지 않아 의욕이 꺾인다. 몇 번은 그렇게 꺾인 의욕을 다잡고 다시 도전해보기도 했을 것이다. 하지만 좀 더 노력해봐도 안되는 경우가 대부분이다. 몇 번 두드려봐도 열리지 않으면 이내 흐지부지된다. 결국 '이것은 내 길이 아닌가보다'라며 포기하게 된다.

무언가를 시도했다가 포기하는 순간, 그 사람의 자존감은 땅에 떨어진다. 사실은 이게 가장 심각한 문제다. 낙담과 포기, 자존감의 하락을 겪고 나면 다시 새로운 것을 시도하거나 기존의 시도를 업그레이드하는 데 필요한 에너지가 사라진다. 그리고 '나는 잘 안되나 보다', '이 길이 아닌가 보다' 같은 부정적 마인드가 터를 잡기 시작하고, 내 정체성에까지 영향을 미치는 것이다.

하지만 여기서 우리는 중요한 역발상을 할 필요가 있다. 포기 자체는 나쁜 것이 아니다. 문제는 포기에 대한 우리의 태도이다. 가령 어쩔 수 없는 상황으로 포기한 경우에는 상당한 심리적 데미지를 입게 된다. 반대로 상황을 컨트롤하기 위해 선제적으로 포기하는 경우에는 나에게 유리한 결과를 만들어낼 수 있다. 앞서 이야기한 돈 버는 방법들을 구체적으로 분석해보자. 예외 없이 성공을 위해 '결단력 있는 포기'가 필요하다는 것을 알 수 있다.

1. 짠테크

짠테크로 통용되는 '강도높은 절약'의 핵심은 무엇일까? 돈을 많이 아끼는 것은 핵심이 아니다. 돈을 많이 아끼기 위해 무엇을 포기하느냐가 핵심이다. 여기서 포기하게 되는 건 '체면'이다. 실제로 사회생활과 짠테크를 병행하게 되면 주변 사람들의 소비성향과 다르게 살아야 하고, 신나게 돈을 쓰는 지인이 있다면 라이프스타일 측면에서 자신의 삶과 비교가 되어 자존심에 스크래치가 나는 경우도 생긴다. 하지만 짠테크에 성공하기 위해 가장 중요한 원동력은 체면을 버리고 좀 뻔뻔하게 사는 것이다.

2. 직장에서의 성공

직장에시 성공하려면 '가정'을 어느 정도 포기해야 한다. 어떻게 보면 매우 서글픈 일일 수도 있지만 절대 부정할 수 없는 사실이다. 현재 매우 빠르게 성장하고 있는 핀테크 기업에 재직 중인 학교 후배가 있다. 그 후배에게 들은 일화인데, 아이가 있는 직원이 11시에 퇴근하려 하자 회사 대표가 정색하며 왜 이렇게 빨리 가느냐고 다그쳤다는 것이다. 그래서 집에 가서 아이와 시간을 보내려 한다고 하자 이 회사에서는 그런 식으로 일하면 인정받기 힘들다는 얘기를 단도직입적으로 했다고 한다.

좀 비인간적일 수도 있지만, 그 회사가 거둔 성과나 직원들에게 보상하는 연봉을 보면 인정할 수밖에 없다. 매스컴에도 자주 오르내리고 여러 가지 혁신적인 성과를 내어 많은 사람들이 취업하고 싶어 하는 곳이다. 실제로 어느 정도 가정을 포기한 직원들, 혹은 가정을 꾸리기 전인 젊은 직원들의 경우에는 회사에서 강도 높은 업무를 통해 자신이 성장하는 것에 대해 느끼는 만족감이 굉장히 크다고 한다. '가정'을 포기함으로써 커리어의 성장을 더욱 강하게 얻는 것이다.

3. 스타트업 창업

스타트업 창업도 비슷한 맥락으로 볼 수 있다. 특히 스타트업의 직원이 아닌 창업자들의 경우 이 '포기'의 강도가 더욱 세다. 유명한 스타트업 창업자들은 '안전한 커리어'를 포기하는 경우가 많다. 명문대를 나오고 대기업 취업이 보장되어 있음에도 창업의 길을 걸으며 높은 연봉을 포기하는 창업자도 꽤 있다. 아내가 잠깐 몸담았던 스타트업의 이야기다. 아내는 MD 업무를 위해 사업 초기 단계의 인테리어 플랫폼 업체에서 일한 적이 있다. 그 스타트업의 창업자는 서울대 출신이었는데 몇 년 동안이나 매월 30만 원 남짓한 돈으로 생활하고 있다는 이야기를 들었다고 했다.

당시에는 그런 이야기가 잘 와닿지 않았다. 왜 그렇게 사서 고생을 하는 것일까? 하지만 몇 년 뒤 그 기업은 엄청난 고성장을 거듭하며 성장했고, 재작년에는 연 매출이 30배 성장했다는 이야기를 뉴스를 통해 접하기도 했다. 현재는 우리나라를 대표하는 인테리어

플랫폼으로 자리 잡았다. 회사가 궤도에 오르기 전까지는 스타트업을 창업하면 포기하게 되는 것이 상당히 많다. 연봉이나 직장뿐 아니라 연애나 결혼을 포기하는 창업자도 있다. 하지만 그런 대범한 포기를 통해서 자식과도 같은 기업을 크게 성장시키는 보람은 어마어마할 것이다. 그런 희열 때문에 취직 대신 창업을 하는 것이라고 생각한다.

4. 부동산 투자

많은 부동산 고수들의 경험담을 들어 보면 초기에 투자금이 적은 시절에는 '생활의 질' 측면을 포기하는 경우가 많았다. 돈이 없을 때부터 강남의 신축 아파트를 살 수는 없다. 여력이 되는 동네의 작은 집부터 시작해 차근 차근 스케일을 올리는 게 현실이다. 이를 위해서는 직장에서 상당히 먼 곳에서 살아야 되기도 하고, 낡은 시설의 집에서 살아야 할 수도 있다. 더 좋은 동네에 있는 부동산을 사서 세를 주며 이자를 부담하고 본인은 주거비가 싸고 환경이 좋지 않은 동네에 살기도 한다.

군대를 제대한 후 사회 초년생 때까지 살던 전셋집은 오르막이 매우 가파른 저렴한 동네에 있었다. 당시 집주인 아주머니는 서초구 잠원동에도 세를 주고 있었다. 본인이 비싼 동네에 살게 되면 그만큼 세 놓을 돈을 손해보는 게 된다. 그렇기 때문에 그분은 불편한 동네에서의 생활을 감수하며 더 좋은 동네에 투자를 했던 것이다.

5. 주식 투자

이후에 더 자세히 설명하겠지만 개인적으로는 주식 투자가 주요 수입원이다. 6년 넘게 주식 투자를 공부하며 다양한 경험을 해보았다. 단언컨데 주식 투자는 불로 소득이 아니다. 출근을 해서 버는 돈은 아니지만 일반적인 노동력에 버금가는 정신 소모가 따른다. 특히 주식 투자는 운과 불운도 많이 작용하는 고차원적인 활동이다 보니, '욕심'을 포기해야 한다. 작은 욕심을 제어하지 못하면 매매 과정에서 실수를 하게 되고, 실수가 이어지면 손실이 발생한다.

그뿐 아니라 '인간관계'에서도 포기하게 되는 부분이 많다. 특히 주식 투자를 본격적으로 하게 되면 주식을 전혀 하지 않는 지인들과는 소원해지기 쉽다. 대화의 화제도 너무 달라지고 주식을 한다는 것 자체로 색안경을 끼는 사람도 생기기 때문이다. 나의 경우도 친하게 지냈던 어린 시절 친구나 정들었던 직장 동료들과의 연락이 많이 줄어든 편이다.

무엇보다도 공부를 제대로 하지 않으면 시작하지 않은 것만도 못한 결말을 만나게 된다. 돈을 잃는다는 뜻이다. 그것도 매우 크게 잃을 수 있다. 지금 당장 유명하고 많은 사람들이 관심을 갖고 있는 종목으로 주식 투자를 시작하는 사람이 몇 년 뒤에도 성공적 투자를 하고 있을 가능성은 얼마나 될까? 누구나 알고 있는 것은 끝물일 가능성이 높다. 제대로 된 공부 없이 적절한 매수가격을 생각하지 않고 일단 따라 사는 사람들의 결과는 대부분 비참하다.

6. 온·오프라인 장사

우리나라 요식업계에서 가장 유명한 사업가인 백종원 씨의 명언이 있다. "장사는 자존심을 팔아 돈을 버는 것이다." 이 말만큼 장사의 본질을 잘 설명한 표현이 있을까? 온라인에서 쇼핑몰을 하든 골목에서 식당이나 카페를 열든 다른 사람에게 직접 무언가를 팔 때는 '자존심'을 포기해야 한다. 장사의 핵심은 장기적 평판이다. 내가 파는 것이 만족스럽고 내가 제공하는 서비스가 친절하다는 평이 생겨야 한다. 이 과정에서는 많은 사람에게 겸손하게 대해야 한다. 뿐만 아니라 객관적으로 문제가 있는, 악의적 소비자들에게도 자존심을 굽힐 수 있어야 한다.

특히 회사에서 사회생활을 하던 직장인들이 장사를 시작하면 이런 부분을 어려워한다. 나름대로 사회적 룰이 지켜지는 회사생활에서 대하는 사람들과 회사 밖에서 대하게 될 사람들은 정말 다르다. 인간은 결코 예의 바른 동물이 아니다. 회사를 다닐 때도 경우 없는 사람들이 많다고 생각했을지 모르지만, 장사를 하며 직장 바깥의 군상을 만나게 된다면 상상을 초월하는 진상들을 만날 수 있다. 그렇기에 더더욱 자존심을 포기할 수 있어야 한다. 쇼핑몰과 자영업의 폐점률이 높은 이유는 여기에 있다. 자존심을 포기하는 것보다 장사를 포기하는 게 더 쉽기 때문이다.

7. 유튜브 채널 개설

유튜브. 굉장히 많은 사람이 도전하고 있지만 아직도 그보다 훨씬 많은 수의 사람이 시도조차 못하고 있는, 그럼에도 누구나 한 번쯤은 시도해보고 싶어 하는 도전이다. 나만의 유튜브 채널에 구독자를 모으고 광고 수익을 얻는다는 것은 매력적인 도전이 아닐 수 없다. 자신이 좋아하는 분야로 영상을 만들고 그 대가로 돈도 벌 수 있으니 말이다.

하지만 유튜브를 시도하는 사람의 절대다수는 실패한다. '좋아하는'에만 집중하고 '영상'이라는 부분을 착각하기 때문이다. 유튜브는 미디어 제작의 속성을 이해하지 못하면 절대로 성공할 수 없는 난이도 높은 도전이다. 모든 미디어는 관심을 먹고 자란다. 이 관심을 벌기 위해 포기해야 하는 것들은 다양하다. 일단 얼굴이 팔리므로 체면은 당연히 포기해야 한다. 최소한의 관심을 위해서는 업로드 횟수도 늘려야 하므로 일상생활을 어느 정도 접고 영상 제작에 집중해야 한다.

무엇보다 가장 무서운 건 미디어에 대한 군중의 피드백이다. 앞서 말했듯이 인간은 예의 바른 동물이 아니다. 아무리 좋은 콘텐츠를 만들어도 악플은 피할 수 없다. 어느 정도 시간이 지나면 나아질 수도 있지만 소심한 사람의 경우 악플에 적응하는 데만도 상당한 기간이 걸린다. 당연히 그 시간을 견디지 못하고 포기하는 사람들도 많다.

유튜브의 근본 속성도 만만치 않다. 좋은 영상을 만들어야 돈이 벌리는 게 아니다. 사람들이 클릭하고 싶은 영상을 만들어야 한다. 이 차이는 매우 크다. 모든 미디어는 클릭 수 기반이다. 정보의 질보다 관심의 양이 우선이다. 흔히 이야기하는 어그로를 끄는 이유도 여기에 있다. 관심을 위해 자신의 '긍지'를 포기한 인간 군상 속에서 경쟁해야 한다. 관심 경제의 특성상 소수의 승자가 대부분을 가져가는 것도 문제다. 극소수의 셀럽들은 자존심, 체면, 긍지를 다 팔아 큰돈을 얻을 수 있지만 나머지 수많은 채널들은 자존감이 바닥에 떨어진 상태에서 돈도 못 버는 곳이 유튜브다.

여담이지만 유튜브를 제대로 활용하려면 광고 수익이 아니라 '셀프 브랜딩 효과'에 집중하는 게 좋다고 본다. 생각보다 많은 사람들이 광고 수익을 받아 보고 실망한다. 반면 자신의 이름을 알리면서 얻게 되는 부차적 홍보 효과는 있다. 유튜브 채널을 운영하며 자신의 다른 사업으로 매출을 유도하는 사람들도 많다. 헬스 유튜버가 자기 채널을 통해 운동 용품이나 보충제를 팔거나 직접 운영하는 체육관의 홍보 효과를 누리는 것을 떠올리면 된다. 푼돈 같은 광고비를 벌겠다고 무작정 뛰어들기 보다는 내가 뭘 포기해야 하는지, 채널을 통해 무엇을 얻어갈 수 있는지 제대로 알고 시작해야 한다.

다양한 시도는 좋다. 노력은 중요하다. 하지만 노력이 다는 아니다. 충실한 고민 없이 '노력'만으로 모든 상황을 해결하려 하는 것은 또 다른 형태의 '게으름'이다. 위에 적은 예시들로 단번에 성공하기 어려운 이유는 뭘까? 유행을 따르기 때문이다. 깊은 고민 없이 남들이 많이 하니까 뛰어든다. 도전하지 말라는 이야기가 아니다. 그보다는 지금 이 순간에, 왜 다른 게 아니고 이것을 해야 하는지에 대한 심사숙고의 과정이 필요하다는 것이다. 영리하게, 슬기롭게 행동해야 한다.

그렇다면 슬기로움이란 무엇일까? 경험에 근거해 현실을 제대로 파악한 후 체계와 전략을 가지고 접근하는 것이다. 위에 열거한 도전거리들을 낱개로 살펴보자. 새로운 것은 없다. 이미 많은 사람들에게 알려진 일반적인 방법이다. 게다가 여러 가지 위험 요소가 담겨 있으므로 그 부분을 제대로 알고 있어야 한다.

1. 짠테크만 해서 저축으로 자산을 늘리면 인플레이션을 따라잡을 수 없다. 오히려 절약은 기본적인 스킬이고 그 이상의 자산 증식이 이루어질 방법을 찾아야 한다. 절약하는 데 너무 신경을 쓰면 더 큰돈을 버는 데 고민할 시간을 빼앗기게 된다.

2. 직장생활이 미래를 책임져 줄 수는 없다. 직장 자체가 어려워지면 거기서 아무리 잘해도 같이 어려워진다. 게다가 임원이 되더라도 2~3년 하고 잘리면 남은 수십 년을 생존할 노하우 없이 회사 밖으로 던져지게 된다.

3. 스타트업 창업은 확률적으로 실패 가능성이 정말 높다. 벤처 캐피탈이 한 번에 수백 개 기업에 투자하는 이유도 그중 한두 개 정도에서만 대박을 기대하기 때문이다. 내가 1/100의 유능하고 특별한 인재인지 냉정히 생각해보자.

4. 오랫동안 횡보하던 부동산이 불과 2, 3년 새에 몇 배나 올랐다. 알짜 부동산은 이미 다 팔려서 매물이 없고, 넘사벽의 가격을 형성하고 있다. 우리가 살 만한 만만한 매물들은 수익성이 떨어진다. 그나마 자금이 없다면 시작조차도 불가능하다.

5. 공부 없는 주식 투자는 매우 위험하다. 개별 종목에 따라 큰 손실을 볼 수도 있다. 장세가 어떤지도 제대로 파악해야 한다. 가령 2020년 미국 증시의 밸류에이션은 2000년대 IT 버블 이후 가장 높고 위험한 상태였다. 무엇보다 밸류에이션이 무슨 뜻인지 모르면 주식을 시작해서도 안 된다.

6. 온라인 쇼핑몰을 부업으로 생각하면 큰코다친다. 엄연한 사업이기 때문에 열심히 해야 한다. 잘 팔리기 시작해도 똑같은 사업을 가진 수많은 경쟁자들과 진흙탕 싸움을 벌여야 한다. 무엇보다도 수많은 진상 고객들에게 자존심을 굽힐 수 있는 멘탈이 받쳐줘야 한다.

7. 유튜브 채널 대박은 로또가 아니다. 차별화된 기획력으로 성실하게 만들어야 겨우 안착시킬 수 있고, 그렇게 자리잡은 채널 중에서도 본업이 대체될 정도의 수익이 나는 곳은 매우 드물다. 처음 시작하는 것의 진입장벽이 낮다 보니 너도나도 유튜브를 해보겠다고 뛰어드는 상황임을 알아야 한다. 내가 생각하는 건 남들도 다 생각하고 있다.

최소한 이 정도의 현실 인지도 없이 남들 다 하는 분위기에 휩쓸려 섣불리 뛰어들어선 안 된다. 남들보다 더 노력하면 되지 않느냐고? 노력의 수준만 놓고 보면 우리나라만큼 경쟁이 치열한 곳이 없다. OECD 국가 중 노동 시간 2위에 빛나는 자랑스러운 근면 국가이지 않나. '열심히'에만 기대어 뛰어들면 후회하게 될 게 분명하다. 모두가 이미 열심히 하고 있기 때문이다.

그러면 어떻게 접근해야 슬기로운 것일까? 일단은 자신의 상태에 대한 제대로 된 문제 정의가 필요하다. 내가 무엇을 원하는지부터 제대로 알아야 한다는 뜻이다. 적당히 원하는 것, 앉으면 눕고 싶고, 누우면 자고 싶고 그런 것이 아니라 뼛속 깊이 간절히 원하는 것은 무엇인지 알아야 한다. 엄청나게 숭고한 것일 필요는 없다. 하지만 진심으로 원해야 한다.

조금 한심한 이야기지만, 나는 진심으로 백수가 되고 싶었다. 그리고 왜 백수가 되고 싶은지 깊게 생각해 보았는데, 결국 중요한 것은 '자유'에 대한 부분이었다. 출근시간이 없는 삶을 동경했다. 누군가 시키는 일을 하지 않아도 될 자유, 내 인생의 방향을 내가 설정할 수 있는 자유. 백수의 모습은 그런 자유로움을 형상화한 예시 중 하나였던 것이다.

그래서 자유에 대해 더 깊게 생각해보았다. 어떤 게 자유로운 삶일까? 단순히 백수가 되면 다 해결되는 것인가? 그렇다면 자유의 정의는 무엇일까? 그저 망나니처럼 살고 싶은 대로 사는 게 자유일까? 많은 고민을 하다 보니 자유에는 세 가지 축이 있다는 것을 깨달았다. 자유에서 비롯된 행복을 느끼기 위해서는 자유의 다양한 면을 다 충족시킬 수 있어야 한다. 고심 끝에 꼽은 자유의 3요소는 다음과 같았다.

자유의 3요소

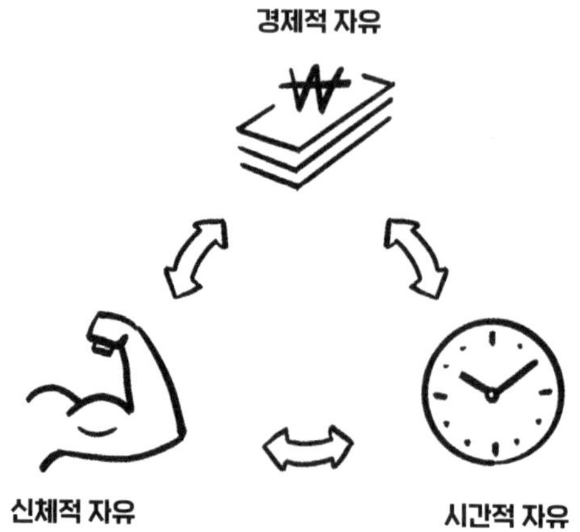

길고 긴 인생을 어디에도 속박되지 않은 상태로 보내기 위해서는 경제적인 자유가 꼭 필요하다. 이건 누구나 실감할 수 있다. 엄청나게 비싼 사치품을 살 수 있는 등의 그런 능력과는 다르다. 아주 필수적인 것을 돈 때문에 누리지 못할 때 경제적 자유의 가치를 절실히 실감하게 된다. 한편, 건강하고 마음껏 움직일 수 있으며 오래도록 살아남을 수 있는 몸을 가지는 것이 신체적 자유다. 몸이 건강하지 않으면 아무리 돈이 많고 시간이 남아돌아도 아무것도 할 수 없다. 활동하지 못하고 누워만 있는 것은 자유가 아닌 또 다른 속박이다. 마지막으로 내 의지대로 채울 수 있는 시간이 충만해야 한다. 가령 몸도 건강하고 많은 돈을 벌지만 하루 종일 고된 업무에 시달려야 한다면 어떨까? 부자라고 부를 수는 있겠지만 자유로운 사람이라고 부르기는 어려울 것이다.

이런 결론에 도달한 후부터 운동을 하러 나가게 되었다. 그리고 경제적인 자유에 대해 본격적인 공부를 시작했다. 특히 경제적 자유는 신체적 자유와 시간적 자유를 누리기 위한 첫 번째 전제라는 점을 깨달았다. 경제적 자유를 달성해야 시간을 내 것으로 가져올 수 있고, 신체적 자유를 위해 운동을 하며 건강을 관리하는 시간을 벌 수 있다.

그렇다면 경제적 자유는 무엇이며, 어떻게 달성할 수 있을까?

CHAPTER 2

▼

돈 많은 백수에 대한 착각

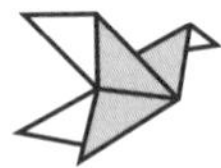

경제적 자유에 대한 오해

Q 다음 중 수원에 살며 삼성전자에 재직 중인 6년차 회사원 김○○ 씨(32살)가 경제적 자유를 이루기 위해 필요한 적정 금액은 대략 얼마일까? (그냥 감각적으로 떠오르는 숫자를 생각해보자)

1) 3천만 원	2) 1~3억 원	3) 3~5억 원
4) 10억 원 이상	5) 13억 원 이상	

정답은 무엇일까? 사실 앞의 문제는 전제부터가 잘못되어 있다. 쉽게 말해 선택지 중에 정답은 존재하지 않는다. 문제에서 밝힌 정

보가 충분하지 않기 때문이다. 이런 오류를 범하는 경우를 종종 본 적이 있다. 가끔 운영하는 유튜브 채널의 댓글이나 이메일을 통해 비슷한 질문을 해오는 사람들이 있었다. "얼마가 있으면 퇴사할 수 있나요?" 그런 류의 질문이다.

주식 투자를 공부하는 커뮤니티에 오래 머물다 보면 자주 접하는 단어가 있다. 바로 '전업 투자자'라는 직업이다. 쉽게 말해 투자로 생계를 유지하는 사람이다. 대부분 처음 주식에 입문하는 투자자들은 주식 외의 본업이 있다. 그리고 본업을 끔찍하게 사랑하는 사람들은 없다. 그렇기에 경험이 많이 쌓이고 투자금이 커지면서 주식 투자만으로도 생계에 어려움이 없어지는 수준이 되면 자연스럽게 본업에서 은퇴하는 케이스가 많다. 이럴 때 '전업 투자자'가 되었다고 커뮤니티에 밝히기도 한다. 그러면 일상의 스트레스를 참고 본업을 이어가는 많은 투자자들에게 선망의 대상이 된다. 대부분 주식 입문자들의 꿈은 투자금을 크게 불려 주식 투자만으로 생활하며 시간의 여유를 누리는 '전업 투자자'가 되는 것이다.

상황이 이렇다 보니 재미있는 현상이 벌어진다. 주식 관련 정보를 나누는 커뮤니티에 들어가면, 적정 전업 자금에 대해 묻는 글이 상당히 많다. '얼마나 있어야 전업 투자가 가능한가요?'와 같은 질문이다. 사실 '얼마'에 대한 부분은 개개인마다 다르다. 각자의 소비성향, 생존에 필요한 자본 규모, 나이와 가족 규모, 투자 수익률 등 모든 것이 천차만별이다. 하지만 질문하는 사람들은 '5억이면 가능합니다', '10억은 넘어야 합니다'처럼 숫자로 떨어지는 답을 원한다. 그리고 질문자의 상황과 상관없이 본인의 기준으로 숫자를 제시하는 사람도 상당히 많다.

이것은 말하자면 "신발 사이즈를 몇 mm로 신어야 농구를 잘할 수 있나요?"라고 묻는 것과도 같다. 질문 자체가 말이 안 된다는 뜻이다. 일단 자기 발에 맞는 신발을 신어야 한다. 게다가 신발이 중요한 게 아니라 연습을 해야 농구를 잘할 수 있다. '퇴사가 가능한 자금 규모'에 대해 궁금해하고 숫자로 떨어지는 정답을 구하려고 노력하는 것은 어리석은 일이다. 그럼에도 사람들이 계속해서 이런 답을 구하려는 이유는 무엇일까?

나는 이 부분에 현대인들이 느끼는 불안심리가 반영되어 있다고 본다. 사람들은 특정한 표본에 속해 있을 때 심리적 안정감을 느낀다. 특히 자신이 가는 길이 불확실하고 예측이 어려울 때는 더더욱 그렇다. 기존에 알려진 사례, 일반화할 수 있는 통계를 활용해 내가 위치한 곳이 어딘지 확인하면 안정감이 든다. 그래서 나에게 맞는 상황을 찾으려 하는 게 아니라, 다른 사람들의 상황으로 자신을 파악하려 하는 것이다.

그런 심리가 과도하게 작용하면 실제로는 자신이 옳음에도 다른 사람들의 틀린 표본을 따라가게 되기도 한다. 혼자 남겨지는 것을 불안해하는 것이다. 이런 현상을 흔히 동조심리라고 부른다. 동조심리를 보여주는 대표적 사례로 폴란드 심리학자 솔로몬 애쉬가

1956년에 발표한 '동조conformity에 관한 실험[2]'을 들 수 있다.

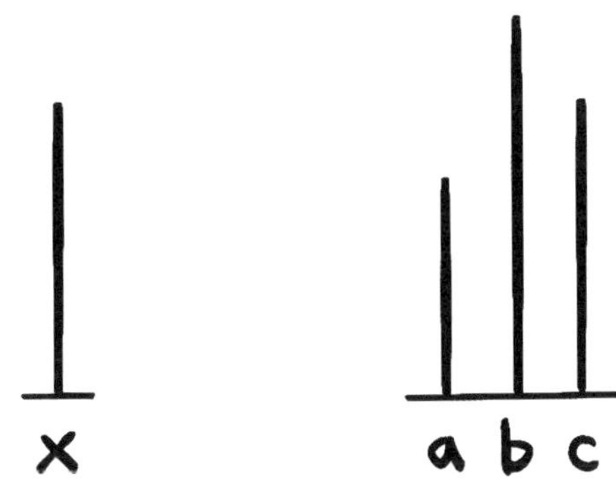

하나의 선을 기준선으로 보여주고, 서로 길이가 다른 세 가지 선 중 표본 선과 길이가 같은 것을 고르게 하는 것이다. 다섯 명의 피실험자가 한 방에서 정답을 고르는데 그중 진짜 피실험자는 한 명이고, 나머지 넷은 실험자다. 피실험자로 분장한 실험자들이 의도적으로 특정 오답을 고르면 피실험자는 의아해 하면서도 다른 사람들을 따라 틀린 답을 고르게 된다.

누드 비치도 동조심리의 좋은 예다. 보통의 해변에서 모든 옷을 벗고 나체로 다닌다면 어떨까? 맨정신으로는 힘들 것이다. 모두가 수영복을 입고 있는데 혼자 벗고 있으면 수치심이 들기 때문이다.

---

2 "Solomon Asch", WIKIPEDIA, https://en.wikipedia.org/wiki/Solomon_Asch

하지만 누드 비치에서는 다르다. 주변의 모든 사람들이 벗고 있기 때문에 과감히 옷을 벗고 다닐 수 있다. 수치심이라는 것은 혼자 남들과 다른 상황에서만 작용하기 때문이다.(직접 가본 적은 없지만 아마 그럴 것이다)

이런 동조심리는 경제적 자유를 달성하는 데 상당한 걸림돌이 될 수 있다. 경제적 자유를 달성하고 조기 은퇴를 하는 과정은 처음부터 끝까지 개인적인 영역이기 때문이다. 일단 은퇴를 꿈꾼다는 것은 모두가 하고 있는 평범한 노동에서 탈출하기를 원한다는 뜻이다. 특히 남들과 달리 파격적으로 이른 시점에 은퇴를 꿈꾼다는 것은 생각처럼 쉬운 일이 아니다. 다른 사람들이 출근하느라 고생하는 시간에 늦잠을 자고 평일 낮에 집안 거실에서 수평선을 바라보며 명상을 하는, 그런 장면들을 떠올리면 은퇴가 굉장히 쉽게 느껴진다. 하지만 그런 생활은 결과적인 것이며 그 생활을 위해 포기하고 희생해야 하는 것도 상당하다.

◆◆◆

경제적 자유를 얻는 것은 굉장히 고독한 여정이 될 수 있다. 특히 우리나라처럼 표본에서 벗어날수록 불안감이 커지는 사회에서는 더더욱 그렇다. 경제적 자유와 조기 은퇴를 달성하기 위해서는 스스로를 집요하게 성찰해야 한다. 나에게 맞는 라이프스타일을 찾고, 그것을 영위할 수 있도록 삶의 체계를 뜯어고치는 리모델링의 과정이 필요하다. 벽도 허물어야 하고 바닥도 벗겨내야 하고, 시끄러운 소리 때문에 이웃이랑 실랑이도 벌여야 한다. 벽지를 바르고 페인트를 칠할 때 독한 냄새도 맡아 봐야 하고, 망치질을 하다가 손도 찧어 봐야 한다. 멋있게 개조된 새 집에서 상쾌한 기분을 얻는 것은 한참 뒤의 일인 것이다.

뒤에서 좀 더 자세히 설명하겠지만 재정적 자립을 위한 적정 숫자의 기본은 내가 쓰는 돈과 내가 벌 수 있는 돈, 두 가지의 변수로 이루어진다. 당연히 변수가 하나일 때보다 훨씬 복잡한 과정을 거쳐 의사결정을 하게 된다. 회전축이 하나인 진자와 두 개인 진자의 궤적 차이를 떠올려보면 된다.

회전축의 개수에 따른 진자의 궤적 차이

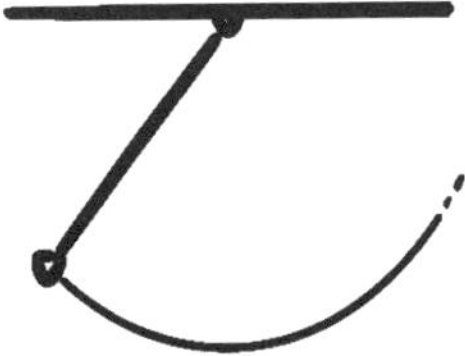

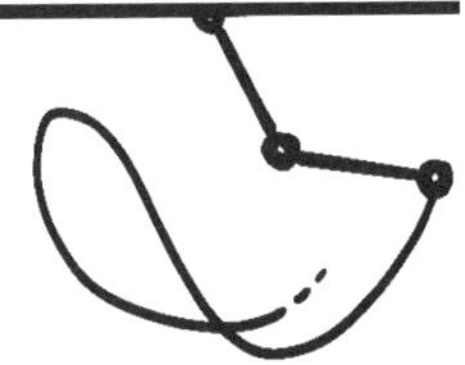

변수가 되는 회전축이 하나일 때 진자는 부채꼴의 일정한 궤적을 따라 움직인다. 하지만 회전축이 하나만 더 추가되어도 예측이

불가능하고 복잡한 궤적 속에서 움직이게 된다. 가장 빠른 시간 안에 경제적 자유를 달성하고 싶다면 이런 복잡한 궤적에 뛰어들 각오를 해야 한다. 결국 비슷한 조건, 비슷한 환경을 가진 사람이라도 경제적 자유를 달성하기 위한 목표자금은 전혀 달라질 수 있다는 뜻이다. 어떤 사람은 원하는 자유를 누리는 데 굉장히 큰돈이 있어야 하지만, 또 다른 사람은 남들이 보기에 초라할 정도의 금액으로도 상당히 만족스러운 자유를 누릴 수 있다.

비교적 적은 자본으로도 재정적인 자립을 이룬 사례가 하나 있다. 10년 정도 전에 본 뉴스기사였다. 자세히 기억나지는 않지만 한 신문 기자의 은퇴 이야기였다. 그 기자는 10년 넘게 사회생활을 하며 모았던 돈으로 삶에 변화를 주기로 결심했다. 우선 서울 시내에 3억이 조금 넘는 오피스텔 하나를 샀다. 그리고 남은 돈으로 경기도 외곽의 한 산골 마을에 땅을 사서 혼자 살아가기 좋은 소형 전원주택을 지었다. 서울에 있는 오피스텔에 월세를 놓은 후, 그 돈으로 산골에서 살아가는 본인의 생활비를 충당하며 살기 시작했다. 자연스럽게 더 이상 일하지 않고도 먹고살 수 있는 시스템이 되었고, 그 기자는 사회생활의 스트레스에서 해방되어 자유를 얻었다. 기사의 끝에는 기자생활을 청산하고 시골 마을에서 글을 쓰며 작가로서의 새로운 삶을 시작했다는 근황이 전해졌다.

그 기자의 이름도, 그것을 공유해 준 신문의 이름도, 언제 나온 기사인지도 기억나지 않는다. 그런데 딱 하나 기억나는 게 있다. 전원주택 앞에서 책을 펼쳐든 채 미소짓고 있는 주인공의 표정이다. 세상을 다 가진 듯한 얼굴이었다. 3억짜리 오피스텔을 샀다면 월세를 줬을 때 많아봐야 100만 원이 겨우 넘는 돈일 것이다. 불가능한 예산은 아니다. 하지만 풍족한 예산도 아니다. 특히 서울에서 직장생활을 하며 살던 라이프스타일을 유지할 수 있는 돈은 절대 아니었을 것이다. 하지만 그분은 자유를 얻기 위해 무엇을 포기해야 하는지 정확히 파악했고, 약간의 지혜를 발휘해 삶을 사는 새로운 방식을 디자인했다. 그리고 직장에 얽메이지 않은 작가로서의 새 인생을 살기 시작했다.

아주 오래 전에 읽은 기사였지만 나에게는 아직도 신선한 기억으로 남아 있다. 당시에 나는 막 사회생활을 시작하던 무렵이라 자유에 대한 생각을 해본 적도 없었다. 그래서 좀 괴짜같은 사람이라고 생각했다. 경제적 자유, 파이어 등등의 개념이 우리나라에 소개되기도 훨씬 전의 일이다. 하지만 이분이 디자인한 라이프스타일은 오늘날 등장한 파이어 트렌드의 기초와 흡사하다. 표면적으로 듣기에는 이 기자의 사례가 스스로를 속박하는 과도한 선택이라고 생각할 수도 있다. 저렇게 산골에 숨어서 최저시급과 비슷한 돈으로 살아가면 무슨 재미가 있을까? 은퇴가 의미가 있을까? 하지만 우리가 주목해서 봐야 하는 것은 '스스로 선택하고 삶의 방식을 뜯어고쳤다'는 사실이다. 우리는 그동안 자유에 대해 적지 않은 오해를 하고 있었다.

자유는 통제력의 탈환이다

"어떻게 살면 행복해질까?"

누구나 이런 고민을 하지 않는가? 하지만 쉬운 주제는 아니다. 요즘 같은 시대에는 행복을 고민한다고 하면 고리타분하고 현실감 없는 사람 취급을 받는다. 하루하루가 벅차다. 스트레스는 공기처럼 가득하다.(이제는 미세먼지 때문에 공기 자체가 스트레스의 원인이 되기도 한다) 이런 시대에는 어떤 것이 나를 행복하게 만드는가? 막연하고 철학적인 질문을 갑자기 받으면 그 답이 잘 생각나지 않는다.

그렇다면 그 반대는 어떨까? 행복의 비결이 막연하다면 불행에 대해 생각해보자. 노트를 꺼내 불행의 요소들을 찾아 적어보는 거다. 생각보다 쉽게 술술 쏟아질 것이다. 원래 인간의 뇌는 번영보다 생존에 단련되어 있어서 좋은 것보다 나쁜 것을 인식하는 데 더 민감하다. 따라서 네거티브로 접근하는 방법은 아이디어를 정리하는 데 도움이 된다. 그러니 정말 좋아하는 것을 찾기 어렵다면 반대로 정말 싫어하는 것은 무엇인지 고민해보자. 가령 직장생활을 하며 불행을 느끼는 상황에는 무엇이 있을까?

- 너무 피곤한데 아침 일찍 억지로 일어나 출근을 해야 할 때

- 직장에 가기 위해 복잡한 전철을 타야 할 때
- 전철에 사람이 너무 많아 조금도 움직이지 못할 때
- 움직이지 못하는데 손잡이를 잡고 선 거구의 겨드랑이에 얼굴이 닿을 때

아직 일터에 도착하지도 못했는데 이미 진이 다 빠진 듯한 느낌이다. 그래도 이왕 시작했으니 사무실까지는 들어가 보자.

- 뼈가 빠지게 일하고도 인정을 못 받을 때
- 아첨만 일삼는 동료가 더 많이 인정받고 승진을 할 때
- 무식한 상사가 정말 쓸모없는 일을 시킬 때
- 그 일 때문에 늦은 밤까지 야근을 하느라 집에 가지 못할 때

싫어하는 상황들로 노트를 가득 채우다 보면, 한 가지 공통점을 발견할 수 있을 것이다. 바로 '통제력의 상실'이다. 할 필요가 없다고 생각하거나 하기 싫은 일을 해야만 하는 상황이 있다. 원하지 않는 상황을 피하지 못할 때, 우리는 통제력의 상실에 따른 스트레스를 받게 된다. 예를 들어 아침 일찍 일어나는 것은 충분히 자고 싶은 수면욕에 대한 통제력 상실이다. 쓸모없다고 생각되는 일을 억지로 해야 할 때는 자신의 가치판단에 맞는 일을 하고자 하는 통제력이 상실된 것이다. 통제력의 상실에서 오는 스트레스는 하고 싶은 것을 마음껏 하는 기쁨보다 크다.

이것은 아기 때부터 입력된 생활양식이다. 젖병을 물린다고 신나서 춤을 추지는 않지만 젖병을 빼앗기면 나라를 잃은 듯 폭풍 오열한다. 이에 대해서는 과학적인 근거도 존재한다. 노벨상을 수상한 대니얼 카너만이 밝혀 낸 '손실회피편향loss aversion[3]'이다. 손실회피는 사람들이 득과 실에 관해서 갖고 있는 편향 중 하나다. 인간은 무언가를 새로 얻을 때의 가치보다 가지고 있는 것을 빼앗길 때의 가치를 더 크게 인식한다. 쉽게 말해 10만 원을 벌게 된 기쁨보다 10만 원을 잃게 된 아픔을 더 크게 느낀다는 것이다.

손실회피편향 그래프

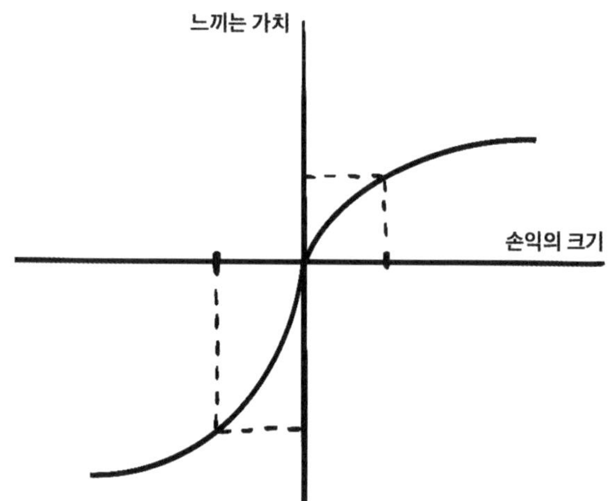

3 "Loss aversion", WIKIPEDIA, https://en.wikipedia.org/wiki/Loss_aversion

우리는 나이를 먹을수록 점점 더 세상 일이 마음먹은 대로 흘러가지 않는다는 것을 배운다. 통제력이 하나씩 상실되는 경험이 쌓이는 것이다. 저학년에서 고학년으로 올라갈수록, 그리고 대학에 들어가 취업준비를 하면서, 취업해서 사회생활을 하며, 사회생활에서 연차가 쌓이고 책임의 무게가 늘어나며… 그렇게 갖고 있던 통제력을 하나씩 박탈당한다. 그것이 표면적으로 드러나는 증상이 스트레스인 것이다. 그렇다면 반대로 생각해보자. 무언가를 빼앗길 때의 스트레스가 크다면, 빼앗긴 것을 되찾았을 때는 그만큼 큰 만족감을 얻을 수 있지 않겠는가.

그런 경험이 있다. 한번은 결혼반지를 잃어버렸다. 분명히 집 어딘가에 있을 텐데 아무리 찾아도 나오지 않았다. 아내에게 말도 못하고 몇 달을 초조하게 보냈다. 그러던 어느 날이었다. 결혼반지를 잃어버렸다는 사실도 잊어버릴 만큼 시간이 지난 후였다. 펜이 필요해서 책상에 놓인 연필꽂이를 뒤지는데 유성매직 뚜껑에 결혼반지가 얌전히 걸려 있는 것이 아닌가. 6개월 동안 그 자리에 그대로 있었던 것이다. 잃어버렸다고 생각했지만 실은 한 번도 이동한 적이 없는 반지를 발견했을 때의 희열이란… 정말 이루 말할 수 없었다.

통제력에 대한 부분도 크게 다르지 않다. 2018년에 당시의 트렌드를 잘 반영한 용어로 선정된 '소확행'에 대해 생각해보자. 작지만 확실한 행복감을 추구하는 소확행 트렌드도 이면을 들여다보면 통제력과 연관이 있다. 큰 통제력의 상실에서 오는 실망감을 작은 통제력을 찾아가면서 상쇄시키려는 심리라고 볼 수 있는 것이다. 나의 출근시간을 바꿀 수는 없지만 출근시간에 커피 한 잔 사 마시는 건 할 수 있고 야근이 확정되었을 때 퇴근을 앞당길 수는 없지만 이왕 야근을 시작했다면 부서 사람들과 저녁이라도 함께 시켜 먹으며 스트레스를 풀 수 있는 것처럼 말이다.

◆◆◆

다시 경제적 자유에 대한 이야기로 돌아와보자. 우리가 파이어족의 생활패턴을 활용해 '자유로운 삶'을 얻으려고 한다면 자유가 뭔지에 대한 명확한 정의가 필요하다. 보통 자유라고 하면 하고 싶은 일은 뭐든 할 수 있고 갖고 싶은 것은 바로바로 가질 수 있는 막강한 힘을 떠올린다. 하지만 실제로 파이어족들이 추구하는, 행복과 만족감을 느끼며 이야기하는 자유의 의미는 무소불위의 권력도 아니고 전지전능한 소비력도 아니다. 그들이 추구하는 경제적 자유, 조기 은퇴를 통해 얻으려는 자유는 다른 게 아니라 '통제력의 탈환'이다.

파이어족이 원하는 것은 직업 없이 전 세계를 마음껏 여행하는 럭셔리한 삶이 아니다. 여행을 가고 싶은 게 아니라 원치 않는 출장을 가지 않고 싶은 것이다. 슈퍼카를 소유하는 것이 아니라 러시아워 타이밍에 전철을 타지 않을 권리를 소유하고 싶은 것이다.(물론 슈퍼카도 있으면 더 좋겠지만 말이다) 그들의 궁극적인 목표는 더 많은 것을 소유하는 게 아니라 원치 않는 것을 버리는 것이다. 사소한 것들도 참견받고 통제당하던 기존의 삶에서 해방되는 것이 파이어의 방향인 것이다. 바꿔 말하면 통제당하지 않고 통제하는 삶을 살고자 하는 것이 파이어족의 궁극적 목표다.

이런 미묘한 방향성의 차이를 인식하고 있어야 한다. 돈 많은 백수가 되는 것은 파이어 트렌드가 가지는 의의가 아니다. 일단 통제력을 되찾는 게 우선이고 거기에서 파생되는 자유를 누리는 것이 목표다. 이 부분을 제대로 깨닫지 못하면 빠르게 재정적 자립을 달성하더라도 진짜 행복을 느끼지 못할 수도 있다. 자유는 원칙 없이 방만하게 사는 것이 아니다. 남의 원칙에 따르는 게 아니라 내 원칙대로 사는 것이 진정한 자유다.

나도 이제 3년째 자유인으로 살아가고 있는데, 엄밀히 이야기하면 회사생활을 할 때보다 수입은 더 적다. 정확히 말하면 적다기 보단 불규칙한 것인데, 어찌되었든 매월 월급통장에 돈이 정기적으로 찍히던 시절에 비하면 마음껏 돈을 쓰며 생활하기는 어렵다. 하지만 그 어느 때보다도 행복한 삶을 이어 가고 있다. 단순히 출근을 하지 않으면서도 이전과 아주 큰 차이가 없는 경제 수준을 영위해서가 아니라, 시간과 자유를 가졌기 때문이다.

한 가지 안타까운 것은 이런 삶의 방식에 대해 아직 많은 사람이 공감하지 못하고 있다는 점이다. 종종 지인들이 서귀포에 있는 우리 집에 놀러온다. 나와 아내의 경험담을 흥미롭게 들으면서 자신들도 한적한 곳에서 여유롭게 살고 싶다고 말한다. 하지만 정작 실제로 시도해보고 행동에 옮기는 사람들은 거의 없었다. 나의 솔직한 마음은 이렇다. '왜 이 좋은 것을 해보려고 하지 않지?'

파이어족이 된다는 것은 어떤 것일까? 일단 기본적 목표를 달성하기 전까지는 여러 가지 희생이 따른다. 하지만 그 희생을 딛고 얻어내는 삶의 방식은 매우 만족스럽다. 요즘 같은 시대에 '나는 행복하다'고 흔쾌히 인정할 수 있는 사람이 과연 얼마나 될까? 나와 아내는 이런 이야기를 꽤 자주 한다.

'우리는 행복하게 사는 것 같아.'

물론 주책맞게 매일 그런 소리를 하는 건 아니다. 그래도 한 달에 한 번 정도는 실감하는 것 같다. 이전에는 한 번도 이렇게 생각해 본 기억이 없다. 있었나? 1년에 한 번 정도, 비싼 돈을 내고 해외여행에 가서 첫 번째 숙소에 짐을 푸는 순간에는 행복을 느꼈을지도 모르겠다. 하지만 그런 행복감은 인천공항에 도착하는 순간 유통기한이 끝난다. 특별하고 간헐적인 행복이 아닌 매일의 일상에서 느끼는 행복, 이는 나 자신뿐 아니라 파이어족이 된 수많은 사람들이 공통적으로 언급하는 부분이다. 삶의 만족을 느끼고 행복감을 얻었다는 이야기가 상당히 많다.

그런데 파이어에 흥미를 느끼더라도 막상 실천에 옮기기는 쉽지 않다. 대부분의 사람들이 일시적으로 호기심을 가지긴 하지만 행동을 바꾸지는 않는다. 이런 상황도 일견 이해가 된다. 앞서 이야기한 손실회피편향이 이 상황에서도 적용되기 때문이다. 많은 이들이 통제된 삶에서 벗어나고 싶어 하면서도 한편으로는 통제된 삶에 깊숙이 적응되어 있다. 따라서 통제된 삶에 적응되어 있는 현재 상태를 잃지 않고 싶다는 심리도 존재한다. 통제력을 되찾았을 때의 기쁨보다 통제된 삶을 잃었을 때의 불안감이 더 큰 것이다.

물론 경제적 자유와 조기 은퇴가 모두에게 필연적인 방식은 아니다. 파이어 운동은 당분간 소수의 편일 수밖에 없다. 아무나 무턱대고 시도할 수 있는 것은 아니다. 지금의 삶이 크게 불편하지 않다면 유지하는 쪽이 훨씬 마음 편하다. 불만이 있어도 적당히 참을 수 있다면 정해진 루틴에 따라 약속된 소득을 얻고, 안정감을 만끽하며 살아가는 것도 결코 나쁘지 않다. 문제는 이도저도 아닌 쪽에 있는 사람들이다. 통제된 삶에 적응하지도 못하면서 통제력 밖으로 빠져 나오기 위해 아무런 노력도 하지 않는 사람들 말이다. 마음을 확실히 정하지 않는다면 영원히 행복을 얻을 수 없다. 현재의 삶에 대한 불만이 크면 클수록 반드시 탈출해야 한다. 탈출이라는 것은 시도가 있어야만 이뤄진다. 1만 시간을 고민하더라도 행동하지 않으면 바뀌는 것은 없다.

경제적 자유를 달성하려면 라이프스타일의 근본적 개조가 필요하다. 기존에 살아가던 방식을 과감하게 뜯어 고치고 전혀 새로운 마인드로 살아야 한다. 이 책을 끝까지 읽지 않아도 된다. 지금 바로 실행하는 것이 중요하다. 여기까지 읽었다면 일단 책을 덮고, 당장 실천할 수 있는 것을 찾아 바로 실행해보자. 생각이 떠올랐을 때 곧장 몸을 움직여 뭔가를 하는 것에 익숙해져야 한다. 뭘 해야 할지 모르겠다면 맨몸 스쿼트 30개라도 해보자. 경제적 자유와는 상관없을 것 같지만 꼭 그렇지도 않다. 모든 성취에는 체력 관리가 필요하니 나름대로 의미가 있다. 마침 이번 장의 이야기도 끝났다. 책을 덮고 어서 일어나자.

> 똑같은 짓을 하고 또 하면서 다른 결과를 바라는 것은
> 정신이상이나 마찬가지다.
>
> Insanity: doing the same thing over and over again
> and expecting different results
>
> **-아인슈타인**

경제적 자유?
자유를 향한 경제적 접근!

내가 본격적으로 시간과 월급의 관계에 대해 고민하기 시작한 것은 2018년 여름이었다. 회사에 입사하고 사회생활을 시작한 지 10년을 채운 시점이었다. 그 당시에 즐겨 듣던 팟캐스트가 있었다. 미국 뉴욕에 사는 30대 초반의 영상 감독이 진행하던 〈Ground Up Show〉라는 제목의 방송이었다. 조직사회에서 탈출해 스스로의 힘으로 돈을 벌고 있는 프리랜서나 창업가, 아티스트들을 초대해 인터뷰를 하는 내용이었다.

거기 출연한 어느 여성 창업가가 자신이 조직생활을 끝낸 시점의 경험을 이야기해주었다. 그때 처음으로 '갭 이어gap year'라는 단어를 접했다. 쉽게 말하면 안식년과도 비슷한 뜻이다. 부잣집 자녀들이 고등학교를 마치고 성년이 되었을 때 자발적으로 1년의 유예 기간을 갖는 것에서 유래했다고 한다. 대학에 진학하기 전에 봉사활동을 하거나 멀리 여행을 떠나는 등 새로운 경험을 하며 견문을 넓히기 위한 시간을 갖는 것이다. 그 창업가는 (비록 자신이 부잣집 자제는 아니지만) 인사이트를 얻기 위해 의도적으로 회사를 그만둔 후 1년 동안 여행을 하며 갭 이어를 가졌다고 했다. 그러고는 그 시절의 경험에서 창업 아이디어를 얻어 다시 회사로 돌아가지 않고 자신만의 일을 시작한 것이다.

처음 그 방송을 들었을 때는 '하여튼 미국놈들은 팔자도 좋다'는 식으로 비웃었다. 우리나라에서 무작정 하던 일을 그만두고 쉬었다가는 큰일 날텐데 말이야, 하면서. 그리고 며칠 뒤 차를 몰고 퇴근하던 길에 갑자기 그 팟캐스트의 내용이 생각났다. 고속도로 진입로에서만 30분을 허비하던 중이었다. 〈배철수의 음악캠프〉 중간 광고가 시작되었는데 방송에서 말한 갭 이어라는 단어가 떠올랐다. 뒤이어 내 30대를 근본적으로 바꾼, 가장 중요한 질문이 머릿속을 맴돌았다.

"팔자 좋게 하던 일을 그만두고 쉬는 게
과연 그렇게까지 큰일일까?"

이유 없이 심장이 두근거렸다. 집에 도착해서 저녁을 먹고 강아지를 산책시킨 후 곰곰이 생각을 해보았다. 막연히 위험할 것 같았는데 잘 생각해보니 그렇게 큰일은 아닌 것 같았다. 이전 직장 동료 중에도 그런 사람이 있었다. 그분은 모 인터넷 회사에 다니다가 그만두고 1년 반 동안 전 세계를 여행한 이력이 있었다. 그것이 자신의 인생에서 가장 행복했던 경험이라고 했다. 커리어가 멈춰진 채로 꽤 오래 쉬었지만 큰 문제가 되지는 않았다. 그 뒤에 다시 한국에 돌아와 멀쩡하게 대기업에 재취업해서 잘만 다니고 있는 중이었다. 어… 별로 큰일 아닌 거 같은데? 자기합리화가 점점 더 커지기 시작했다.

현 사회에서 절대로 변하지 않는 경제 원리가 하나 있다. 바로 '등가교환'이다. 무언가를 주게 되면 그 만큼을 돌려받는다. 반대로 뭔가를 받으면 그만큼을 돌려주게 되어 있다. 그날 저녁, 나는 굉장히 원론적인 질문 하나를 스스로에게 던졌다. '과연 내가 월급을 받고 일을 하는 행위는 어떤 형태의 등가교환일까?' 거기까지 생각이 미치자 이 책의 가장 중요한 주제이자, 내 인생에서 가장 소중한 자원 중 하나가 뇌리에 떠올랐다. '시간'이다. 나는 그동안 내 시간을 팔아서 월급을 사오고 있었다.

이게 잘못되었다는 이야기를 하고 싶은 게 아니다. 우리가 무슨 행동을 하고 있는지 제대로 이해해야 한다는 것이다. 월급은 공짜가 아니라 내가 '소비'하는 것이었다. 월급을 얻기 위해 나는 등가교환을 하고 있었다. 교환을 위해 내가 지불한 것은 시간이었다. 이제 와서 말하지만 나는 그다지 성실한 직원은 아니었다. 소위 말하는 월급루팡에 가까웠다. 하지만 직장에서 뺀질거리고 땡땡이를 치고 있을 때조차도 나는 부정할 수 없는 소중한 자원 하나를 꾸준히 지불하고 있었던 것이다.

내가 시간을 팔아서 월급을 사오는 과정에서 이득을 보았을까? 솔직히 잘 모르겠다는 생각이 들었다. 이득을 본 것 같기도 하고(나는 성실하지 않았으니까), 손해를 본 것 같기도 했다(시간을 굉장히 많이 썼으니까). 생각이 거기에까지 미치자 나는 인생을 바꾸게 된 두 번째 질문을 스스로에게 던졌다.

"그동안 시간을 팔아 월급을 사왔다면,
반대로 월급을 팔아 시간을 사보면 어떨까?"

회사와 했던 거래가 이득인지 아닌지 알 수 없다면, 반대로 해보는 건 어떨지 실험을 해보고 싶어졌다. 양 방향을 다 경험해보면 어느 쪽이 이득인지 알 수 있지 않을까? 물론 위험한 발상이었다. 월급을 포기하는 것이기 때문이다. 그래서 어느 정도 위험한지, 어느 정도 가치가 있는 아이디어인지 확인해보기로 했다. 노트를 펼쳐서 '1년 동안 월급을 팔아 자유 시간을 사왔을 때' 잃게 되는 것loss과 얻게 되는 것gain을 한 쪽씩 채워보았다.

< 내가 잃는 것 >

- 1년치 연봉 (상당한 금액이었지만 인생을 바꿀 액수도 아니었다)
- 즐거운 회사생활 (거짓말처럼 들리겠지만 회사생활 자체는 꽤 즐거웠다)
- 좋은 식당에서 외식할 수 있는 여유
(지금 생각해보면 빈약한 저축의 원흉이었다)
- 계절마다 옷을 사 입을 수 있는 여유
(지금 생각해보면 스트레스 때문에 옷을 샀다)
- 디자이너로서의 경험치 1년 (솔직히 정말 실력있는 디자이너는 아니었다)

조금 애매했다. 아주 소중한 것 같지는 않지만, 포기해도 되는 건지 고민이 되기는 했다. 외식이나 옷 같은 것은 솔직히 그렇게 아깝게 느껴지지는 않았다. 이어서 내가 얻는 것은 무엇인지도 적어 보았다.

< 내가 얻는 것 >

- 하루도 거르지 않고 운동할 수 있음(나는 헬스장에 가는 걸 좋아한다)
- 건강한 음식을 해 먹는 시간
  (돈 들여 외식해봤자 혈중 콜레스테롤 수치만 높아질 뿐)
- 아내, 강아지와 보내는 시간(이게 얼마나 소중한 것인지 미처 모를 때였다)
- 독서를 하고 글을 쓸 수 있는 시간(많은 백수의 1차 로망이 아닐까?)
- 새로운 콘텐츠를 만들 수 있는 시간(물론 뭘 만들지는 생각해보지 않음)
- 더 나은 사람이 되는 습관을 정착시킬 시간
  (막상 나중에 해 보니 쉽지는 않았다)

인생에 있어 중요한 결정을 내려야 하는 상황이 찾아온다면 이렇게 얻는 것과 잃는 것, 둘로 나누어 작성해보길 추천한다. 적어보면 별거 아닌 것 같지만 리스트를 만드는 행위 자체에서 꽤 깊은 인사이트를 얻을 수 있다. 나의 경우 저렇게 비교를 해본 후에 중요한 사실 하나를 발견했다. 잃는다고 생각한 부분들은 모두 '현상 유지'

를 위해 필요한 것이라는 사실이었다. 하지만 얻을 수 있는 건 모두 '더 나은 삶'을 위한 것이었다. 적어도 내가 원하던 이상적인 삶의 모습에 더 가까웠다. 결국 '그래, 한번 질러보자', 그런 결심을 하게 되었다.

다음은 현실적인 부분을 마주할 차례였다. 어찌됐든 저렇게 1년을 쓴다면 상당한 비용이 들어갈 것이 당연했다. 일반적으로 보면 상당한 리스크를 짊어지는 시도였다. 그때, 초반에 언급한 팟캐스트에서 진행자가 했던 말이 기억났다.

"인생에서 필수적으로 거쳐야 하는 게 있는데 바로 '계산된 리스크calculated risk'다. 리스크 자체를 피할 수는 없다. 리스크를 원천봉쇄하면 발전의 여지도 없어지는 것이다. 대신 리스크가 내 인생에 어떤 영향을 끼칠지 사전에 생각해서 계산해보면 좋다. '계산된 리스크'는 성공을 위한 모험을 효과적으로 다루는 중요한 개념이다."

그래서 이번에는 노트가 아니라 컴퓨터를 켰다. 그리고 엑셀 프로그램을 열어 내 생활과 관련된 모든 숫자를 입력해보았다. 주거에 드는 비용, 한 달 생활비, 기타 공과금, 세금, 종종 발생하는 축의금, 그 외 개인적으로 소비하는 비용들… 그런 비용들이 생각보다 정말 많다는 것을 깨달았다. 잠시 고민한 후 그중 아낄 수 있는 것들은 없는지, 줄일 수 있는 방법은 없는지도 적어보았다.

특히 중요한 것은 주거비였다. 당시에 상당한 금액을 대출받아서 전세자금으로 쓰고 있었는데, 사실상 대출 이자를 따져보면 매달 200만 원 가까이 되는 돈을 월세로 쓰고 있는 셈이었다. 하지만 일을 하지 않는다면 선택권이 넓어진다. 회사와는 가깝지만 서글플 정도로 비싼 주거지에서 살지 않아도 된다. 제주도로 오게 된 결정적인 이유도 여기에 있었다. 제주지역 특유의 연세 제도와 이사 시 돌려받게 되는 전세금을 별도의 투자자금으로 돌렸을 때의 기대 수익 등을 비교해보았다. 계산기를 돌려본 후, 제주로 이사를 하면 월평균 100만 원 정도의 주거비가 절약된다는 것을 깨달았다.

그렇게 2~3일 정도를 엑셀과 씨름하며 시뮬레이션을 해보았다. 경제적 자유를 얻기 위해서는 엑셀과 친해져야 한다. 물론 복잡한 수식을 써야 하는 것은 아니다. 하지만 일생을 둘러싸고 있는 다양한 돈의 흐름을 한눈에 파악할 수 있는 안목을 얻어야 한다. 매일매일 일상에 치여서 살다 보면 얼마나 많은 돈이 오가는지 미처 모르고 넘어가게 된다. 한 번쯤은 가던 길을 멈추고 엑셀을 열자. 그리고 내 삶의 그림자에 촘촘히 새겨진 숫자들을 늘어놓고 유심히 관찰해보자.

이제와서 하는 고백이지만, 가지고 있는 예산을 고려했을 때 완전히 은퇴해도 되는 상황은 아니었다. 소비 습관을 바꾸고, 먼 곳으로 이사를 가서 새로운 삶을 산다고 하더라도 평생 완벽한 자유를 얻기는 힘들었다. 반면 절대로 불가능한 수준도 아니었다. '최소한 1년 정도는 시도해볼 수 있지 않을까?' 그만한 자신감은 있었다. '일말의 불확실성은 있다. 명확히 파악하지 못한 여백이 존재한다. 그러나 그 정도의 여백이라면 기지를 발휘하며 메꿔갈 수 있다.' 그런 생각이 들었다.

결정적으로 아내와 의견이 일치했던 점도 의미 있었다. 당시 나는 조금 괴짜같은 고민에서 출발해 안식년을 갖고 싶다는 생각에 이르렀지만, 아내는 진심으로 휴식이 필요한 상황이었다. 1년 넘게 에이전시 사업을 하며 영혼이 만신창이가 된 상태였고, 더는 이렇게 살기 힘들다는 이야기를 수시로 했었다. 물론 처음에 1년만 쉬어보자는 아이디어를 쭈뼛쭈뼛 흘려보았을 때는 어처구니 없다는 반응이었다. 하지만 물러서지 않고 1년 정도 같이 운동도 하고 깨끗한 음식도 해 먹으면서 건강만이라도 되찾아보자고 제안했다. 곰곰이 생각해본 후, 아내 또한 그런 시간이 필요하다는 데 동의하였다. 당시 상황만 보면 무책임한 시도였다. 하지만 장기적인 관점으로 생각해서 내린 결정이었다. 그때의 고민은 인생에 진정으로 필요한 것이 무엇인지 생각해보는 계기가 됐다. 사회생활 10년 차를 맞이하며 하게 된 질문은 이것이었다.

"지금과 같은 방식으로 다음 10년을 살아도 되는 걸까?"

살던 대로 살면 현상 유지를 하기에는 나쁘지 않았다. 하지만 더 앞으로 나갈 것이라는 기대를 하기는 어려웠다. 무엇보다도 똑같은 방법으로 10년을 더 살았을 때, 행복해질 수 있을 거란 확신이 들지 않았다. 행복해지기 위한 길은 비교적 명확하게 보였다. '더 자유롭게 살아야 더 행복해질 수 있다.' 진정한 자유를 누리기 위해서는 자유 자체를 체험해볼 필요가 있었다. '잘 안되면 다시 회사생활 하지 뭐' 하고 편하게 생각하니 못할 것도 아니었다. 제주도로 이주해 백수 체험(?)을 해본 후, 결론을 내릴 수 있었다.

"이런 라이프스타일을 앞으로도 이어갈 수 있다면 수단과 방법을 가리지 않겠다."

그런 결의가 생겼다. 제주로 이사한 후, 삶에 대한 만족도는 엄청나게 높아졌다. 하루가 온전히 나의 것이 되고, 가족과 더 많은 시간을 보내게 되면 누구나 그런 생각을 할 것이다. 반면 이렇게 말하는 사람들도 있다. 일을 하지 않으면 삶이 무료해지고 갑갑해서 다시 직장으로 돌아가고 싶어진다고. 여태까지 겪어본 바로는 그렇지 않다. 직장생활을 하지 않더라도 무료하거나 갑갑하지는 않다. 하루가 지루하거나 길게 느껴지지 않는다. 사회생활을 하고 일을 할 때와 다른 자극일 뿐, 생각지도 못한 다양한 자극들로 일상을 채울 수 있다.

무리한 은퇴를 강행(?)한 만큼 몇 번의 부침도 있었다. 당연한 결과였다. 가끔씩 급작스럽게 쪼들린 적도 있었다. 하지만 자유를 얻은 대가라고 생각하면 견디지 못할 수준은 아니었다. 꼬박꼬박 받는 월급만큼 일정하지는 않더라도 다양한 소극적 수익이 추가되기도 했다. 단발적인 아르바이트를 할 때도 있었고, 누군가를 가르칠 때도 있다. 최소한의 노력으로 굴러가는 사업체를 운영하기도 한다. 거기에 유튜브 채널 등에서 창출되는 수입도 있다. 월급의 부재로 생기는 약간의 여백은 기지를 발휘하며 메꿔갈 수 있었다. 기존에 해보지 못한 경험을 하면서 새로운 내공도 쌓였다. 같은 일만 반복했던 시절에는 배우기 힘든 교훈도 얻었다. 1년, 2년 경험이 쌓이면서 점점 더 자유와 친해졌고 삶의 질은 확실히 좋아졌다. 그것이 가장 큰 수확이다.

결론은 이것이다. 파이어 운동이 트렌드가 되더라도 여기에 다가서는 방법은 개개인마다 다를 수밖에 없다. 철저히 자신만의 요령으로 완성해야 하는 과제다. 당연히 시행착오를 겪게 된다. 하지만 그런 시행착오가 두려워 다른 사람의 방식만 쫓아다녀선 안 된다. 남의 뒤만 따라가다 보면 내가 왜 이렇게 살아야 하는지 잊어버리게 된다. 중요한 것은 경제적 자유라는 표현을 세상의 잣대로, 미디어가 알려준 스테레오 타입으로 평가하지 않는 것이다. 남들이 하는 방식을 따라가며 숙제로 받아들이지 않고 나만의 자유를 정의할 수 있어야 한다. 나만의 기지를 발휘해야 한다. 자유라는 단어는 공통이지만 각자가 자유를 그리는 방법은 다르다. 타인이 알려준 경제적 자유가 아닌, 나만의 자유를 달성하기 위한 경제적 접근법을 개척해보자.

CHAPTER 3

▼

원하는 시기에 은퇴할 용기와 전략

30대에 백수가 되는 것

내가 졸업한 고등학교는 굉장히 보수적이고 꼬장꼬장한 곳이었다. 사립이어서 거의 대부분의 선생님이 그 학교에서 수십 년을 가르치다 은퇴하곤 했다. 학교를 다니던 3년 동안에만 서너 명의 선생님이 정년퇴임을 했던 것 같다. 솔직히 말해 즐거운 경험은 아니었다. 수십 년의 차이를 둔 선생님의 고리타분한 수업을 듣는 것은 피곤한 일이었다. 선생님 입장에서도 수십 년 아래의 학생들을 가르치는 게 유쾌한 경험은 아니었을 것이다. 그래서 나이가 많은 선생님들의 수업 시간에 내가 주로 연마한 것은 다양한 포즈의 수면이었다. 그런데 유일하게, 내 인생에 뭔가 남는 말을 해준 선생님이 있었다. 성함은 장대길이었다. 큰 대大, 길할 길吉. 학생들은 그 선생님을 '때낄이'라고 불렀다.

그 선생님은 내가 2학년 때 정년을 채우고 퇴임식을 했다. 영어 선생님이었는데 영어를 배운 기억은 전혀 없다.(윤선생으로 영어를 뗀 학생이 전쟁을 겪은 60대 노인에게 영어를 배우는 게 상상이 가는가) 하지만 그 선생님이 수업 때마다 집요하게 주입했던 메시지 하나는 기억하고 있다. 바로 '뜻이 있는 곳에 길이 있다'는 격언이다. 이 격언을 매 수업마다 강조했던 것 같다. 학생들은 영문도 모르고 그 선생님이 반복하는 영어와 상관없는 이야기를 듣고 있었다.

퇴임식 날이었다. 초겨울의 운동장에 전교생이 줄을 맞춰 모였다. 교감선생님이 연단에 서서 굉장히 지루한 사회를 보았다. 너무 길고 지루해서 퇴임사가 시작되기도 전에 학생 몇 명은 혼절할 것 같은 표정이었다. 앞자리에 앉은 젊은 선생님들의 얼굴도 일그러졌다. 모두의 인내심이 한계에 달할 때쯤 교감선생님이 말을 끝냈다. 이윽고 그날의 주인공인 장대길 선생님이 연단에 올랐다. 나는 아직도 그 퇴임사를 잊을 수 없다. 누군가가 연단에 서서 했던 말 중 가장 짧았기 때문이다. 이후에도 수없이 많은 퇴임식과 주례사와 송년회를 겪었지만, 그 누구도 1분 안에 자신이 할 말을 마친 적은 없었다.

"아. 아. (마이크 테스트 중) 때낄이입니다. 다들 추워하니까 짧게 하고 가겠습니다. 제가 수업 때 여러분들께 항상 했던 말이 있죠? 그 말로 퇴임사를 마치겠습니다. 제가 절반을 외칠 테니까 여러분들이 나머지를 외치시기 바랍니다."

학생들은 서로를 쳐다보았고, 나머지 퇴임사가 이어졌다.

"뜻이 있는 곳에!" 선생님이 외쳤다.

"길이 있다!" 학생들이 외쳤다.

선생님은 "감사합니다" 한마디만 더한 후, 뒤도 돌아보지 않고 연단을 내려갔다. 시니컬하기 짝이 없는 남자 고등학생들도 그 순간만큼은 울컥한 마음에 우레와 같은 박수를 보냈다. 과연 신속하고 임팩트 있는 퇴임사였다.

뜻이 있는 곳에, 길이 있다.

이제 조금 부끄럽지만, 나의 뜻을 소환해보려 한다. 솔직히 말해 나의 꿈은 '열대지방에서 일하지 않고 풍요롭게 사는 것'이었다. 그런 꿈을 갖게 된 계기는 신혼여행이었다. 결혼식을 해본 사람들은 알겠지만, 결혼식 자체는 돈 쓰기 대회나 마찬가지다. 정말 경쟁적으로 (결혼생활이 아닌) 결혼식에 돈을 쓴다. 그중에서도 정점은 역시 신혼여행 아닐까? 나 또한 그랬다. 2013년에 결혼식을 올리고 찾은 리조트에서 유유자적 열대의 정취를 느끼며 부자놀이를 하다 보니, 자연스럽게 그런 욕망이 생겼다. '이 삶을 계속 이어가고 싶다'고. 한심하게 들릴지 모르겠지만 진심으로, 그런 마음을 가졌다.

힐튼가의 상속녀이자, 원조 셀러브리티이자, 생각 없이 돈 쓰며 살기의 세계 1인자인 패리스 힐튼이 했던 인터뷰도 생각난다. 리포터가 물었다. “패리스, 당신에게도 걱정이 있나요?” 그러자 그는 이렇게 답했다. “제가 언젠가는 죽는다는 사실이 가장 큰 걱정이에요. 저는 영원히 지금처럼 살고 싶어요.” 패리스 힐튼의 인터뷰도 만만치 않게 순수하지만, 내 꿈 또한 미션은 없고 욕망만 있는 해맑은 것이었다. 게다가 난 상속받은 돈도 없으므로 상식적으로나 양심적으로나 본격적으로 이를 이뤄보겠다는 고민을 한 적은 없었다. 하지만 당시의 백일몽이 이후의 경험과 맞물리며 중요한 역할을 한 건 사실이다.

이번엔 온라인 어디선가 본, 출처를 알 수 없는 짧은 게시글 하나를 소환해보려 한다. 어떤 사람이 아래와 같은 하소연을 남겼다.

“일을 많이 하는데 왜 돈은 안늘지?”

이런 걱정은 누구나 한다. 저걸 굳이 익명의 게시판에 쓰는 것은 시간과 바이트의 낭비다. 하지만 그 아래에 있던 댓글이 내 눈을 사로잡았다. 여기서 나는 인생을 바꿀 중요한 힌트를 얻게 되었다. 저 짧은 글에 세상이 돌아가는 원리가 숨어 있었다.

“바보야 일을 많이 하면 일이 늘지, 돈이 많아야 돈이 늘고.”

때끼리 선생님이 말씀하신 것처럼, 뜻이 있는 곳에는 길이 있다. 그리고 뜻이 있다면 그 뜻으로 향하는 길을 선택해야 한다. 뻔한 이야기 같지만 집요하게 생각해보자. 월급날 비장한 마음으로 사 먹는 티본 스테이크처럼 신중하게 뜯고 씹고 느껴보자.

일을 많이 하면 일이 는다. 돈이 많으면 돈이 는다. 무엇이든 많이 할수록 늘어난다. 한 가지에 묶여 있으면 그쪽만 늘어나게 된다는 뜻이다. '일'을 한다는 건 말하자면 노동 활동이다. 거기에 집중하면 당연히 노동만 더 늘어난다. 착하고 성실해서 고생해본 사람이라면 고개를 끄덕일 것이다. 책임감 때문에 남들보다 더 많이 일했더니 다음에는 나에게만 일이 몰리는 경험을 해보지 않았는가?

반면 돈이 많아야 돈이 늘어난다는 것은 자본 활동 을 뜻한다. 자본 활동을 열심히 해야 자본(돈)이 늘어나는 것이다. 생각해보면 당연한 원리다. 가령 중국의 커머스 시장을 모두 제패하고 공룡기업이 된 알리바바를 떠올려보자. 중국 최고의 인재들이 모여 밤낮으로 일을 해서 알리바바를 세계적인 기업으로 만들어놨다. 그들의 노력을 독려하고 리더십을 발휘한 마윈 회장은 세계적인 기업가가 되었다. 그런데 사실 알리바바의 성공으로 가장 큰 이득을 본 사람은 악수 한 번 하고 투자를 결정해 수천 배의 수익을 거둔 손정의 회장이었다.

뭔가 추구하는 것이 있다면 반드시 올바른 인과관계를 파악해야 한다. 쉽게 들리기 때문에 모두가 놓치고 있는 부분이다. 인과관계가 틀어진 대표적인 예 하나를 더 들어보자. 바로 입시 활동이다. 이 땅의 140만 명이 넘는 고등학생들은 지금도 입시 공부에 매진하고 있다. 그중에도 특히 목표 의식이 있고 열심히 하는 학생들이 있을 것이다. 공부를 왜 열심히 하냐고 물어보면 그들은 뭐라고 답할까? 아마 좋은 대학에 가서 성공하고 출세하기 위해서라고 대답할 것이다. 그렇다면 인과관계에 맞춰서 잘 생각해보자.

시험을 잘 치는 사람이 된다고 사회에서 성공하는 것은 아니다. 시험 공부를 열심히 하면 시험 점수를 내는 능력만 높아진다. 사회에서 성공하려면 사회, 즉 인간 세상이 돌아가는 것을 공부해야 한다. 로그함수 같은 게 아니라 세상과 타인에 관심을 가져야 한다. 높은 시험 점수를 받는 학생들에게 인과관계가 가장 잘 맞는 성공의 결과는 무엇일까? 입시 학원 강사가 아닐까 생각한다. 소수의 스타 강사들이 그런 코스로 성공한 케이스다. 반면에 그런 목표 없이 막연한 출세를 위해 입시 공부에 인생을 건 학생들이 있다. 그들 중에는 '최고의 학원 강사, 인강 강사가 되는 것'이 목표가 아닌 학생들이 더 많을 것이다. 인생에서 시험 공부보다 중요한 것들에는 뭐가 있을지 고민해봐야 한다고 생각한다.

◆◆◆

다시 돌아오자. 나의 꿈은 '열대지방에서 일하지 않고 풍요롭게 사는 것'이었다. 이 꿈과 내 현실을 비교했을 때, 나 또한 인과관계에 있어 굉장히 큰 오류를 범하며 살아왔다. 지난 직장생활 10년을 돌이켜보면 한 번도 진심으로 일하고 싶었던 적은 없다. 물론 직장 생활 때문에 크게 불행하다고 느낀 적도 없다. 나름대로 회사에서 소중한 인연도 만들었고, (아주 가끔이지만) 내가 한 일에 자부심과 뿌듯함을 느낄 때도 있었다. 하지만 그런 부차적인 만족감을 제외하고 내가 정말 원하는 일을 하고 있는지 반문한다면 한 번도 그렇다고 답할 수 없었다. 사실 나는 일 자체를 하지 않는 삶을 살고 싶었기 때문이다. 일을 하면서 불행하다고 느끼는 것과는 달랐다.

출근을 하지 않으면 큰 행복을 느꼈다. 토요일 아침이면 출근을 하던 평일보다 더 일찍 일어났다. 알람 없이도 저절로 눈이 떠졌다. 그러면 옷을 대충 챙겨 입은 후 차를 타고 밖으로 나갔다. 15분 정도 새벽의 강남대로를 달려 유명한 곰탕집을 찾았다. 20분 만에 특곰탕 한 그릇을 클리어하고 나면 편의점에 가서 캔커피를 사 마시고 다시 차를 몰았다. 그러고는 한강변 산책을 하다 들어왔다. 딱히 대단한 일을 하는 것은 아니지만 주말 오전을 알차게 보내곤 했다. 집에 돌아오면 (역시 새벽에 일어났기 때문에) 피곤한 몸을 회복하기 위해 낮잠을 청했다. 그렇게 자고 한 시쯤 다시 일어나면, 다시 토요일을 시작한 기분이 들었다. 토요일이 두 번이면 당연히 즐겁지 않겠는가? 말하자면 나는 그 정도로 휴일을 좋아했다.

이미 예전부터 내 꿈은 백수였다. 좀 더 고상하게 말하면 르네상스적인 자유인이라고 할까? 그런데 정작 내가 10년 동안 했던 것은 백수로 살아가려는 '꿈을 이룰 자금을 만들기 위해 회사를 열심히 다닌' 것이었다. 인과관계가 두 번이나 틀어진 것이다. 백수가 되려면 일단 일하지 않는 상태에 익숙해져야 한다. 여기서 익숙함이란 '자유 시간을 허투루 보내지 않는 것'과 '일하지 않고도 생활할 수 있는 지속 가능성을 확보하는 것'이다.

내가 마음속 깊은 곳에서부터 원하던 것을 인정하는 데에도 상당한 시간이 걸렸다. 너무 깊은 곳에 있어서 꺼내기가 어려웠을 수도 있다. 아니면 사회의 코드와 맞지 않아 깊이 숨겨놓고 있었던 것일지도 모른다. 솔직히 '전 백수가 되는 게 꿈이에요'라고 하면 좀 나이가 있는 분들께는 욕을 먹었다. 내 또래인 분들은 농담인 줄 알고 크게 웃었다(나는 진심이었는데…). 그 생각을 발전시켜 볼 여지가 없었다. 하지만 이런 인과관계를 깨달은 후부터 길이 보이기 시작했다. 출근을 안 하고 일터에 끌려가지 않는 데서 큰 행복을 느낀다면, 그것을 목표로 하는 게 옳은 것 아닐까? 출근이 없는 라이프스타일을 만드는 데 전력을 쏟아야 하지 않을까? 그동안 나는 답을 모르는 게 아니라 어떤 질문을 해야 하는지 몰랐던 것이다.

다행스럽게도 나와 비슷한 생각을 하고 새로운 행동 전략을 세우는 사람들이 있다는 것을 알게 된 후부터 용기가 생겼다. '파이어족'이라는 트렌드가 생기고 관련 커뮤니티가 발생하고 사람들이 의견과 노하우를 공유하기 시작했다. 산업 지형과 기술이 발전한 것도 이런 트렌드에 많은 영향을 주었다. 급기야는 글로벌 악재 또한 사람들의 생각을 변화시키기 시작했다. 2020년을 강타한 코로나바이러스 팬데믹을 떠올려보자. 꽤 많은 기업들이 재택근무를 시작했고 수많은 직장인들이 집에서 일을 하며 때아닌 수감생활을 했다. 하지만 마음속에 분명 그런 생각이 조금은 피어났을 것이다. '와… 출퇴근 시간에 이동하는 고생을 하지 않는 건 상당히 좋은데?' 어딘가로 출근을 하는 것이 필연적 운명이 아니라 선택지라는 것을 인지하기 시작하지 않았을까. 어쩌면 개중에는 파이어족의 라이프스타일을 새롭게 받아들이는 사람도 있을 테다.

말하자면 다양한 삶의 방식이 있다는 것이다. 본인이 진정 바라는 것이 뭔지 고민해보고, 거기에 맞는 라이프스타일을 찾아야 한다. 가령 이른 나이에 성공한 사업가들을 생각해보자. 오래 전에 경제적 자유를 달성했더라도 스트레스와 격무를 피하지 않고 적극적으로 사업을 이어가는 경우가 많다. 사업적 도전에서 행복을 느끼기 때문이다. 이런 분들이라면 굳이 은퇴해서 백수로 살아갈 필요는 없다. 아마 금방 지루해져서 다시 새로운 도전거리를 찾게 될 테니 말이다.

하지만 열심히 일하고 바쁘게 살아가는 게 성향에 맞지 않는 사람도 꽤 많다. 끼도 재능도 하드워킹할 체력도 없는 보통의 사람들이 훨씬 많을 것이다. 그런 사람들도 미래의 생존 전략은 있어야 한다. 일이 없이 한가롭게 살아가는 것은 죄가 아니다. 한가로움은 새로운 영감과 사명이 떠오르게 도울 수도 있다. 그리스 철학자들은 사실상 백수였다. 노예들이 농사를 짓고 집안일을 하는 동안 토론과 철학에 심취한 것이다. 만약 철학자들이 격무에 시달렸다면 어떻게 그 옛날에 그런 고차원적 사상을 만들 수 있었겠는가? 그러니 한가로움을 원한다면 부끄러워하지 말자. 본성을 인정해야 한다. 그리고 그 본성을 가급적 빨리 찾으려면 그에 걸맞는 전략과 행동이 필요하다.

퇴사와 은퇴는 다르다

2019년에 유행한 직장인 3대 허언이 있다.

조만간 퇴사한다.
조만간 이직한다.
조만간 유튜브 시작한다.

저 유행어가 '허언'이라고 불렸던 이유는 무엇일까? 누구나 생각하지만 아무나 실천하지 못했기 때문이다. 퇴사와 이직과 유튜브를 다 해본 내 경험에 비춰보면, 저런 도전들을 하지 않는 이유가 단순히 게을러서는 아니라고 생각한다. 누구라도 '견적'이 나오지 않는 도전을 하고 싶지는 않을 것이다. 실컷 도전하고 나서 소득이 없으면 허탈해진다. 시간이 아깝게 느껴질 수도 있고, 심지어 주변 사람들이 뒤에서 수군거릴 수도 있다. 확실한 대가를 기대할 수 없다면 시작하기 어렵다.

그런데 왜 끊임없이 저런 허언 근처를 기웃리게 되는걸까? 지금 당장의 현실이 너무 마음에 들지 않아서 그런 것이 아닐까. 직장인들 중 다니는 회사에 진심으로 만족하는 사람은 별로 없어 보인다. 절대적 조건이 많이 부족한 것이 아닌 경우에도 말이다. 내가 퇴사 후 만난 수많은 자영업자와 프리랜서도 힘들긴 마찬가지였다. 하지만 현실에 대한 냉소는 별로 없었다. 직장인들에게 우선적으로 필요한 것은 현실 부정과 탈출 욕구를 다스리는 것이다. 한 단계 앞서 생각할 수 있어야 현재의 문제를 더 객관적으로 다룰 수 있다. 당장은 회사를 다니는 게 너무 싫어서 '퇴사' 생각만 머리에 가득하다. 그런 프레임을 바꿀 필요가 있다.

원하는 삶을 사는 게 중요하다. 그 방향성이 명확해지면 그때 퇴사에 대한 전략이 나온다. 대부분은 내가 뭘 원하고, 어떻게 살아가고 싶은지에 대한 고민이 부족하다. '만약 퇴사한다면 뭘 해야 할까?' 같은 생각은 많이 하는데, 질문이 잘못되었다. '나는 무슨 일을 하며 살아야 할까?' 음… 이 질문은 조금 낫다. 하지만 충분하지는 않다. 퇴사하고 나서 꼭 무슨 '일'을 해야 하는 건 아니다. 특히 그 일이 내가 품은 소명의식에서 출발한 게 아니라 생계수단으로 선택한 것이라면 말이다. 퇴사를 꿈꾸는 절대다수의 직장인들은 직업노동의 스트레스에서 해방되고 싶을 뿐이다. 그런데 올바른 질문이 없으니 막상 퇴사를 하더라도 또 다른 노동에 얽혀 들어가고 마는 것이다.

내가 삼성전자에 다닐 때 일이다. 개발팀에는 명문 이공계 대학을 나온 날고 기는 실력자들이 많았다. 그중에서도 절대적인 개발자가 있었는데 격무에 불만을 품고 회사를 떠났다고 한다. 하지만 정작 그가 자리 잡은 곳은 회사 앞 치킨집이라고… 그래서 삼성에 남아있는 개발자들이 코드를 짜다가 막히면 회사 앞 치킨집에 가서 그 전설의 개발자에게 조언을 듣는다고 했다.

일단 퇴사지망생들이 바라는 코스가 위 사례는 절대로 아닐 것이다. 내가 진심으로 하고 싶은 일, 미션으로 삼고 싶은 주제가 있다면 당장 회사를 나와야 한다. 앞서 말한 인과관계 때문이다. 무슨 일이든 그 분야에 오래 머물수록 잘할 수 있게 된다. 만약 내가 다루고 싶은 분야가 있는데 생계 때문에 다른 일에 머물러 있다면 리스크를 짊어지더라도 그만두는 게 낫다. 어차피 새로운 도전을 하게 되면 시행착오는 반드시 겪을 수밖에 없다. 그걸 조금이라도 먼저 겪어야 더 빨리 자리를 잡는다.

하지만 노동 자체가 싫은 것 외에 다른 바라는 게 없다면 당연히 그 사람의 목표는 '백수'가 되어야 한다. 퇴사가 아닌 '은퇴'를 해야 한다는 의미다. 백수의 삶을 영위하기 위한 엔진은 노동이 아니다. 최대한 일을 하지 않고 사는 게 목표가 되어야 한다. 이직이나 창업이나 유튜브가 아니라 말이다.

◆◆◆

이쯤에서 백수의 레벨에 대해 생각해보자. 당연히 초급 백수도 있고, 상급 백수도 있다. 초급 백수라는 것은 직장생활에서는 해방되었지만 아직 노동에서 완전히 해방되지는 않은 상태를 의미한다. 이런 저런 일을 소소하게 하면서 생활비를 일부 충당하기도 할 것이다.(내 케이스다)

그렇다면 상급 백수에 해당하는 사람은 누구일까? 일단 금수저들을 생각해볼 수 있다. 부모님께 물려받은 재산이 너무 많아서 노동의 필요성을 느껴본 적이 없는 사람도 있다. 가끔씩 사고를 쳐서 뉴스의 사회면을 장식하는 재벌가의 자녀들 말이다. 하지만 자기 힘으로 막대한 돈을 벌어들인 강성 백수도 있다. 벤처회사를 팔아서 엑시트한 창업가들의 경우다.

지인 중 한 명(편의상 C라고 지칭하겠다)이 재미있는 경험을 들려준 적이 있다. 영국에서 유학을 하던 스타트업 창업가 친구였다. 싱가포르의 전철에서 벌어진 일이었다(영국 유학생이 싱가포르엔 왜 가 있었을까). C는 전철을 탔다가 이상하게 낯이 익은 서양 사람을 보았다. 뚫어져라 쳐다보며 기억력을 풀가동해 그가 '왈도 세브린'이라는 것을 깨달았다고 한다. 왈도 세브린이 누군지 모르는 분들을 위해서 아주 쉽게 설명하자면, 페이스북의 초창기 CFO다. 마크 주커버그의 창업 초기를 소재로 한 영화 〈소셜 네트워크〉에서 앤드류 가필드가 연기했던 바로 그 인물이다. 은퇴 전 주커버그와 창업 지분 관련 소송을 벌이기도 했다. 그런 사람을 싱가포르의 전철에서 만나게 된 것이다. C는 용기를 내어 그에게 다가가 (정중하게) 왈도 세브린이 맞는지 물어보았다. 그는 맞다고 대답했다.

이후 C 는 단편소설에나 나올 것 같은 경험을 하게 된다. 전철에서 잠깐 대화를 주고받다가 왈도 세브린의 집으로 초대를 받았다. 아마도 싱가포르에서 자기를 알아본 동양인이 신기해서 그런 게 아니었을까. 그는 엘리베이터가 집으로 바로 이어지는 거대한 펜트하우스에서 믿을 수 없을 만큼 비싼 위스키를 내어주었다고 한다. 그리고 창업 관련해서 이런 저런 이야기를 나누었는데, C는 다시 한 번 용기를 내어 자신의 사업에 엔젤투자를 해줄 수 있을지 물어보았다. 그러자 왈도 세브린은 이런 말로 거절했다고 한다. “미안하지만, 나는 지금 삶이 너무 만족스럽고 행복해서 더 이상 새로운 일을 벌이고 싶지 않아요.”

할 수 없이 C는 그에게 투자받는 것을 포기한 채 적당히 인사를 하고 돌아왔다고 한다. 간단히 말하면 이런 게 최상급 백수의 입장인 것이다. ‘아무것도 바꾸고 싶지 않은 것.’ 하지만 그것은 충분한 재산을 갖고 있는 사람에게나 해당하는 것이다. 왈도 세브린의 경우는 극단적 케이스고, 그 정도 재산이 있지 않아도 내가 쓰는 돈보다 쓸 수 있는 돈이 훨씬 많다면 비슷한 생각을 하게 될 수도 있다. 현재가 행복하다면 최고의 행동은 현상 유지다.

이번에는 초급 백수의 삶에 대해 이야기를 해보자. 로또에 당첨되어서 오랫동안 자기를 괴롭힌 상사의 책상에 똥을 싸고 퇴사했다는 둥 그런 허황된 스토리 말고 열심히 돈을 모으고 불려서 남들이 60대에 마련할 수 있는 은퇴자금을 조금 일찍 달성한, 이제 막 파이어를 달성한 사람들의 이야기다.

나는 조금 무리해서 조기 은퇴를 시도한 케이스다. 사실 회사를 그만두고 제주로 이주하기 전에는 파이어족에 대한 스토리나 파이어를 달성하기 위한 노하우 등에 대해 잘 알지 못하였다. 그렇기에 어느 정도 자금이 있어야 하는지, 어떻게 잉여 시간을 활용할 것인지에 대한 시행착오가 많았다. 하지만 조금이라도 일찍 회사생활을 청산하고 싶은 마음이 너무 강했기 때문에 일단 백수생활을 시작하고 삶의 방식을 계속해서 조율해나가는 과정을 겪었다. 이어서는 조기 은퇴를 강행하며 얻은 교훈을 이야기해볼까 한다.

조기 은퇴를 강행한 후 배운 것

미국 파이어족들의 이야기를 다룬 책이나 팟캐스트, 유튜브 등을 보면 한 가지 공통점이 있다. 파이어의 삶을 살기로 한 사람들은 본인이 구체적으로 달성하고자 하는 경제적 목표와 은퇴 시기가 계획되어 있다는 점이다. 그들은 목표 금액이 만들어지면 상징적인 의미에서 다니던 회사를 그만두고 마치 승전보를 울리는 풍악대처럼 자신의 퇴사 소식을 만천하에 알린다. SNS에는 평일 낮의 햇빛을 만끽하는 사진을 업로드하고 넘쳐나는 시간을 자랑하기 바쁘다.

그러나 1년쯤 지나고 나면 상황은 달라진다. 일단 아무것도 하지 않는 백수생활이 쉬운 일은 아니다. 수년 동안 업무와 규칙적인 생활을 반복하던 라이프스타일이 고착화된 사람은 새로운 패턴에 적응을 해야 한다. 상대적으로 젊은 나이에 은퇴를 했기 때문에 에너지는 넘쳐난다. 아무것도 안 하는 삶을 즐기는 것에도 한계가 오며, 가지고 있는 에너지를 쏟을 만한 생산적 대상을 필요로 하게 된다. 그러다 보면 누가 시키지 않아도 새로운 프로젝트를 찾아나선다. 의미 있지만 돈벌이가 되지 않아서 하지 않았던 일을 시도할 기회가 되기도 한다. 큰돈을 벌지 않아도 되니 만족감이 높은 일을 선택하기도 쉬워진다. 아이러니한 건 대부분의 신참 파이어족들이 자신의 경험담을 공유하는 일부터 시작한다는 것이다. 파이어를 달성한 사람이 책을 쓰거나 개인 채널을 운영하는 게 대표적 사례다. 이 과정은 오히려 이전에 직장생활을 하며 벌던 소득보다 더 많은 돈벌이가 되기도 한다.

좀 더 현실적인 이유로 다른 일을 찾는 경우도 있다. 파이어족들은 대부분 출근이 없는 라이프스타일을 지키기 위해 소비 측면에서 많은 것을 희생한다. 하지만 삶에는 항상 변수가 발생하고 갑자기 돈 나갈 일이 생기게 마련이다. 안정적이고 정기적인 수입이 있을 때는 그런 것들이 그렇게까지 크게 다가오지 않지만, 직장에서 완전히 독립한 사람들은 작은 타격에도 크게 흔들릴 수 있다. 그래서 많은 파이어족들이 은퇴 목표를 달성한 이후에도 새로운 일거리를 찾곤 한다. 단, 직장생활처럼 안정성과 자유를 바꾸는 일은 피한다. 시간 여유를 확보할 수 있고, 나름의 의미를 찾을 수 있는 일을 고른다. 수입의 크기는 덜 중요하다.

나도 이와 유사한 코스를 밟았다. 파격적 은퇴, 자유의 만끽, 새로운 일거리 발굴. 진형적인 파이어족의 코스지만 현실은 좀 더 살벌한 버전이었다. 10년째 다니던 회사를 그만두고 제주로 이주하면서 나름의 계획과 계산이 있었다. 우선 주거비를 서울에 살 때에 비해 1/25로 줄인 것이 핵심이었다. 1년 생활비의 핵심은 주거비였기 때문에 드라마틱한 효과를 얻을 수 있었다. 그렇게 주거비에서 세이브한 돈을 재투자했을 때의 추가 수익도 계산에 포함했다. 당시에는 훌륭한 계획이었다. 이 정도면 이제 다시 회사를 다니지 않고도 살아갈 수 있겠다는 생각이 들었다.

제주로 이주한 첫 해에는 정말 아무런 일도 하지 않고 놀았다. 유일하게 의무감을 갖고 한 것은 일주일에 한 번 업로드하는 유튜브 영상이었다. 무엇보다 회사생활을 할 때는 종종 희생해야 했던 소박한 일상의 영위가 가능하다는 게 제일 행복했다. 삶에서 가장 중요하게 생각하는 세 가지 활동이 있다. 헬스장 가기, 낮잠 자기,

그리고 강아지 산책 시키기. 마침 그해 봄에는 투자 수익이 꽤 괜찮았다. 여름에는 호텔 피트니스 회원권을 끊어 수영을 다녔다. 평일 새벽에 텅 빈 호텔 수영장에서 물살을 가르며 수영을 하다 보면 내가 진짜 부자가 된 것 같은 우쭐한 기분까지 들었다. 하지만 모름지기 운명이란 것은, 우리가 가장 방심하고 있을 때 철퇴를 날린다.

◆◆◆

2020년은 전 세계 모든 사람들에게 코로나의 해로 기억될 것이다. 주식 투자자들에게도 마찬가지다. 나에게는 파이어족이 된 3년 차에 제대로 징크스를 맞은 해로 기억될 듯하다. 그해 3월의 예상치 못한 폭락은 많은 투자자들을 식겁하게 만들었고, 나 또한 그 문제를 피해갈 수 없었다. 일생일대의 위기였다. 일시적 평가손실이긴 했지만 갖고 있던 재산이 급작스럽게 쪼그라드는 것을 지켜보고 있자니 갑자기 겁이 났다. 아니, 솔직히 겁을 실감하지 못할 정도로 경황이 없었다. 기존에 제주 이주를 위해 준비했던 계산이 전부 무의미해졌다.

서귀포 바다가 내려다 보이는 아파트의 거실에서 조촐하지만 비장한 가족회의가 열렸다. 나와 아내, 그리고 강아지 한 마리가 동석한 자리였다. 주식이 폭락하며 계좌가 타격을 입었으며 이 난국을 타개하기 위해 방법을 찾아야 한다고 아내에게 고백했다. 아내는 표정이 굳은 채 말이 없었다. 강아지는 식탁에 둘러 앉으니 밥을 주는 줄 알고 꼬리를 흔들었다.

사실 객관적으로 그렇게 큰 일은 아니었다. 내가 그리는 최악의 시나리오는 서울로 돌아가 새로운 직장을 구하는 것, 그뿐이었다. 객관적으로 경력이 충분하기 때문에 재취업 걱정을 한 적은 없었다. 하지만 재취업과 새로운 출근은 한 시대의 끝을 의미하는 것이었다. 더 이상의 자유는 없다는 기분이었다. 그렇게 되면 개인적으로 귀하게 여기던 세 가지 활동에 제약이 생긴다. 헬스장이 한산한 오전 시간에 편하게 운동하는 것도 불가능하고, 졸리면 낮잠을 자는 여유도 부릴 수 없다. 무엇보다도 강아지는 다시 주인 없는 집에서 홀로 9시간, 10시간을 보내야 한다.

일단 재취업은 선택지에서 지우기로 결심했다. 컴퓨터 바탕화면에 '살아남자'라는 이름으로 폴더를 하나 만든 후, 제주를 벗어나지 않고 출근을 하지 않아도 되는 일들을 모조리 찾아보았다. 동네 친구들에게도 솔직하게 이야기했다. 이런 상황이라 작은 알바라도 좋으니 일자리가 있으면 소개해달라고 부탁했다. 타투이스트인 친구가 미술 과외 선생님을 찾고 있던 동네 펜션 사장님을 소개해주었다. 그래서 입시생 시절 이후 처음으로 수채화 붓을 들고 40대 형님께 그림을 가르쳐주기 시작했다. 궁하면 통한다고 했다. 막상 뒤지다 보니 할 수 있는 일이 꽤 나오기 시작했다. 프리랜서와 의뢰인을 연결해주는 온라인 사이트 크몽을 통해 디자인 아르바이트를 받았다. 10만 원, 20만 원… 적지만 조금씩 돈이 생겼다. 다니던 헬스장 선생님께 반 강제로 일을 요구해 헬스장 홍보 영상을 촬영해주기도 했다. 그렇게 소소한 일거리들을 찾아 해나가며 한 달 정도의 시간이 흘렀다.

가장 운이 좋았던 것은 재택근무가 가능한 스타트업 팀에 합류한 것이다. 큰 기대를 하지 않고 우연히 구직 사이트에 들어갔다가 재택근무로 일하는 앱 디자이너 포지션을 발견했다. 어떤 회사인지 제대로 찾아보지도 않은 채 '재택'이라는 단어만 보고 지원서를 쓰기 시작했다. 혼자 여행하고 싶은 여성들을 위한 여행 앱을 개발하는 초기 단계의 스타트업이었다. 창업자 또한 40여 개국을 홀로 여행한 베테랑 여행자이자 디지털 노마드인 여성분이었다. 업무의 의미를 출퇴근과 근무 시간이 아닌 가치 창출에 두는 깨어 있는 CEO였으며 직접 디지털 노매드의 생활을 경험했기에 그러한 업무 방식을 잘 아는 분이었다. 꼭 같이 일해보고 싶다는 마음이 들었다. 온라인으로 면접을 보고 2주 뒤, 정식으로 팀에 합류했다.

비슷한 시기에 새로운 일도 더해졌다. '클래스101'이라는 온라인 교육 플랫폼을 통해 그간 배웠던 투자 관련 상식과 공부 요령을 동영상 강의로 만들어 판매하기로 했다. 강의를 제작하는 데에는 두 달 정도의 시간이 소요됐다. 론칭한 후부터는 간간이 수강료가 발생할 때마다 소극적인 소득을 얻게 되었다. 그해 하반기부터는 근처에 있는 대학에서 짧은 수업 두 개를 맡게 되었다. 우연한 기회에 알게 된 교수님을 통해서 마침 학과에 나의 경력 분야와 관련한 전공 수업이 있어 소개를 받은 것이다. 일련의 일들이 이어지다 보니, 서울에서 회사를 다닐 때의 수입을 넘어서기 시작했다. 그제서야 한시름 놓았다는 생각이 들었다.

불이 꺼진 터널을 전속력으로 통과하는 기분이었다. 어떻게 보면 굉장히 운이 좋았다.(물론 코로나가 발생하지 않는 게 더 운이 좋은 것이었겠지만) 제대로 준비되지 않은 상태에서 강성 백수의 삶을 무리하게 시작한 것은 실수였다는 것을 배운 경험이었다. 그럼에도 서울로 돌아가 재취업을 하지 않아도 됐던 것은 다행이라고 생각한다. 무엇보다 안도했던 건, 새로운 일들을 시작했음에도 일상에서 가장 좋아하는 세 가지 활동을 포기하지 않아도 됐던 것이었다. 원하는 시간에 운동을 하고, 일을 하다 졸리면 방으로 들어가 낮잠을 잔 후 다시 일을 한다. 강아지와는 하루 두 번, 많으면 세 번 산책을 한다. 일을 하느라 컴퓨터에 앉아 있을 때 강아지가 다가와 발치에 엎드리면 그래픽 작업을 하거나 수강생들에게 댓글을 달거나 글쓰기를 하면서 발가락으로 강아지의 등을 쓰다듬어 준다.

지금의 상황은 출퇴근 시절과 은퇴 후 생활의 중간에 걸쳐 있다. 백수는 아니지만 출근은 하지 않는다. 좋아하는 것들을 포기하지 않으면서도 책임져야 하는 업무도 수행한다. 한 가지 확실한 것은, 행복함을 느끼고 있다는 것이다. 자유와 노동이 공존할 수 있는 라이프스타일에 감사하고 있다. 지나고 나서는 마음이 편해졌지만,

사실 지나는 과정은 정말 아찔했다. 일련의 상황을 겪으며 내가 배운 것은 세 가지였다.

첫째는 조급하면 안 된다는 것이다. 은퇴는 모든 일을 한순간에 그만둬도 되는 식으로 완성되지 않는다. 특히 젊은 나이에 출퇴근에서 해방되고 싶은 사람일수록 마음이 앞서나갈 수 있다. 알다시피 인생에는 항상 예상하지 못한 위기가 찾아온다. 나름의 계산으로 은퇴할 수 있다고 생각한 건 실수였다. 좀 더 체계적이고 보수적으로 계획을 세워야 했다. 그리고 에너지와 능력이 부족한 나이가 아니라면 일을 멈추는 게 아니라 일로만 채워지지 않는 삶을 사는 것이 중요하다. 원하는 방식으로 일하게 되면 지금보다 훨씬 자유로운 기분으로 살아갈 수 있다. 중요한 건 일을 하느냐 마느냐가 아니라 인생의 주도권을 잡고 살아갈 수 있느냐는 것이다.

두 번째 배움은 은퇴를 달성하기 위한 자금 계획에 대한 부분이다. 막연하게 '이 정도 종잣돈이 있으면 생활비를 뽑으며 살아갈 수 있겠지' 하는 생각으로 접근하면 예상치 못한 위기가 왔을 때 당황해서 제대로 대응할 수가 없다. 위기 상황에 대한 시나리오까지 포함한 계획과 계산이 필요하다. 특히 명심해야 하는 것은 돈이 갖고 있는 유동적 속성이다. 돈은 계산이 떨어지는 숫자로 표시되는 동시에 끊임없이 변하고 흐른다. 내가 어떻게 굴리는지에 따라 어마어마하게 자랄 수도 있고 먼지처럼 사라질 수도 있다. 돈이 늘어나고 줄어드는 과정을 정확히 이해하고 컨트롤할 수 있어야 한다.

마지막은 라이프스타일의 컨트롤도 중요하다는 것이다. 안정적으로 받던 월급이 사라지고 나면 생활방식도 조정할 필요가 있다. 월급으로 살아가던 사람들은 무의식중에 돈을 쓰는 패턴이 있다. 그런데 경제적 자유는 경제적 독립을 의미한다. 독립에는 권리뿐 아니라 책임도 뒤따른다. 나름대로의 경제적 자유를 누리면서 살아가려면 모든 소비를 철저히 의식하고 책임지는 태도가 필요하다. 누군가의 지시에 의해 관리받던 삶에서 내가 스스로 관리하는 삶으로 바꿔나가는 것이다. 당연히 관리를 소홀히 하면 망가진다. 자칫 잘못하면 직업도, 돈도 없는 위험한 상황으로 이어질 수 있다. 그렇기에 인생을 자유롭게 개척하는 기쁨을 누리려면 삶을 주도적으로 관리하는 책임이 필요하다. 특히 지출 부분을 면밀히 인지하고 계획성 있게 소비하는 습관을 들여야 한다.

이는 쉽게 이루어지는 일도 아니고, 무작정 위험한 일도 아니다. 침착함과 계획이 필요하다. 특히 금전적인 부분에 있어서는 아무리 신중해도 모자라지 않다. 여러 번 생각하고 정교하게 접근해야 한다. 개인적으로 고민해보고, 적용해보고, 깨지기도 하면서 배우는 것들이 있다. 그렇다면 여러 가지 조건을 감안한 '적절한 은퇴 계획'이란 어떤 것일까?

CHAPTER 4

▼

자유인으로 가는 절대 공식은?

어느 정도 자금이 있어야 은퇴가 가능한가?

이제부터 본격적으로 은퇴를 가능하게 하는 실질적인 조건들에 대해 이야기해보자. 일단 가장 흔한 질문은 이것이다.

"얼마가 있어야 은퇴할 수 있나요?"

요즘은 이런 걸 묻는 사람이 많이 줄었지만 아직도 이와 같이 나이브한 발상을 가진 이들이 많다. 위의 질문에 대답하기 위해 간단한 산수를 해보자. 일단 자녀가 있는 가족으로 계산하면 복잡하고 더 혹독해지므로 자녀는 성인이 되어 스스로 생존한다고 치고, 순수하게 2인 부부가 백년해로 하기 위한 돈부터 생각해보자. 다시 보니 백년해로라는 단어도 상당히 무섭게 들린다. 부부의 연을 맺고 백년을 해로하려면? 빨라서 25살에 결혼했다 하더라도 125살까지 살아야 한다. 의학이 발전했기 때문에 지금의 젊은 세대가 병 없이 자연사한다면 충분히 가능할 법한 일이다. 일을 할 만큼 하고 65살에 은퇴한다면 남은 60년 동안 일하지 않고 살게 된다. 귀농해서 월 300만 원 정도로 적당하게 살아간다고 했을 때, 소득 없이 순수 원금만을 소진해서 125살까지 버틴다면 어떻게 될까? 300×12×60, 즉 21억6,000만 원을 숨겨놓은 꿀단지처럼 아주 조금씩 소진해야 한다. 이 정도면 충분할까?

하지만 위의 가정에는 중요한 오류가 있다. 바로 인플레이션이다. 물가 상승률을 평균 2%로만 잡아도 은퇴 60년 차에 필요한 돈은 300만 원이 아니다. 대략 984만 원이 넘는다. 실제로는 단순한 계산보다 훨씬 많은 돈이 필요한 것이다. 못해도 40억 원 이상의 여유자금이 필요하게 된다. 대출을 다 갚은 집이 있는 상태에서 통장에 40억 원쯤 있으면 월 300만 원 정도의 소비력으로 평생을 살아갈 수 있다. 하지만 너무 까마득해 보인다. 결혼과 동시에 저축을 해서 65세에 40억 원을 가지려면 1년에 1억씩 모아야 한다. 1년 소득이 부부 합산으로 1억이 안 되는 사람도 많다. 너무 비현실적이다. 비현실적인 것을 떠나서 너무 서글프다. 평생을 지독하게 아껴 쓰면서 100년을 살면 백년해로 한다고 해도 의미가 있을지 의문이다.

다행히 이렇게 살아갈 필요는 없다. 하지만 제대로 된 상식을 갖추고 있어야 한다. 실제로 위의 가정은 오류투성이다. 가장 큰 오류는 소극적 수입을 배제하고 있다는 데서 발생한다. 수입에는 노동으로 대변되는 적극적 수입과 자본 소득으로 대변되는 소극적 수입이 있다. 이 두 가지는 경제활동을 하며 살아가기 위한 장작과도 같다. 노동 소득은 자본 소득의 발판을 만들어주는 불쏘시개에 지나지 않는다. 진정으로 강한 화력은 자본 소득에서 나온다. 뒤에서 더 자세히 설명하겠지만 복리의 힘을 빌리면 기하적으로 성장할 수 있기 때문이다. 따라서 노동 소득만으로 평생의 경제활동을 책임지겠다고 결심하는 것은 너무 무모하다. 이것은 마치 두툼한 장작을 쌓아 두고도 신문지로만 불을 때려고 하는 것과도 같다. 이러한 발상은 자본주의 사회에서 가진 것의 절반도 안 되는 추진력으로 살아가겠다는 것이다. '자본주의'라는 단어에 이미 답이 나와있다. 자본을 동력으로 살아야 한다는 뜻이다. 이것은 내 의지와 상관없이 정해진 세상의 룰이다. 어디 다른 별에서 살아갈 게 아니라면 지금 이곳의 룰에 맞춰 살아야 한다. 자본 수익을 모르면서 은퇴를 꿈꾸지 말자.

◆◆◆

다시 돌아와 은퇴자금을 만들어 은퇴생활을 한다고 생각해보자.

원금, 즉 자본 소득을 위한 자본은 우리의 집 만큼이나 소중한 재화다. 그렇기에 허물지 않아야 한다. 집을 조금씩 허물어서 먹을 것을 구하는 사람은 없다. 집은 생활을 보호하는 보호막이다. 깎아내지 않고 그 상태를 유지해야 한다. 마찬가지로 은퇴자금 또한 깎아내면 안 된다. 말하자면 원금을 유지한 상태에서 추가 소득을 내야 하는 것이다. 원금을 유지하면서 소득이 난다는 것은 누군가가 새로운 소득을 창출해낸다는 뜻이고 바꿔 말하면 누군가가 돈을 벌어온다는 의미다. 그런데 우리는 은퇴했다. 직접 몸을 써서 일을 하면 안 되거나 일을 하기가 힘든 상황이다. 그럼 누가 돈을 벌어줄까? 여기서 팔을 걷고 나서는 구원 투수이자 충실한 일꾼이 바로 우리가 허물지 않고 지켜낸 '원금'이다.

그렇다면 원금이라는 이 가상의 일꾼이 얼마나 쓸 만한지, 얼마나 힘이 센지 살펴보자. 역시 뒤에서 좀 더 자세히 설명하겠지만, 간단히 말하면 원금이 힘을 내는 구조는 보통의 사람이 힘을 내는 구조와 다르지 않다. 일단 덩치가 크면 힘이 세다. 이때 덩치는 자본금의 크기를 말한다. 혹시 덩치가 작더라도 스피드가 있으면 더 많은 일을 할 수 있다. 더 많은 돈을 후딱 벌어올 수 있다는 뜻이다. 이 스피드는 투자 수익률을 말한다. 그럼 이제 이 일꾼을 얼마나 믿을 수 있을지 생각해보자. 사실 여기서 일꾼의 역할과 주인인 우리의 역할이 나뉘게 된다. 은퇴 후 의 생활이 안정적이고 행복하려면 어떻게 되어야 할까? 단순히 돈만 많다고 해결되는 것은 아니다. 물론 돈이 많을수록 쉬운 건 맞지만 반대편에서 벌어지는 일도 생각해야 한다. 바로 '쓰는 돈'이다.

은퇴생활을 하나의 로드 트립이라고 생각해보면 어떨까. 자동차에 짐을 싣고 여생이라는 길을 떠난다. 여기서 자동차의 엔진 역할을 하는 것은 앞서 말한 원금이라는 일꾼이다. 자동차에 실린 짐들은 우리의 소비생활이다. 짐을 실을 때는 자동차의 힘을 감안해야 한다. 한계 이상의 무게를 싣는다면 당연히 차가 퍼질 것이다. 우리는 자동차가 적당히 힘을 내며 잘 달릴 수 있는 '상황'을 만들어 주어야 한다. 일단 엔진의 출력이 클수록 좋다. 자본 수익은 클수록 좋다는 뜻이다. 그리고 짐은 적당한 양을 실어야 한다. 적당한 생활비를 유지해야 한다는 의미다. 이제 자동차가 안정적으로 달리는 상황, 즉 은퇴 후 생활이 안정적으로 유지되는 상황이 어떤 것인지 정리해보자.

지속 가능한 은퇴생활 = 자본 수익 > 생활비

지속 가능한 은퇴생활의 비결은 '숫자'가 아닌 '구조'에 있다. 이 미묘한 발상의 차이를 정확히 이해해야 파이어족이 될 수 있다. 바꿔 말하면, "얼마가 있어야 은퇴가 가능한가요?"라는 질문은 그 자체가 잘못되었다는 것이다. "어떤 구조가 되어야 은퇴할 수 있나요?"로 바꿔 물어야 한다. 따라서 이상적인 은퇴자금은 특정 액수로 정해지는 것이 아니다. 내 원금이 내 생활비보다 많은 돈을 벌어줄 수 있는 구조가 완성되는 지점이 나의 은퇴자금이다.

예를 들어 평소에 필요한 월 생활비가 300만 원이라면 연 생활비로 예상되는 3,600만 원보다 소득이 더 큰 구조를 만들면 된다. 연 3,600만 원 이상의 소득을 자본 소득에서 충당하거나, 자본 소득이 이것에 조금 못 미친다면 부족분을 채울 수 있는 기타 소득을 더한 합이 연 생활비를 넘을 수 있도록 만들어야 한다. 만약 자본 소득으로 연 3,000만 원 정도가 충당된다면 1년 동안 600만 원을 넘길 만큼만 다른 일을 하면 되는 것이다.

실제 사례들을 살펴보면, 파이어족이라고 해서 목표한 은퇴자금을 달성하고 바로 일을 멈추는 경우는 드물다. 정년을 마치고 은퇴한 부모님 세대를 떠올려봐도 그렇지 않은가? 돈이 궁해서라기보다는 평소와 달리 남는 시간을 무료하게 보내고 싶지 않아서 소일거리를 찾는 모습을 볼 수 있다. 일찍 은퇴한 파이어족들도 비슷하다. 공통적인 것은 '하고 싶지 않은 출퇴근생활'을 청산하는 것이지만 그 이후의 삶을 채우는 것은 개인마다 다르다. 정말 하고 싶은 일을 찾기 위해서, 혹은 무료하게 시간을 보내지 않기 위해서 최소한의 노동을 하며 생활비 일부를 충당하는 경우도 많다.

대표적인 예가 봉급생활을 청산하고 퍼스널 브랜드가 된 파이어족들이다. 미국의 경우 파이어족을 소재로 한 팟캐스트나 유튜브 채널이 꽤 많아졌다. 자신의 노하우를 전달하고 사람들에게 생각거리를 던지는 등의 도움을 주며 새로운 커리어를 시작하는 것이다. 그렇게 다져지는 퍼스널 브랜드에서 또 다른 만족감을 느끼며 제2의 삶을 시작하는 파이어족들이 꽤 있다. 참고로 영어가 조금 된다면 북미 쪽의 파이어 관련 팟캐스트들도 들어보길 권한다. 'Entrepreneurs on FIRE', 'Mad Fientist', 'Mr. Money Mustache', 'Financial Freedom' 등 다양한 파이어족들의 팟캐스트가 큰 인기를 끌고 있다. 이 중 'Financial Freedom'을 진행하는 그랜트 사바티어Grant Sabatier는 동명의 베스트셀러 작가로도 유명하다. 우리나라에도 해당 책이 번역되어 있다. 이런 미디어들을 통해서 은퇴 이후의 삶을 어떻게 설계하는지, 조금이라도 더 자유로운 소득 활동에는 무엇이 있는지 배울 수 있다.

결론은 이것이다. 조기 은퇴를 고려할 때 중요한 것은 은퇴자금의 액수가 아니다. 제2의 인생을 만들어줄 구조를 창조하는 것이다. 일정 부분의 노동 소득을 꾀하고자 한다면 목표 은퇴자금은 조금 더 줄어들 수도 있다. 하지만 어떤 경우에도 내가 쓰는 돈보다 버는 돈이 큰 구조가 유지되어야 한다. 그것이 은퇴 전략의 1차 목표다. '얼마가 있어야 하나요?'라는 질문은 무의미하다. 그 질문의 답은 스스로 찾아낼 수 있으며, 스스로 찾아내야만 한다. 자신의 인생을 주도적으로 설계하는 라이프스타일이 정착된다면 목표 자금의 달성과 상관없이 이미 파이어족이라고 할 수 있다. 미래완료형 자유인이 되는 것이다.

지금 얼마를 버는지는 중요하지 않다

앞서 말했듯이 미래완료형 자유인이 되려면 자유인으로 가는 시스템이 갖춰져 있어야 한다. 하지만 시스템을 갖추기도 전부터 진이 빠지고 의욕이 꺾일 수도 있다. 이런 얘길 했을 때 돌아오는 가장 흔한 대답은 '지금 버는 돈으로 살기도 빠듯해서 모을 돈이 없어요'이다. 간신히 흑자 가계부를 만들어도 모이는 돈이 너무 초라해서 더 적극적인 재테크를 하지 않는 분들도 많다. 아등바등 일했는데 공과금과 월세, 식비를 떼고 나니 10만 원 정도가 남았다면 어떨까? 그 돈으로 미래를 준비하려니 코미디 같아서 그냥 쇼핑이나 하고 마는 사람들이 훨씬 많을 것이다. 하지만 여기서 인생의 중요한 갈림길이 발생한다. 누군가는 그 10만 원을 모으기 시작하며 새로운 미래로 가는 중요한 스텝을 밟을 것이고, 누군가는 그런 10만 원을 허공에 날려버리며 평생 같은 삶을 반복할 것이다.

시스템 구축의 제일 첫 단계는 액수가 아니다. 마음가짐과 발상의 변화가 최우선이다. 지금 벌어들이는 돈이 충분하지 않고 저축할 수 있는 돈이 적어도 상관없다. 초라한 시작이라도 하는 게 초라하다고 시작조차 하지 않는 것보다 훨씬 낫다. 물론 지금보다 더 많이 번다면, 더 좋은 직업을 가졌다면 좋았을 것이다. 당연히 커리어적인 발전도 필요하다. 그렇지만 지금 당장 버는 돈의 액수 차이는 그렇게 중요하지 않다. 나는 이 사실을 매우 부끄러운 형태로 실감하게 되었다.

첫 번째 이직을 했을 때 일이다. 삼성전자에서 5년 동안 근무한 후, 커리어적인 고민과 새로운 자아를 찾으려는 시도가 섞인 마음으로 이직을 하게 되었다. 디자인을 전공한 사람들 사이에서는 나름대로 선망의 대상인 회사였다. 그 회사의 신생 디자인팀에 합류하였고, 조직 특성상 다양한 회사에서 이직한 사람들끼리 모인 팀이 되었다. 그곳에서 동갑내기 남자 동료 한 명을 만났다. 디자인팀에는 남자가 많이 없었기 때문에 쉽게 친해져서 이런저런 이야기를 나누는 사이가 되었다. 그 친구는 디자인 에이전시에서 근무하다 이곳으로 이직했다고 했다. 자세히 듣지는 못했지만 크지 않은 회사에서 일했기 때문에 연봉이 많지는 않았던 듯했다. 그는 그래도 지금은 대기업으로 이직한 덕분에 연봉도 뛰고, 새로운 커리어를 시작한 것에 대한 만족감과 희망을 갖고 있다고 말해주었다.

그러다가 재테크 이야기도 주고받게 되었다. 그런데 그 친구가 이전 직장을 다닐 때 아주 독하게 저축을 하며 틈틈이 재테크를 했다는 이야기를 들었다. 그렇게 모은 돈을 통해 우리가 만났을 시점에는 이미 안양에 있는 작은 아파트를 자가로 매수한 상태였다. 그 당시 시세로만 봐도 저렴하지 않은 가격이었다. 적어도 5년 차 직장인이 쉽게 모을 수 있는 돈은 아니었다. 그 친구는 아마 내가 이전 직장에서 5년 동안 받은 것보다 훨씬 적은 연봉을 받았을 것이다. 그럼에도 아파트를 살 만큼 돈을 모았고, 당시 내 자산은 그 액수의 1/4도 되지 않았다. 대놓고 내색은 안 했지만 너무 부끄러운 경험이었다. 대체 나는 어디에다 그 많은 돈을 날려먹었을까? 곰곰이 생각해봐도 딱히 대단한 소비를 한 건 아니었다. 그냥 먹고 싶은 것 좀 먹고, 입고 싶은 것 좀 먹고, 여행 가고 싶을 때 가고, 가끔 사고 싶던 카메라도 사고… 이런 사소한 통제력의 차이였다. 그러나 그 통제력의 차이가 5년 동안 꾸준히 누적된 결과는 놀라웠다.

통제력은 파이어뿐 아니라 원하는 것을 이루는 거의 모든 부분에 있어 핵심적인 요소다. 대부분의 사람들은 통제력이라고 하면 '의지력willpower'에 좌우되는 것이라고 생각한다. 사실이 아니다. 통제력을 발휘하기 위해서는 '환경 설정'이 훨씬 중요하다. 이런 측면에서 보면 오히려 지금 당장은 아쉽지 않게 버는 사람이 미래에 더 큰 위험에 빠질 수도 있다. 사회초년생일 때의 기억을 더듬어 보면, 당연히 허영심과 과소비에 빠진 스스로가 가장 큰 문제였지만 생각보다 환경적인 부분도 크게 작용했던 것 같다. 공채로 입사한 후 신입사원 연수원에 들어가서 가장 놀랐던 점은 '세상에 이렇게 잘사는 집 자녀들이 많구나' 하는 것이었다. 서울에서 나고 자라 명문대를 나왔고, 유학을 가서 석사 학위를 받은 사람도 많았다. 전문직을 가진 부모님 밑에서 큰 어려움 없이 살아온 친구들이었다. 물론 평범한 사람들이 비율상으로는 훨씬 많았다. 하지만 내가 그동안 자라면서 봐왔던 것보다는 소위 '있는 집 자식'들을 훨씬 많이 만날 수 있었다.

부서 배치를 받고 본격적으로 일을 하기 시작했을 때도 비슷했다. 나름 연봉을 많이 주는 회사였기에 전반적으로 사람들 표정이 밝았다.(설마 내가 기억을 미화시키는 것은 아니겠지…) 그런 상황이다 보니 동료들의 씀씀이도 작은 편이 아니었다. 명품 한두 개 정도는 당연하게 들고 다니는 분위기였고, 대리급으로 진급하기 전에 외제차를 사는 직원들도 꽤 많았다. 가끔 퇴근하고 동료들끼리 식사를 할 때도 강남 근처에 있는 좋은 식당에서 만나는 경우가 대부분이었다. 나의 실제 현실보다 굉장히 높은 눈높이에서 사회생활을 시작한 것이다.

직장생활을 했던 2010년도를 돌이켜 보면 윤택한 소비생활이 사회 전반적으로 늘어나던 시기였다. 일부 대기업 직장인에 국한된 이야기는 아니었다. 부분적인 이유는 2000년 중반의 자산시장 및 기업 이익의 성장이다. 그리고 다른 원인으로는 인터넷과 FTA 체결의 확장을 들 수 있다. 높은 퀄리티의 소비시장이 더 많은 사람들에게 열린 것이다. 예전에는 외국에서 들여온 물품은 희소하고 갖기 힘든 무엇이었지만, 그 시점부터는 충분히 고려할 수 있는 선택지 중 하나가 되었다. 또한 인터넷을 통해 더 풍요로운 라이프스타일이 소개되었다. 견물생심이라고, 그런 것을 보게 되면 최소한 흉내라도 내지 않을 수 없다.

◆◆◆

정확한 실상을 살펴보자. 2010년대에 소비 형태가 다변화되고 명품과 외국 물품이 과소비가 아닌 경험소비로서 인정을 받은 것은 사실이다. 그런데 경제성장률로 보면 우리나라의 발전상은 그다지 뛰어나지 않았다. 이른바 뉴 노멀이라고 불리는 글로벌 저성장 기조에서 중간재 유통의 허리가 되는 우리나라의 피해도 컸기 때문이다. 연봉 인상도 일부 있었을 수는 있다. 하지만 소비력의 상승이 더 높았다. 정확히 표현하자면, 소비력이 아니라 '소비 관용도'가 높아진 것이다.

이것은 우리나라만의 특수한 상황이 아니었다. 스콧 리킨스Scott Rieckens가 쓴 《파이어족이 온다》라는 책에서도 주인공이 겪은 비슷한 일화들이 많이 나온다. 스콧 부부도 쉽게 말해 '배운 사람들'이었다. 부유한 집안에서 태어난 것은 아니지만 열심히 공부해서 괜찮은 연봉을 주는 업계에서 사회생활을 하는 전문직 부부였다. 당연히 소득도 조금씩 올라가게 되었다. 하지만 늘어나는 소득으로 재테크를 하거나 미래를 준비하기보다는 더 좋은 물건을 사고 더 맛있는 음식을 먹고 더 좋은 곳으로 여행을 떠나는 패턴이 이어졌다. 책에서 작가는 '라이프스타일 크립lifestyle creep'이라는 표현을 쓴다. 소득이 늘어남에 따라 자신도 모르게 지출이 늘어나는, 거기에 더해 지출이 늘어나는 속도가 소득이 늘어나는 속도를 추월하며 본인도 모르게 돈이 새어 나가는 현상을 말한다. 여기서 핵심은 '본인도 모르게'라는 부분이다. 미묘한 차이라 미처 인지하지 못하면 계속해서 이런 틈이 벌어지게 된다. 시간이 지나 정신을 차리고 보면 상당히 큰 구멍이 생긴 것을 뒤늦게 깨닫는다.

소득과소비

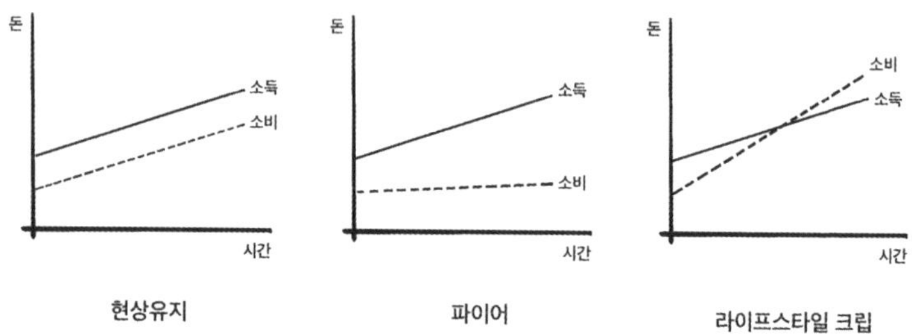

연애를 하고 결혼을 하고 맞벌이를 하는 순차적 과정에서 소득 인상은 조금이나마 이어지게 마련이다. 연차가 쌓이고 커리어가 발전하니 당연한 일이다. 여기서 문제를 일으키는 것은 그 이상의 과도한 소비다. 평행선은 0.01도의 각도 차이도 허용하지 않는다. 아주 조금이라도 각도가 틀어지게 되면 두 선의 마지막 지점은 엄청난 차이로 벌어져 있을 수 있다. 그렇기에 나의 소득과 지출의 규모를 정확히 파악할 수 있어야 하고 만약 돈이 새어나가는 구조로 되어 있다면 정신 바짝 차리고 올바르게 바꿀 필요가 있다. 고연봉 직장인들의 딜레마는 여기서 생긴다. 일단은 봉급생활이 주는 일정함과 안락함 때문에 위기의식을 가지기가 어렵다. 특히 연봉이 높은 사람이라면 그 안락함이 더 클 것이다. 그뿐만이 아니다. 소득보다 지출이 적은 구조로 만들 때 마주하는 심리적 허들이 다른 사람들보다 더 클 수 있다. 이것이 더 큰 문제다.

스콧 리킨스의 경우, 일단 파이어족이 되기로 결심한 후 그에 걸맞는 라이프스타일로 자신의 일상을 바꾸는 데 있어 일차적 숙제는 아내의 동의를 얻는 것이었다. 이 또한 쉬운 일은 아니었지만 자녀기 테어나고 가족의 미래를 위해 오랫동안 토론하는 과정에서 아내 또한 파이어의 동료가 되어 한 배를 타도록 설득할 수 있었다. 하지만 더 큰 어려움은 그 다음이었다. 책에는 두 사람이 절약을 본격화하기로 마음먹은 후 부부 동반 모임에 참석했을 때의 일화가 소개되어 있다. 파이어족이 되기로 결심한 직후 다른 부부들과 초밥집에 갔다고 한다. 되도록 적게 먹기 위해 간식까지 미리 챙겨먹고 친구들을 만나러 갔는데, 한 친구가 와인 한 병을 추가로 주문하려 했다. 그때 스콧은 반사적으로 더 안 마시겠다며 거절했고, 그 순간 분위기는 무척 어색해졌다. 친구들은 그들이 돈이 아까워서가 아니라 자리가 불편해서 일어나고 싶어 하는 걸로 받아들였을 것이다. 그렇지만 이제부터 돈을 덜 쓰고 절약하며 살기로 했다는 결심을 차마 공유하지는 못했다고 한다.

스콧 리킨스는 쓰고 싶은 만큼 쓰며 만나온 친구들에게 바뀐 라이프스타일을 솔직히 공개하고 이해를 구하는 일이 가장 힘들었다고 말한다. 그 과정에서 살던 공간을 통째로 옮기게 되기도 하고, 예전에 친했던 친구들과 멀어진 일도 많았다고. 별것 아닌 일화처럼 보이지만 이는 굉장히 중요한 과정이다. 모든 파이어족들이 필연적으로 거친 과정이기도 하다. 꼭 파이어족이 된다는 목표가 아니더라도, 새로운 것을 시도하고 내가 살던 방식을 근본적으로 바꾸는 데에는 성장통이 동반된다. 정말 친한 인연들과 멀어지는 일도 생긴다. 그들이 싫어서가 아니다. 내 인생이 더 소중하기 때문이다. 우선순위의 문제다. 가끔은 우리의 진정한 의도를 오해한 사람들이 섭섭해할 수도 있다. 더 심하면 우리의 바뀐 모습을 비난하기도 할 것이다. 내가 아끼던 사람들이 나를 좋아하지 않을 때의 아픔은 크다. 실제로 그런 두려움 때문에 변화하고 싶어도 시도하지 못하는 사람들이 정말 많다.

하지만 바꿔서 생각해보자. 정말 우리를 아끼고 진정으로 이해하는 사람이라면 새로운 도전을 위한 정체성의 변화를 이해해주지 않을까. 만약 우리가 모든 것을 오픈하고 진심을 이야기했는데도 그것을 이해해주지 못하는 사람들이라면 애초에 그 정도 깊이인 것이고 진정한 인연이 아니었던 것이다. 워런 버핏은 이런 명언을 남겼다. "썰물이 오면 누가 벌거벗고 수영했는지 알 수 있다." 원래는 큰 금융위기가 왔을 때 방만한 경영이나 투자를 한 사람들이 걸러진다는 뜻인데 인간관계에도 똑같이 적용될 수 있다. 진정한 변화를 맞이했을 때 정말 소중하고 끝까지 갈 인연인지, 인생의 짧은 페이지에 스쳐가는 사람인지가 구분된다. 그런 진실을 마주하는 것을 너무 두려워하지 말자.

개인적으로는 이런 과정을 '인맥 다이어트'라고 생각한다. 좋은 인연은 언제든 또 생긴다. 내 가치를 진정으로 받아들여줄 수 있는 관용을 가진 멋진 사람들로 삶을 채우기에도 빠듯하다. 정말 하고 싶은 게 있는데 다른 사람들이 이해해주지 못한다면 그들을 설득하려고 에너지를 낭비하지 말자. 내 가치관을 공유할 수 있는 사람들을 더 많이 찾아나서면 된다. 설령 그 가치관이 하루에 만 원만 쓰고 중고마켓을 메인 페이지로 바꾸는 소금기 가득한 변신이라고 해도 말이다.

파이어족이 되는 건 나 자신의 변신을 말한다. 지금 당장은 적게 벌어도 어렵고 많이 벌어도 어렵다. 그러므로 당장 내가 처한 상황은 중요하지 않다. 라이프스타일을 바꾸는 일은 원래 어렵다. 그렇지만 이런 변신은 빠르게 행복을 찾을 수 있는 장기적인 계획이라는 점을 유념하자. 단기적인 관점을 가진 사람들에게 얕보일 수도 있다는 걸 감당해야 하기 때문에 장기적인 계획을 실행하는 데에는 인내심이 필요하다.

(E−S)×(P×L)은 무엇인가?

전 세계의 부자들이 돈을 키우는 방법은 똑같다. 들어오는 돈이 나가는 돈보다 적은 상태를 오래도록 유지하는 것이다. '오래도록'이 핵심이다. 그래서 조금이라도 빨리 그런 구조를 구축해야 하고, 조금이라도 더 오래 (가능하면 건강히) 살아야 한다. 구체적인 실행방법은 '1. 모으는 것'과 '2. 굴리는 것'으로 나눌 수 있다. 특히 굴리는 것이 중요하다. 자본주의 사회가 돌아가는 원리이기도 하다. 하지만 모으는 단계도 중요하다. 모으는 단계에서 갈고닦는 통제력이 '성공적인 굴리기'의 포석이 되기 때문이다.

워런 버핏은 이런 돈 키우기의 과정을 눈덩이 굴리는 것에 비유했다. 눈을 뭉쳐 조그만 덩어리로 만든 후, 눈밭에 오래도록 굴리면 눈사람을 만들 만큼 큰 눈덩이가 된다. 만약 충분히 오랫동안 굴릴 시간과 에너지가 있다면 어마어마한 크기로 커질 수도 있다. 눈

눈덩이의 지름이 클수록
묻어나는 눈의 양도 커진다

덩이가 거대해지는 원리와 동일한 자본주의의 법칙 중 하나가 바로 '복리'다.

재테크 과정을 눈덩이 굴리기와 비교해보자. 최초로 눈을 뭉쳐 눈밭에 굴릴 수 있는 조그마한 덩어리로 만드는 것, 이것이 바로 '종잣돈'이다. 한 가지 재미있는 사실은 처음 덩어리가 클수록 유리하다는 것이다. 눈덩이의 지름이 클수록 더 많은 눈을 묻힐 수 있다. 구슬처럼 작은 눈덩이를 굴려서 눈사람을 만들기는 쉽지 않다. 최소한 주먹보다는 크게, 굴려볼 만한 크기로 뭉쳐야 한다. 실제로도 많은 사람들이 이 종잣돈의 크기 때문에 시작부터 벽에 부딪힌다. 여윳돈이 너무 적으면 본격적으로 재테크에 입문하기가 막연하고 초라하게 느껴진다. 그렇게 되면 그것을 더 큰 덩어리로 모을 새도 없이 여기저기 써버리고 만다. 새로 나온 한정판 운동화가 눈앞에 아른거릴 수도 있고, 딱히 필요하지도 않은데 새로 나온 전자기기를 질러버릴 때도 있다.

하지만 독한 마음으로 어느 정도 의미 있는 크기의 종잣돈을 모으게 되면 이야기가 달라진다. 적은 액수는 쉽게 쓰지만, 큰 액수는 쉽게 쓰지 않는다. 2만 원어치 장을 볼 때는 별 생각이 없다. 20만 원짜리 운동화는 조금 무리하면 살 수 있다고 생각한다. 200만 원짜리 해외여행은 1년에 한 번은 가도 된다고 생각한다. 하지만 2,000만 원짜리 차를 사려면 고민을 좀 해야 한다. 2억 원짜리 전세집을 얻을 때는 더더욱 신중해진다. 그러니 적은 액수라도 꼼꼼하게 모으는 과정이 필요하다. 일단 어느 수준까지 종잣돈을 뭉치고 나면 그때부터는 자세가 달라진다.

그래서 처음 시작할 때는 목표 저축액을 정해놓는 게 좋다. 특히 1차적으로 모을 수 있는 목표치를 정하고, 거기서부터 10배씩 크게 생각을 확장하면 조금 수월해진다. 개인적으로 20대에는 1,000만 원 단위로 생각하고 30대에는 1억 원 단위로 생각하는 것을 권장한다. 20대에 저축으로 1억 원을 모으기는 쉽지 않다. 너무 크게 생각하면 중도에 포기하기 쉽다. 물론 특정 액수가 기준일 필요는 없다. 각자에게 주어진 조건에서 시작하면 된다. 그렇지만 자신만의 기준은 있는 편이 좋다. 노력하면 불가능하지 않은, 손에 잡히는 액수. 하지만 내가 함부로 다루지는 못하는 약간의 경외심이 생기는 액수. 그것을 나의 목표 종잣돈으로 삼아보자.

그 다음으로 뭉쳐놓은 눈덩이를 눈밭에 굴리는 단계가 흔히 '투자'라고 불리는 돈 굴리기다. 사실 여기서부터 본격적인 머리싸움이 시작된다. 무엇보다 중요한 것은 중간에 깨지면 안 된다는 것이다. 저축 단계에서는 성실함과 의지력으로 꽤 큰 종잣돈을 모았는데, 잘못된 투자처에 섣불리 돈을 집어 넣었다가 크게 잃는 사람들이 상당히 많다. 이런 경험이 한 번 생길 때마다 얻는 대가는 혹독하다. 잃게 된 돈을 메꾸는 게 다가 아니다. 그보다는 그동안 저축하며 쌓아온 노력이 수포로 돌아가는 것 같은 좌절감에 초심을 잃는게 문제다. 초심을 잃으면 돈을 모으는 것조차 포기하게 되기 때문이다. '내 인생이 그렇지 뭐. 뭐하러 이 고생을 하며 돈을 모으나? 그냥 쓰고 싶은 대로 쓰면서 살자.' 이런 자포자기가 마음을 잠식하게 되면 다시는 인생을 바꿀 수 없다.

그래서 돈을 굴리는 단계에서는 절대로, 절대로 돈을 까먹으면 안 된다. 모든 투자는 손실의 리스크를 동반하며 이를 완전히 피할 수는 없다. 그래서 더욱 더 철저히 방어에 신경써야 한다. 눈덩이를 신나게 굴리다가 갑자기 퍼석, 하고 갈라진 상황을 생각해보자. 그러면 처음부터 다시 시작해야 한다. 특히 급한 마음에 서둘러 굴리다 보면 그렇게 부서지는 일을 당하게 된다. 눈덩이를 굴릴 때도 그렇지만 돈을 굴릴 때도 마찬가지다. 초조하거나 급하면 안 된다. 천천히, 신중하게 굴려야 한다. 크기는 시간이 해결해준다. 오랫동안 꾸준히 굴리다 보면 눈덩이의 지름이 커지면서 뭉쳐지는 눈의 양도 급격히 늘어난다. 내가 아니라 시간이 해결해주는 문제다.

◆◆◆

이제 조금 더 깊이 들어가서 '돈'을 둘러 싼 각각의 액션에 대해 개념정리를 해보자. 돈을 통해 할 수 있는 활동은 정말 많다. 돈은 벌 수도 있고, 쓸 수도 있고, 굴릴 수도 있고, 날릴 수도 있다. 각각의 활동에는 미묘한 차이가 있다. 그 차이를 본격적으로 구분하면 다음과 같다.

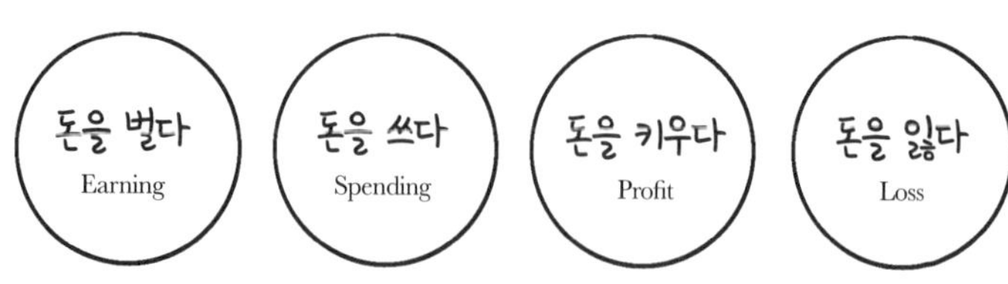

돈을 버는 것은 간단히 말해 노동 활동을 통해 수익을 창출하는 것이다. 출퇴근 시간을 지키는 대가로 한 달 뒤에 월급을 받는 것, 카페에서 커피를 팔며 시급을 받는 것, 누군가의 법무를 대신해주고 수임료를 받는 것, 학생들에게 강의를 하고 수업료를 받는 것 등등 노동을 통해 돈이 생기는 모든 것이 'Earning'에 해당한다.

돈을 쓰는 것은 자발적 소비를 뜻한다. 여기에는 생존을 위해 의식주에 쓰는 소비도 있고, 기분이 좋아지기 위해 하는 소비도 있다. 스스로의 가치를 높이기 위해 (혹은 그런 기분이 들도록 하기 위해) 자발적으로 지갑을 열고 지출을 하는 경우도 있다.

돈을 키우는 것은 쉽게 이야기해 투자 수익을 내는 것이다. 돈을 버는 것과 돈을 키우는 것의 가장 큰 차이는 '노동의 주체'다. 돈을 버는 것은 내 노동력을 들여 수익을 창출하는 것이고, 돈을 키우는 것은 내 돈이 직접 일을 함으로써 스스로 수익을 창출하는 것이다. 부연설명을 하자면, 돈을 버는 것은 내 시간이 수익을 만드는 것이고 돈을 키우는 것은 내 판단이 수익을 만드는 것이다.

마지막으로 돈을 잃는 것은 투자 손실을 말한다. 앞서 말한 돈을 키우기 위한 시도가 실패로 돌아갔을 때 벌어지는 상황이다. 내가 의도적으로 지출을 한 것과는 차이가 있다. 돈을 쓸 경우, 즉 소비를 하면 그로 인해 등가교환된 다른 재화가 돌아온다. 하지만 투자 손실의 경우 돈은 사라지고 그것으로 끝이다. 나에게 돌아오는 것은 없다. (씁쓸한 교훈 같은 건 조금 있을 것이다)

위에 설명한 네 가지 경로가 돈이 오가는 기본적인 흐름이다. 각각의 흐름은 크고 작은 형태로 우리의 인생 전반에 걸쳐 영향을 미친다. 그럼 각각의 상황이 어떤 식으로 작용될 때 우리는 자유를 얻을 수 있을까? 그 부분에 대해 오래도록 고심한 후 최종적으로 얻은 공식은 아래와 같다.

(Earning – Spending) × (Profit × Loss)
(버는 돈 – 쓰는 돈) × (키우는 돈 × 잃는 돈)

'버는 돈–쓰는 돈'이 앞서 말한 돈을 모으는 과정이고, '키우는 돈 × 잃는 돈'이 돈을 굴리는 과정이다. 전자는 저축으로 대변되는 'Saving'이고, 후자는 투자로 대변되는 'Investing'이다. 중요한 것은 각각의 관계에 드러난 사칙연산이다. 저축에서는 덧셈과 뺄셈이 핵심이다. 많이 벌면 벌수록 좋고, 적게 쓰면 쓸수록 좋다. 당연한 상식이다. 그런데 두 번째 공식이 좀 까다롭다. 투자의 영역에서 수익profit과 손실loss은 곱셈의 영역(P×L)이다. 매 투자 건에 따라 수익과 손실이 계속해서 곱해진다. 그래서 손실을 최소한도로 없애야 한다. 저축의 경우 쓰는 돈이 많아도 버는 돈으로 상쇄될 여지가 있다. 하지만 손실을 수익으로 상쇄할 때는 곱셈이 작용하는 만큼, 한 번이라도 손실을 입게 되면작용하는 악영향이 매우 크다. 이전에 아무리 많은 수를 곱했어도 한 번만 0을 곱하면 0이 된다. 투자에서도 마찬가지다. 아무리 큰 수익을 얻었다고 하더라도 다음에 치명적인 실수로 0이 곱해지게 되면 오랜 기간의 노력이 송두리째 사라질 수 있다.

다시 공식으로 돌아와 보자. '종잣돈 = 저축 = 덧셈'은 모두 왼쪽에 있는 (E−S)의 영역이다. '투자 = 수익률 = 곱셈'은 오른쪽에 있는 (P×L)의 영역이다. 이 둘은 다시 곱셈의 영향을 받는다. 종잣돈을 얼마나 많이 모으느냐도 중요하지만 투자 수익률이 얼마나 좋은지가 큰 영향을 준다. 이미 말했지만 0을 곱하면 모든 것이 0으로 수렴된다.

그리고 또 한 가지 재미있는 사실이 있다. 수입earning과 수익profit은 돈을 더 많이 만드는 요소들인 반면 지출spending과 손실loss은 돈이 줄어드는 요소들이다. 이는 무엇을 의미하는 것일까? 전자는 성공을, 후자는 실패를 좌우하는 요소라는 뜻이다. 전자는 잠재력에 관한 것이고, 후자는 통제력에 관한 부분이다. 전자는 능력에 달려 있고, 후자는 실수에 달려 있다. 전자가 중요할까? 후자가 중요할까?

개인적으로는 후자가 더 중요하다고 생각한다. 물론 좋은 직업으로 큰돈을 벌거나, 엄청난 투자 수익률로 빠르게 부자가 되는 사람들도 있다. 하지만 그것은 결과론적인 이야기다. 돈 잘 버는 직업과 높은 투자 수익률의 이면에는 실패에 대한 예방(혹은 면역)이 작용한다. 통제력을 발휘하는 인고의 시간이 존재한다. 실수를 줄이려는 갖은 노력이 동반되는 것은 물론이다. 방어력을 높이는 기초공사가 있었기 때문에 유능한 사람이 되고 높은 수익률을 기록할 수 있는 것이다.

아주 젊었을 때 큰 부를 거머쥐는 사람들을 보면 공통점이 있다. 일단 운이 좋기도 하겠지만 실제로 본인이 성공한 분야에 아주 일찍부터 진출해 있었다는 것을 알 수 있다. 남들이 수업시간에 뒷자리에 앉아 코나 후비고 있을 시절부터 합숙생활을 하며 혹독한 트레이닝에 들어가는 아이돌 지망생이나 운동선수들을 떠올려보라. 게다가 그들은 남들이 겪지 않는 마음고생을 어린 나이부터 경험한다. 보통은 대학을 졸업하고 취업에 성공한 후에나 시작되는 사회생활을 성인이 되기 전부터 수년 이상 하게 된다. 젊어서 성공한 게 아니라 젊을 때부터 고생을 한 것이다.

단순히 운이 좋아서 빨리 성공한 사람도 분명히 있다. 하지만 일찌감치 성공한 후 방만한 소비로 파산에 이른 유명 연예인들의 이야기를 자주 듣지 않았는가. 혹은 절제력을 잃고 대중의 마음이 떠날 만한 실수를 해서 짧은 커리어로 활동을 마감하거나 감옥까지 가는 스타의 사례도 기억할 것이다. 실패를 막을 준비가 되어 있지 않으면 자신의 운이 다했을 때 모든 성취가 허공으로 사라진다. 이제 다시 공식을 상기해보자.

(Earning − Spending) × (Profit × Loss)
(버는 돈 − 쓰는 돈) × (키우는 돈 × 잃는 돈)

무게 중심은 뒤에 쏠려 있다. 운동을 할 때도 똑같다. 하체가 잘 받쳐줘야 상체도 빨리 발달한다. 인생의 기초를 다지는 뒷부분, 즉 베이스를 잘 정복해야 성공할 수 있다. 그럼 이제 어떻게 해야 베이스를 정복할 수 있을지 고민해보자.

PART 2

그 많던 월급은 어디에 다 써버렸을까?

CHAPTER 5

절약은 기술이 아니라 정체성이다

혹시, 자존감까지 절약하고 있지는 않은가?

돈이 모자라고 새어 나가는 보통의 사람들이라면 누구나 '절약'에 대해 고민한다. 한편, 돈이 부족한 건 상대적인 개념이다. 누군가에겐 100만 원이 한 달을 살아가기에 풍족한 돈일 수 있지만, 누군가에겐 일주을 버티기도 빠듯한 돈일 수 있다.

평범한 사람, 고연봉도 아니고 물려받은 재산도 없는 사람은 쪼들리는 느낌을 지속적으로 안고 살아갈 것이다. 사실 그것은 개인의 잘못이 아니다. 자본주의 시스템의 구조적 현상, 바로 인플레이션 때문이다.(인플레이션에 대해서는 뒤에도 더 이야기를 할 예정이다) 많은 사람들이 돈을 아끼고 더 많이 저축하면 좋겠다고 생각한다. 하지만 막상 실전에 들어서면 항상 실패한다. 특별한 비법 같은 것도 없고 어떻게 보면 상당히 간단한 '절약'이라는 숙제가 그토록 어려운 이유는 무엇일까?

사람들은 대개 '재테크'라고 불리는, 돈을 더 많이 만드는 행위를 마주할 때 기술적인 부분에 집중하는 경향이 있다. 단어의 구조부터가 그런 성향을 보여준다. 재테크는 '재물 재財'라는 한자에 'tech'라는 영단어를 붙여서 만든 조어造語다. 거기에 돈을 더 절약하는 행위에는 '짠테크'라는 이름을 새로 붙였다. 짠테크라니. 그야말로 눈물 짠내가 느껴지는 생생한 표현이다. 절약에 성공하려면 모든 기술을 동원해야 한다는 서글픈 현실을 보여준다.

어떻게 하면 조금이라도 더 아낄 수 있을까? 절약에 대한 고민은 우리나라뿐 아니라 바다 건너 미국의 파이어족들도 똑같다. 한 푼이라도 더 아낄 수 있는, 조금이라도 돈을 더 모을 수 있는 기술적인 요령을 찾기 위해 혈안이 되어 있다. 참신하고 유용한 팁들을 '라이프 해킹'이라고 부르며 다양한 커뮤니티를 통해 공유한다. 대표적인 공유경제 서비스인 우버, 리프트, 에어비앤비 등은 이런 라이프 해킹에 대한 고민에서 출발한 사업들이다. 식재료를 벌크로 사서 한 번에 많은 양을 요리함으로써 일주일치 식사를 미리 준비해 놓는 밀프렙meal-prep 같은 방법도 시간과 식비를 절약하는 좋은 라이프 해킹 기술 중 하나다.

그렇다면 우리나라에 알려진 절약과 저축 팁에는 어떤 것들이 있을까? 대표적인 예로 '풍차 돌리기' 같은 방법을 들 수 있다. 한 달에 한 번씩 적금에 가입하여 만기도 한 달씩 순차적으로 돌아오게 하는 유명한 저축법이다. 이렇게 하면 매달 적금을 타는 맛에 저축에 더 재미를 붙일 수 있다고 한다. 매일 쓰는 생활비를 현금으로 인출해서 30개의 주머니에 담아 놓고 한 달 동안 쓰는 사람도 있다. 그렇게 하면 그날그날 정해진 액수만큼만 쓸 수 있기 때문이다.

개인적으로 참신하다고 생각한 방법이 있다. 1년 목표 저축액을 먼저 정하고 이를 12등분해서 월 저축액을 설정하는 것이다. 가령 1년에 2천만 원을 모으고 싶다면 2000/12=166.6666… 이런 식으로 계산해서 매월 적금계좌로 옮겨지는 자동이체 금액을 167만 원으로 맞추는 식이다. 이렇게 할 경우 목표 금액을 달성할 동기부여를 더 강하게 얻을 수 있다.

이외에도 식비, 통신비, 교통비를 줄이기 위한 갖가지 방법 등 쓸 수 있는 아이디어는 무궁무진하다. 방법론적인 부분은 여러 커뮤니티를 통해 계속해서 생산되고 있다. 수많은 사람이 아이디어를 제시하며 조금이라도 더 아낄 수 있는 기술을 공유한다. 방법을 몰라서, 정보가 부족해서 절약이 불가능한 시대는 지났다. 그렇지만 여전히 제대로 절약하지 못하고 이런저런 낭비를 하는 사람들이 많다. 구멍 난 그릇에 물을 채우듯 무의미한 돈벌이만 계속 하고 있는 것이다. '이렇게나 힘들게 일하는데 왜 돈은 모이지 않는걸까?'라고 신세한탄을 하면서 말이다.

보통은 절약에 성공하지 못하는 이유를 '스스로의 의지 부족'에서 찾는 경우가 많다. 절약할 수 있는 요령은 무궁무진하지만 실천에 옮기지 못하기 때문에 실패하는 경우가 대부분이다. 그러다 보니 절약에 성공해 돈을 모으는 건 의지가 아주 강한 사람들이나 할 수 있는 일이고, 그렇지 못한 자신은 의지 박약에 찌질한 사람이라고 비관하는 경우도 많다. 이렇게 자신을 비관하기 시작하면 더욱 더 깊은 골짜기로 들어가기 마련이다. 실낱처럼 피어오르던 의지도 도로 사그러들기 때문이다. 그렇게 비관하는 사람들에게 희소식 하나를 전해주고 싶다. 성공하는 사람과 실패하는 사람의 의지력에 수준 차이가 있는 건 아니다. 가령 좋은 대학을 나왔다고 다 부자가 되는 것도 아니다. 소위 말하는 명문대를 나오지 않은 부자들도 얼마나 많은가?

대학 입시는 학생들의 의지력을 비교할 수 있는 대표적인 테스트다. 그렇다면 사회에 나가서도 수능 성적 순으로 성공해야 하는데 실제로는 전혀 그렇지가 않다. 의지력이란 게 컵에 담긴 물처럼 양이 정해진 것이 아니라는 뜻이다. 누구나 인생을 바꿀 터닝 포인트를 만나게 된다. 그때 제대로 의지력을 발휘하면 과거의 테스트를 만회할 기회를 얻을 수 있다. 대학 입시는 그야말로 수없이 스쳐가는 기회 중 하나일 뿐이다.

굳이 이런 이야기를 꺼내는 이유는 자존감 문제 때문이다. 어렸을 때 어떤 것에서도 큰 두각을 나타내보지 못한 사람들 중에 패배감을 안고 살아가는 사람이 정말 많다. 우리나라처럼 경쟁이 극심한 환경에서 자란 이들에게는 필연적일 수도 있다. 하지만 특정 연령대에 일이 잘 풀리지 않았거나 열심히 살지 못한 것은 그저 타이밍의 문제일 뿐이다. 타고난 의지력이 강한 사람은 없다. 의지력이 발휘될 조건(운명이건 시점이건 적성이건)이 맞는 때가 있을 뿐이다. 자신의 자존감을 지키지 못하면 기회가 와도 살리지 못한다. 더 의지력을 발휘할 수 있는데도 스스로 고삐를 놓아버리는 경우도 있다.

의지 부족은 스스로 만들어낸 허상일 뿐이다.
거기에 사로잡혀 자신의 잠재력을 과소평가하지 말자.

◆◆◆

용기를 북돋아 주기 위해 너무 멀리 돌아왔다. 이제 구체적인 절약 방법에 대해 생각해보자. 앞서 말했듯이 절약의 기술 자체는 중요하지 않다. 오히려 절약을 위한 상식을 제대로 실천하는 행동력을 높이는 기술, 즉 '습관'이 더 중요하다. 모르는 것을 아는 게 아니라 아는 것을 행동하는 법을 배워야 한다.

습관에 관해서는 미디어를 통해 수많은 노하우가 쏟아져 나온다. 개인적으로도 올바른 습관 생성에 관심이 많아 다양한 시도를 했고 여러 번 좌절하기도 했다. 그러던 중 정말 크게 도움을 받은 책이 하나 있다. 제임스 클리어의《아주 작은 습관의 힘》이다. 제임스 클리어는 이 책을 통해 전 세계에 이름을 알린 습관 전문가이다. 어렸을 때 야구 선수로 활동하던 그는 불의의 사고로 생사를 넘나드는 고비를 넘겼다. 구사일생으로 살아나긴 했지만 선수로의 커리어는 엉망이 되었고 바닥에서부터 다시 올라서야 했다. 이런 어려움을 극복하기 위해 그는 습관을 컨트롤하는 엄격한 자기관리를 하게 되었는데, 이 경험을 통해 지금은 전 세계인을 대상으로 컨설팅을 해주는 습관 전문가로 거듭나게 된 것이다.

책에서는 습관 개선(좋은 습관을 정착시키고 나쁜 습관을 제거하는)을 위한 체계적이고 구조적인 접근법을 보여준다. 습관 정착의 가장 큰 숙제는 지속성이다. 가끔씩 불타올라서 아침 일찍 일어나거나 호기롭게 헬스장에 갈 수도 있다. 하지만 지속적으로 아침 일찍 일어나고, 정기적으로 운동을 하는 것은 아무나 성공하지 못한다. 이런 이유로 책에서는 구체적인 실천 과정을 소개하기 전에 한 챕터를 할애하여 정체성에 관해 이야기한다.

좋은 습관을 정착시키지 못하는 이유를 설명하기 위해 그는 행동 변화의 세 가지 메커니즘을 보여준다. 결과의 변화, 과정의 변화, 정체성의 변화가 그것인데 대부분의 사람들은 자신의 인생을 바꾸려고 마음먹었을 때 '결과의 변화'에 집중하는 경향이 있다. 체중 10kg 감량, 1억 저축, 책 출판 등 새로운 목표는 대부분 '결과'에 초점이 맞춰져 있다. 하지만 이런 결과를 만드는 것은 '과정'이다. 그리고 과정을 만드는 기반에 '정체성'이 존재한다. 이런 순서의 차이를 이해해야만 제대로 습관을 변화시킬 수 있다는 것이다.

두 사람이 금연을 하는 상황을 가정해보자. 누군가 담배를 권했을 때 각자가 가지는 정체성에 따라 그 결과 또한 달라질 수 있다. 한 사람이 '저는 담배를 끊었습니다'라고 답한다면 그 사람은 자신이 여전히 흡연자이며, 담배를 피우지 않으려 애쓰는 중이라고 여기는 것이다. 하지만 다른 사람이 '전 담배를 안 피웁니다'라고 대답한다면 이는 자신의 정체성을 바꿨다는 뜻이다. 더 이상 자신과 흡연자를 연결짓지 않고 있기 때문이다. 저자는 "나는 이러이러한 것을 '원하는' 사람이다"라고 말하는 것과 "나는 '이러한' 사람이다"라고 말하는 것은 매우 큰 차이를 가져온다고 말한다.

절약을 실천하기 전에 이런 정체성을 세우는 것은 매우 중요하다. 풍차 돌리기니 냉장고 파먹기니 그런 게 우선이 아니라는 뜻이다. 좋은 아이디어는 차고 넘친다. 하지만 알고도 실천하지 못하는 사람이 훨씬 많다. 그런 현상의 이면에는 정체성의 유무가 큰 영향을 끼친다. 정체성, 즉 마인드셋을 제대로 확립해 놓아야 세부적인 기술을 실천할 수 있다. 이러한 정체성 확립은 재테크뿐 아니라 모든 성취의 영역에 적용할 수 있다. 대표적인 게 다이어트와 운동이다.

캐나다 출신의 유튜버이자 피트니스 브랜드 'Kinobody'의 창업자인 그렉 오갤러거Greg O'Gallagher는 할리우드 영화배우들처럼 날씬

하면서도 강한 근육을 만드는 독창적인 온라인 프로그램을 만들어 전 세계의 고객들을 상대로 크게 성공했다. 특히 요요 없이 낮은 체지방 상태를 항상 유지하는 방법으로 인기를 얻었다. 그렉 오갤러거 또한 다이어트에 성공하고 멋진 몸을 유지하기 위한 중요한 조건으로 정체성을 언급하고 있다.[1]

일정 기간 이상 꾸준히 웨이트 운동을 해온 사람들 중에서도 10% 미만의 체지방을 가진 사람, 특히 지속적으로 체지방이 낮은 상태를 유지하는 사람은 매우 드물다. 단기간에 급진적인 다이어트로 체지방을 낮추는 경우는 있지만, 요요현상 때문에 금방 이전의 상태로 돌아가는 게 대부분이다. 특히 그런 식의 체중 감량은 기초대사에 쇼크를 줘서 체지방을 줄이려다 간이 손상되는 등 수명까지 줄어드는 상황이 발생하기도 한다. 이렇듯 날씬한 몸을 꾸준히 유지한다는 것은 쉬운 일이 아니다. 그렉 오갤러거는 고객들의 경험담을 분석하는 과정에서 10% 초반까지 체지방을 줄이는 고객들은 꽤 많았지만 마지막 2~3%의 체지방을 추가로 줄여 10% 미만으로 떨어뜨리는 사람은 거의 없다는 것을 발견했다. 마지막 목표를 달성한 사람과 그렇지 못한 사람들을 비교해본 결과, 마인드셋의 차이가 두 그룹을 가르는 결정적 역할을 했다는 것을 알게 되었다.

---

1 Kinobody, "How to Get Mentally Locked in to Get Below 10% Body Fat", Youtube, 2018.11.06(https://youtu.be/eJF6yZpcFXk)

끝까지 목표를 달성하는 사람과 마지막 관문에서 좌절하는 사람의 중요한 차이는 '자신을 바라보는 관점'에 있었다. 성공한 사람들의 경우, 자신의 현재를 나타내는 숫자와 상관없이 이미 성공한 상태의 자신을 그리고 있었다. 구체적으로 말하자면, 현재 체지방이 15%가 넘더라도 '나는 체지방이 10%가 안 되는 멋진 몸을 가진 사람이다'라고 자기확신을 부여하는 것이다. 올바른 방법을 알고 있고 방법을 제대로 실천하고 있다면 시간의 문제일 뿐이다. 그들에겐 지금 이 순간 목표 숫자에 도달하지 못했더라도 시간이 지나면 당연히 성공한다는 믿음이 있는 것이다. 그렇다 보니 현재에 대한 불만족 같은 것은 존재하지 않는다. 당장 목표를 달성한 상태는 아닐지라도 '목표를 달성할 수 있는 사람'으로 스스로를 인정하고 있기 때문에 자신감이 다르다. 자신감뿐 아니라 평소의 행동 또한 달라지게 된다.

가령 밤 11시에 갑자기 치킨을 시켜 먹고 싶어졌다면 어떨까? 사람이라면 모름지기 한 번쯤은 그런 상황과 마주하게 된다. 당연하지 않은가? 11시에 드라마를 다 보고 잠자리에 들려고 하는데 갑자기 배달앱 같은 곳에서 광고로 치킨이 바삭바삭 튀겨지고 있는 장면을 슬로우모션으로 보여준다고 생각해보자.(정말 비겁하고도 효과적인 마케팅이다) 혹은 금요일 심야 프로그램에서 연예인들끼리 모여 삼겹살 파티를 벌이는 장면을 본다고 생각해보자.(어떤 프로그램인지는 말 안 해도 알 것이다) 그런 상황에서 어깨를 한 번 으쓱한 후 TV를 끄고 잠자리로 돌아갈 수 있는 사람은 초인적인 의지력의 소유자다. 체지방 10%가 안 되는 끝장나는 몸매를 만들 수 있는 마음가짐을 갖춘 것이다.

당장은 목표를 달성하지 못한 사람에게도 동일하게 적용된다. '나는 이미 그러한 사람이다'라는 프레임을 갖지 못하면 실천에 옮기기 쉽지 않다. 그렉 오갤러거에 따르면 앞서 말한 마지막 2~3%의 체지방을 제거한 사람과 그렇지 못한 사람 사이에는 이런 생각의 프레임에 차이가 있었다고 한다. 자신을 바라보는 관점이 '살을 빼야 하는 사람'이면 성공하기 힘든 것이다. 살을 빼야 하는 사람, 지금은 살찐 사람이라는 관점으로 자신을 평가하면 이런 결정적 순간의 유혹을 이길 수 없다. '날씬하고 탄탄한 몸을 가진 것처럼 행동하는 사람'으로 자신을 정의하고 그들과 똑같은 행동을 해야 중요한 고비를 넘어설 수 있는 것이다.

부자로 가는 길, 경제적 자유로 가는 길도 다이어트와 전혀 다르지 않다. 생각의 프레임이 견고해야 한다. 매일같이 절약을 실천하는 스스로를 '돈을 더 많이 모아야 하는 가난한 사람'으로 볼 때와 '부자들처럼 굳은 의지를 가진 자기통제력이 있는 사람'으로 볼 때의 차이는 어마어마하게 크다. 두 사람이 동일하게 매월 100만 원 저축을 목표로 절약을 시작했다면 자신을 가난한 루저로 보는 사람과 미래완료형 자산가로 보는 사람의 격차는 꾸준히 벌어질 것이다. 행동력과 의지력, 결단력의 차이가 발생하기 때문이다.

자수성가한 모든 사람들이 그렇다. 처음부터 초인적인 능력을 발휘한 사람은 단 한 명도 없다. 수많은 시행착오를 거치고 수시로 갈림길에 선다. 그런 상황에서 조금이라도 더 나은 판단을, 조금이라도 더 엄격한 자기통제를 해왔을 뿐이다. 그런 능력이 꾸준히 누적되려면 자신에게 긍지를 가져야 한다. 이미 성공한 사람과 동일한 정체성을 가져야 하는 것이다.

특히 지금부터 혹독한 절약을 시작해야 하는 사람들이라면 꼭 해결해야 할 숙제다. 한 푼씩 더 아끼려면 한 번씩 더 궁상을 떨어야 한다. 주변에서 계속 함께해온 지인들의 시선이 부담스러울 것이다. 메뉴판에서 가장 싼 메뉴를 주문한다면 식당 주인이 얕잡아 볼 것 같은 불안함을 느낄 것이다. 편의점에서 맥주 두 캔을 집어 들고 계산대로 가져가다가 한 캔을 도로 냉장고에 집어 넣으며 심리적 위축을 경험할 것이다. 그럴 때 자기 자신을 '궁상떠는 루저'가 아니라, '미래를 위해 자기통제력을 발휘하는 승리자'로 받아들이자.

절약은 기술이 아니다. 정체성이다.

아믹달라의 속임수

행동경제학의 세계적인 석학인 리처드 탈러와 캐스 선스타인이 공동 집필해 세계적인 베스트셀러가 된 《넛지》에서는 인간의 선택을 이끄는 힘에 대해 상세히 설명하고 있다. 사람들이 어떤 오류를 가지고 행동하는지, 그런 특징들을 어떻게 경제학에 적용할 수 있는지, 나아가 더 나은 사회로 만들기 위해 행동경제학이 어떤 역할을 할 수 있는지에 대해 상세히 정리해놓은 책이다. 두 저자는 인간이 사고하는 방식을 자동적이고 무의식적인 것과 합리적이고 신중한 것, 두 가지로 나눈다. 이 중 자동적이고 무의식적인 사고가 인간의 행동에 지배적인 영향을 주게 된다. 책에서는 이를 인간 외의 모든 동물이 가진 원시적인 뇌 구조에 따른 것이라고 설명하며 '도마뱀 뇌'라고 부른다.

행동경제학을 다룬 또 다른 명저 중 하나로 《생각에 관한 생각》을 들 수 있다. 심리학자 최초로 노벨 경제학상을 받은 대니엘 카너만의 이 책에서는 인간의 생각 구조를 직관과 이성으로 구분하여 설명한다. 이를 좀 더 명확히 구분하는 조건으로는 속도의 차이를 활용하고 있다. 떨어지는 물건을 본능적으로 피하는 것, 아주 기초적인 암산을 순간적으로 해내는 것, 이미 익숙해진 지식을 생각 없이 끄집어내는 것 등은 '빠른 생각fast thinking' 혹은 '시스템 1'이라고 표현한다. 반대로 오랜 시간이 소요되는 문제를 해결하거나 바로 암산이 되지 않는 수식을 계산하는 것 등의 시간이 필요한 생각 활동을 '느린 생각slow thinking' 혹은 '시스템 2'라고 지칭한다.

시스템 1은 쉽게 이야기해 '본능'이라고 볼 수 있다. 생각에 관한 생각에서 언급하는 '시스템 1'과 넛지에서 언급하는 '도마뱀 뇌'는 사실상 동일한 개념이다. 비유해서 표현하는 방식이 다를 뿐이다. 행동경제학이라고 하면 돈을 잘 벌도록 행동하는 것만 알려주면 되는데 왜 많은 분량을 할애하여 뇌 구조의 원시성에 대해 설명하려는 것일까?

이제 뇌 과학에 대해 조금 더 지루한 이야기를 해보려 한다. 이미 뇌 과학이라는 단어를 들은 것만으로도 두드러기가 나거나 졸음이 쏟아질 수도 있다. 하지만 잘 참고 들어주길 바란다. 지금 지루함을 느끼는 이 '본능'과 싸워 이겨야 조금이라도 더 부유해질 수 있다. 바꿔 말하면, 우리의 본능은 우리를 가난하게 만드는 방향으로 이끌고 있다는 뜻이다. 그 진실을 알아야 거기에 대처하여 스스로를 구제할 수 있다.

무서우면 도망가는 본능, 불쾌하면 화가 나는 본능, 혹은 맛있는 음식이 놓여 있을 때 이성을 잃고 달려들어 흡입하는 본능… 우리는 하루에도 수많은 본능에 지배되며 살아가고 있다. 이렇게 본능적으로 무언가를 하게 하는 즉각적이고 반사적인 활동에 작용하는 뇌 부위가 '편도체'다. 어떻게 생긴 것인지 그림으로 가볍게 살펴보자.

편도체의 위치

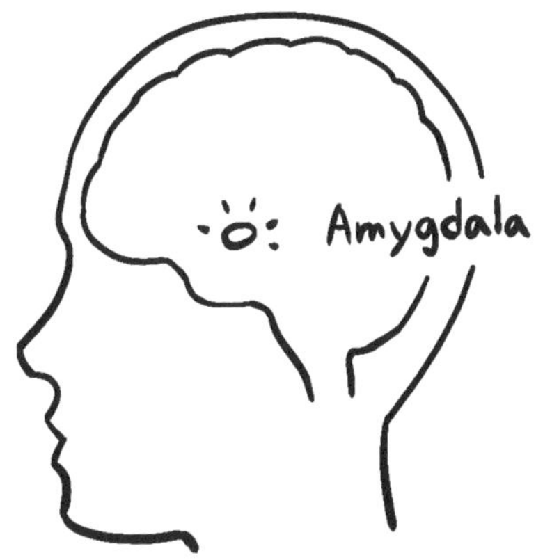

보다시피 뇌에서 아주 작은 면적만 차지하는 별것 아닌 듯 보이는 이 부위 때문에 인류에게는 수많은 흑역사가 발생한다. 작게는 요요현상일 수도 있고, 크게는 미사일 발사 버튼을 홧김에 눌러버리는 일이 될 수도 있다. 편도체는 뇌의 안쪽에 붙어 있고 크기는 아몬드만큼 작다. 실제로 편도체는 아몬드의 라틴어를 토대로 '아믹달라amygdala'라는 이름을 갖게 되었다. 아무튼 이 아믹달라의 기능에 대해서는 아직도 연구중이다. 현재까지 밝혀 진 바로는 감정, 특히 공포감을 느끼는 것에 영향을 준다고 한다. 최근에는 단순히 공포를 느끼는 것뿐 아니라 식욕 등 보상과 관련된 작용에도 영향을 준다는 MIT의 연구 결과[2]도 있었다.

공포는 참으로 불편한 감정이지만 덕분에 인류는 오늘날까지 생

---

2 "Scientists identify brain circuit that drives pleasure-inducing behavior", MIT News, 2017. 03. 22, https://news.mit.edu/2017/brain-circuit-pleasure-inducing-behavior-0322

존할 수 있었다. 만약 원시시대에 공포감이 없었다면 다가오는 맹수를 보고도 도망가지 않아서 다 잡아먹혀 버렸을 것이다. 높고 아찔한 곳은 피하는 본능, 쓰나미가 몰려오면 높은 곳으로 피하는 본능 등등 생명의 위협을 느끼게 하는 대상이 오면 본능적으로 도망갈 수 있는 것도 편도체 덕분이다. 공포감이라는 것은 '즉각적'이기 때문이다. 오래 생각하지 않고도 바로 공포심을 느낄 수 있다. 공포심을 인지하는 데 너무 오랜 시간이 걸린다면 공포의 대상이 우리를 덮치기 전에 도망갈 시간을 벌 수 없다.

편도체가 제어하는 또 다른 감정 중 하나는 '공격성'이다. 이는 공포감과 반대로 내가 무언가를 얻기 위해 즉각적으로 움직이는 것이다. 동물들이 짝짓기 대상을 찾기 위해 보이는 공격성을 예로 들 수 있다.(그 동물들에는 인간도 포함된다) 혹은 자신의 새끼를 보호하기 위해 공격성을 지니는 것도 포함된다.(생각해보니 여기에도 인간이 포함된다) 맹수들이 사냥을 하면서 순간적으로 먹잇감을 덮칠 때의 공격성 또한 이런 뇌 기능에서 파생된 것이다.

자세히 들여다보면 이런 공격성들 또한 공포심에서 비롯된 것이라고 볼 수 있다. 공격성을 발휘하지 않으면 생존권을 위협당할 수 있다. 공격적인 사냥이 없으면 쫄쫄 굶어야 하고 짝짓기를 하지 못하면 내 유전자를 후대로 보존할 수 없다. 새끼를 보호하지 못했을 때도 마찬가지다. 편도체는 이런 원초적 위험으로부터 즉각적으로 스스로를 지킬 수 있는 빠른 행동을 가능하게 한다.

이렇듯 편도체는 사람이 생존하기 위해 필요한 원초적 감각을 제공해준다. 문제는 이 감각이 우리에게 절반의 생존만 보장해준다는 데 있다. 원시시대에는 이런 뇌의 기능, 반사적으로 공포를 피하는 감각이 꼭 필요했다. 여기저기 돌아다니다 보면 맹수를 마주치는 일이 많았다. 혹독한 자연재해에도 노출되어 있었다. 하지만 지금은 상황이 달라졌다. 콘크리트와 강철로 1,000m가 넘는 건물을 짓고 있는 시대다. 거의 모든 길이 포장되어 있고 맹수는 동물원에 가야 겨우 볼 수 있다. 그렇다 보니 공포심을 느끼고 반사적으로 움직여야 할 기회(?)는 아주 드물다.

어렸을 때 일이다. 아마 아홉 살 정도였던 것 같다. 태어나서 처음으로 에버랜드에 간 날이었다. 당시에는 에버랜드가 아니라 자연농원이라는 이름으로 불렸다. 테마파크(당시는 유원지라고 불렸다)에 처음 가는 것이었기에 당연히 우리에 갇힌 야생동물을 보는 것도 처음이었다. 몇 종류의 동물을 보고 나니 사자 우리가 등장했다. 당시 어린이였던 나는 상상을 초월하는 겁쟁이에다 울보였다.(지금도 크게 달라지지는 않았지만…) 아버지가 거의 사정하다시피 사자 한 번 보러 가자고 내 손을 잡아 끌었지만 완강하게 버티고 서서 펑펑 울었던 기억이 난다. 무서워서 못 보겠다며 버텼다. 아버지는 결국 나를 강제로 안아들고 사자 우리 앞으로 데려갔다. 자식이 안 보겠다는데 뭘 그리 강제집행을 했나 싶기도 하다. 물론 아버지 입장에서는 큰 마음을 먹고 적지 않은 돈을 써 가며 서울에, 그것도 유원지에 입성했으니 본전을 챙겨야 한다는 부담이 있었으리라. 아무튼 사자 우리 앞에서 내 공포는 극에 달했다. 갓 잡은 활어처럼 거칠게 펄떡거리고 맹렬하게 울며불며 떼를 쓰고 발버둥을 쳤다. 타고난 허약 체질이었는데도 그 순간에는 살기 위해 안간힘을 썼다. 그런데 막상 우리 앞에 가니까 사자는 드러누워 자는 중이었고 주변 사람들은 싱겁다는 표정을 짓고 있었다. 나는 그렇게 힘을 쓰던 게 머쓱해졌다. 그래서 눈물을 그치고는 아버지 손을 잡고 가만히 서 있었다. 말하자면 이런 게 원시시대의 뇌 기능이 현실에서 쓸모없는 행동을 하게 만드는 사례다.

오늘날과 같이 문명화된 시대에 생존 능력을 높이려면 본능적이고 즉각적인 행동을 참아야 한다. 대부분의 경우 합리적인 의사결정을 위해 심사숙고했을 때 더 많은 것을 얻어낼 수 있다. 연봉 협상을 하는데 마음에 들지 않는다고 상사에게 소리를 지르고 뛰쳐나온다면 당연히 더 많은 월급을 받을 수 없다. 또 우량한 회사의 주식이 코로나바이러스와 같은 일시적 이유로 폭락하고 있을 때 공포심을 느끼고 전량 매도하며 시장을 빠져 나오면 절대로 부자가 될 수 없다.

특히 투자에서는 미래 가치를 감안해 당장의 충동을 제어해야 한다. 원시시대의 뇌 기능을 억제해야만 하는 고차원적인 활동이다. 물론 투자를 잘못하면 전 재산을 까먹을 수도 있다. 그것은 자연재해 만큼이나 큰 위험이다. 돈이 없으면 현 문명에서의 생존은 보장되지 않는다. 하지만 투자에서 발생하는 두려움은 편도체를 통해 벗어날 수 없다. 오히려 편도체로 인한 반사적 행동이 투자의 위험을 가중시킨다.

물론 수만 년 동안 프로그래밍된 뇌기능의 지배에서 벗어나기는 어렵다. 지금도 우리는 편도체의 노예가 되어 수없이 많은 충동적 실수를 저지른다. 앞으로도 계속해서 그런 본능과 싸워야 할 것이다. 그렇기에 우리는 그런 본능이 어떤 식으로 발생되는지, 왜 그것을 극복해야 하는지 알고 있어야 한다.

보상 체계의 비밀

앞에서도 잠깐 언급했지만 최근 들어서 이런 편도체의 기능에 대한 새로운 연구 결과가 나왔다. MIT의 한 연구팀이 편도체가 공포뿐 아니라 보상 작용에도 영향을 준다고 밝힌 것이다. 이 부분 또한 투자를 앞둔 우리가 제대로 이해하고 극복해야 하는 뇌의 영향 중 하나이다. 앞서 말한 본능적 공포가 우리를 망하게 하는 함정이라면 이제부터 이야기할 보상 체계는 우리의 성공을 위해 극복해야 하는 장애물이라고 볼 수 있다.

의도를 가지고 실행한 모든 행동에는 보상이 따른다. 그런데 주어지는 보상은 우리의 의도와 상관없이 작용하기도 한다. 또는 우리가 보상에 대해 이해하지 못하고 잘못된 의도로 행동할 때도 있다. 원인과 결과를 떠나서 우리는 의식적이든 무의식적이든 보상을 기대하고 행동하게 된다. 삼성전자 이재용 부회장님이 경기도에 반도체 공장 신설을 결정한 것은 '조 단위 이익 창출'이라는 보상을 기대한 행동이다. 동네 백수가 술 마신 다음 날 신라면을 두 개 끓여 먹는 것은 '숙취와 배고픔 해소'라는 보상을 기대한 행동이다. 상당한 간극이 있는 사건들이지만 보상을 바라는 행동이라는 점에서 근본적으로 동일하다.

그럼 왜 어떤 보상은 숭고해 보이고 어떤 보상은 허접해 보이는 걸까? 3년에 걸쳐 평택에 반도체 공장이 건설되고 수많은 일자리와 기업의 이익이 창출되는 것과 동네 백수가 라면으로 배를 채우는 것은 어떻게 다를까? 이를 이해하기 위한 핵심 포인트가 하나 있다. 바로 '보상이 주어지는 타이밍의 차이'다. 이것은 단순히 재테크뿐 아니라 우리가 인생을 살아가며 내릴 수많은 판단에서 매우 중요한 결과를 가져온다. 그 타이밍에 따라 어떤 보상은 인생을 풍요롭게 하고 또 어떤 보상은 인생을 피폐하게 만든다.

발생하는 타이밍을 기준으로 보면, 보상에는 '빠른 보상'과 '느린 보상' 두 가지가 있다. 어떤 행동을 했을 때 즉각적으로 보상이 발생하면 빠른 보상이고 며칠, 몇 개월, 길게는 수년 뒤에나 보상이 발생하면 느린 보상이다. 뭘 당연한 소리를 이렇게 장황하게 하는가 싶어 의아할 것이다. 이제부터 이 타이밍의 차이에 대해 자세히 알아보자.

빠른 보상은 기본적으로 앞서 말한 편도체의 반응이 강한 보상이다. 하지만 편도체 반응 때문에 반사적으로 움직이는 행동은 문명사회를 살아가는 데 큰 도움이 되지 않는다. 반사적으로 보상이 돌아오는 행동들도 마찬가지다. 보상이 빠르게 돌아오는 행동은 원초적 욕구와 자기파괴적 습관에 해당하는 경우가 많기 때문이다. '나쁜 습관'이라고 했을 때 흔히 떠올리게 되는 것들을 살펴보자. 폭식과 야식, 흡연, 게임 중독, 운전대를 잡으면 화내기 등 즉각적이고 무의식적인 반응으로 시작되는 것들이다.

가령 야식을 먹으면 살이 찐다. 그것을 모르는 사람은 없다. 하지만 늦은 밤에 박나래 씨가 고기를 구워먹으며 파티를 벌이는 방송을 보게 되면 허기가 지기 마련이다. 찬장을 뒤져 라면이라도 꺼내게 된다. 자정이 다 되어 끓여먹는 라면은 그렇게 맛있을 수가 없다. '아, 역시 라면은 밤 늦게 먹어야 제맛이야!' 이런 감탄이 '저절로' 나오게 된다. 그렇다. '저절로'가 포인트다. 담배도 마찬가지다. 흡연이 몸에 좋지 않다는 걸 모르는 사람은 없다. 하지만 스트레스를 받을 때나 회사 근처에서 조미료 가득한 점심을 먹은 직후에 담배를 한 대 피우면 긴장이 확 풀리면서 바로 기분이 좋아진다(고 들었다). 나중을 생각하면 좀 찝찝하긴 하지만 지금 바로 기분이 좋아질 수 있으니 계속해서 찾게 되는 것이다.

반면 좋은 습관이라고 불리는 것들을 생각해보자. 운동, 다이어트, 금연, 공부 등 자기계발과 관련한 다양한 습관이 있다. 이런 것들의 공통점은 무엇일까? 앞서 말한 나쁜 습관과 달리 무의식적으로 따르기 어렵다. 의지를 갖고 스스로를 컨트롤해야 하는 행동들이다. 게다가 보상 또한 즉각적이지 않다. 오늘 당장 한 번 실천한다고 바로 효과가 드러나거나 보람이 생기지 않는다. 오랜 시간에 걸쳐 습관이 누적되어야 결과를 얻을 수 있다.

체중 조절의 예를 들어보자. 몸무게를 10kg 정도 빼고 싶은 사람이 있다. 이 사람이 오늘 무시무시하게 운동을 하고 굶는다고 해도 당장에 10kg을 뺄 수는 없다. 오랜 기간 식단을 조절하고 꾸준히 운동을 해야 원하는 결과가 나온다. 최소한 몇 주 이상의 노력이 필요하다. 게다가 속도를 높이고 싶어 무리를 하게 되면 흔히 말하는 요요 현상을 겪을 수도 있다. 목표한 만큼 체중을 줄였다가도 폭식에 빠져 예전의 몸무게로 원상복귀되는 사람이 많다.

급하게 이룰 수 있는 성공은 없다. 천천히, 그러나 쉬지 않고 매일매일, 더 나은 방향으로 가기 위해 집중력과 인내심을 발휘해야만 좋은 습관을 체화시킬 수 있다. 실제로 체중 감량을 할 때, 요요 현상 없이 안정적으로 안착되는 감량 수준은 1주일에 0.5kg 정도라고 한다. 10kg을 무리하지 않고 빼려면 최소 4개월 이상의 노력이 필요하다는 뜻이다. 길게 느껴지지 않을 수도 있지만, 실행해보면 결코 쉽지 않은 일임을 알 수 있다. 4개월이면 1년의 1/3이다. 수많은 유혹과 역경이 찾아올 수 있는 기간이다. 좋은 습관을 만들기 위해서는 이렇게 복잡하고 피곤한 과정을 거쳐야 한다.

굿바이 역전 만루 홈런으로 스타가 되어 연봉도 올라가고 광고도 찍는 야구선수를 떠올려보자. 홈런을 치는 순간은 매우 짧은 시간이다. 그 시간만으로 인생이 바뀐다고 생각할 수도 있다. 하지만 이 야구선수가 유명해지고 몸값이 높아지는 것은 특정 게임에서의 홈런 한 방에 대한 보상이 아니다. 그 홈런을 때리기 위해 희생했던, 수년간의 혹독한 훈련과 자기관리에 대한 보상이다.

◆◆◆

앞서 편도체에 대한 이야기를 하였다. 인간은 도마뱀 뇌의 지배를 받는 충동적이고 원시적인 동물이다. 지혜와 인내의 산물인 문명의 혜택을 누리는 와중에도 끊임없이 원시적 충동에 의해 일을 그르친다. 퇴근 후 운동을 하며 건강한 몸을 만드는 길을 택하는 대신, 음주와 안주를 통해 과체중과 간손상의 길을 택한다. 5분 일찍 가려고 난폭운전을 하다 50년 일찍 저세상으로 가기도 한다. 이런 현상이 생기는 이유는 의지가 부족하고 못나서가 아니라 인간이 원래 그렇게 프로그래밍되어 있기 때문이다. 미시적이고 충동적인 행동이 즉각적으로 뿜어져 나오는 뇌 구조를 가진 탓이다. 빠른 보상(술자리의 즐거움과 안주의 맛)에 휩쓸리고 느린 보상(운동과 다이어트로 만든 건강하고 균형 잡힌 육체)을 기다리지 못한다.

고차원적인 보상, 뭔가 근사한 것을 얻어 내기 위해서는 느린 보상이 주어지는 것들을 습관화시켜야 한다. 습관화를 위해서는 단순한 의지력 이상의 것이 필요하다. 의지라는 것은 무無에서 바로 창조되는 것이 아니다. 발생할 수 있는 시스템이 필요하다. 똑같은 재료로 누군가는 미슐랭 별 세 개의 음식을 만들 수 있고, 누군가는 쓰레기통으로 직행할 맛없는 음식을 만들게 된다. 이는 시스템의 차이에서 비롯된다. 특정한 타이밍, 비율, 노력을 체계화하여 일관적으로 반복하는 것. 그것이 시스템이다.

그렇다면 이제 좋은 습관을 정착시키기 위해 시스템을 어떻게 활용할 수 있을지 고민해보자. 인류가 만든 가장 훌륭한 시스템은 무엇인가? 바로 컴퓨터다. 컴퓨터의 몇 가지 특징을 살펴보며 일상생활과 습관 형성에 적용할 수 있는 요령을 찾아보았다.

1. 로직 생성 : 실천해야 하는 이유 찾기

컴퓨터가 어떤 태스크task를 정확하게 수행할 수 있는 비결은 로직에 있다. 로직이 일정하기 때문에 한결같은 결과를 만들어낼 수 있는 것이다. 바꿔 말하면 항상 같은 논리로 행동하는 일관성이 있어야 한다는 뜻이다. 하지만 인간은 일관성을 유지하기가 쉽지 않다. 감정의 영향을 받고 수시로 행동이 바뀌기 때문이다. 충동적으로, 무의식적으로, 이성적이지 못한 방향으로 이탈하게 마련이다.

다이어트를 하는 도중에도 치즈가 가득 들어간 튀김이 땡기기 마련이다. 기름기가 돌고 단짠단짠한 음식의 유혹을 거부하는 것은 즉각적으로 실천하기 어렵다. 순간적인 행동에 앞서 신중한 판단과 자기통제력이 필요하다. 본능이 원하지는 않지만 진정으로 필요한 행위를 하는 것이다. 이러한 지속적인 자기통제에는 동기부여가 가장 중요하다. 시스템적으로 이러한 행동을 해야 하는 기본적 논리가 필요한 것이다. '이유'가 존재하지 않는 행동은 지속하기 어려우므로 내 인생에서 이러한 행동을 해야 하는 이유를 찾아야 한다.

특정 습관이 나에게 필요한 이유와 논리를 분명하게 하는 가장 효과적인 방법은 기록, 즉 문자로 적어 보는 것이다. 필기는 단순히 생각을 글로 옮기는 활동이 아니니다. 머릿속에 있는 추상적인 생각들을 써내려가다 보면 최초의 생각이 더 명확해지기도 한다. 게다가 쓰는 행위 자체가 동기부여를 가속화해주는 경우도 있다. 자기암시를 강화시켜 주는 것이다. 그러므로 원하는 습관이 있다면 우선 글로 적어보자. 왜 이 습관이 내 인생에 중요한지 이유를 적는 것이다.

2. 환경 설정 : 실천이 쉬워지도록 주변 환경을 디자인하기

어떤 사람이든 용기가 생기는 때를 경험한다. 일시적으로 동기부여가 되고 마음속에 뜨거운 것이 솟아나며 이제부터 인생을 바꾸겠다는 의지가 생기는 순간이 온다. 이런 감정의 영향으로 처음 몇 번은 성실해질 수 있다. 하지만 이내 '일상'이라는 것이 발목을 잡으며 하나둘씩 어그러진다. 야근, 육아, 감기, 회식 등등… 어떤 이유건 나만의 목표를 방해하는 일상적 사건이 발생한다. 어느덧 꿈에 부풀었던 기분은 사라지고 '아, 역시 이번에도 안 되는구나' 하는 자괴감이 몰려올 것이다.

더 무서운 것은 자괴감조차 들지 않고 실천하지 못하는 삶이 관성화되는 것이다. 우리의 잘못은 아니다. 일상적 환경과 생활방식이 그런 식으로 구축되어 있기 때문이다. 따라서 실천력을 유지하려면 지속성을 가질 수 있는 조건으로 환경이 바뀌어야 한다. 만약 지금부터 절약하는 삶을 살겠다고 결심했다면 신용카드 사용을 어렵게 만들어야 한다. 한 달 생활비를 현금으로 뽑아서 일 단위로 나눠 놓을 수도 있고, 신용카드를 체크카드로 바꿀 수도 있다. 퇴근 때마다 습관적으로 편의점에 들러 4개 묶음으로 파는 캔맥주를 사게 된다면 어떻게 해야 할까? 편의점 앞을 지나지 않도록 퇴근 동선을 바꾸면 된다. 큰 고민 없이 무심코 지속하는 것들 중에 습관 형성을 방해하는 장애물들이 있다. 그러니 우선 내 일상을 분석한 후에 이런 환경적 방해물들을 하나씩 제거해나가야 한다.

또는 배달 음식을 줄이고 건강한 것을 해 먹는 습관을 만들고 싶다면 왜 배달을 시키게 되는지 환경을 분석해보자. 가령 퇴근 후 시간이 부족해 해 먹을 수가 없다면 밀프렙 같은 방법을 활용해보자. 주말에 주중의 식사를 미리 준비해 보관해 놓고 퇴근 후에는 바로 꺼내서 먹을 수 있도록 하는 것이다. 운동을 하고 싶은데 운동할 수 있는 공간이 멀어서 가지 않게 된다면 어떨까? 동선에서 가까운 곳으로 등록을 하거나, 아예 집에서 운동할 수 있도록 도구를 사 놓고 홈 트레이닝 하는 날을 정해 놓자.

가장 드라마틱한 효과가 드러나는 환경 설정은 '소셜social'에서 발휘된다. 사회적 동물인 인간에게 타인과의 관계가 미치는 영향은 매우 크다. 1월 1일부터 시작한 다이어트는 거의 반드시 연초에 생기는 술 약속에 의해 방해를 받는다. 일생에서 꼭 성취하고 싶은 큰 목표가 있다면 단기간 동안만이라도 친구와의 만남을 끊어보자. 물론 쉽지 않을 것이다. 하지만 큰 도전을 시작한다면 그에 상응하는 희생이 발생하기 마련이다.

좀 더 극단적인 이야기를 해보자. 지금 나와 가장 친한 5명 정도의 주변인들을 돌아보면 내가 그 그룹의 평균에 가깝다는 점을 발견할 수 있다. 유유상종이라는 말은 괜히 나오는 것이 아니다. 가장 친한 주변인들이 새로운 것에 도전하고 더 나은 삶을 위해 노력하는 사람들인지 한번쯤 확인해보자. 혹시 나와 가장 가까운 지인들이 부정적이거나 회의적이고 인생을 위한 특별한 노력과 목적 없이 되는대로 사는 유형이라면 진지하게 고민해봐야 한다. 어쩌면 지금의 우정과 안락함이 나의 가능성과 미래를 묶어 두는 감옥이 될 수도 있다.

때로는 인간관계에도 손절이 필요하다. 나에게 긍정적인 에너지를 주고, 서로서로 동기부여를 해주는 친구이자 동료를 만나야 한다. 인생은 길지 않다. 함께 성장하는, 긍정적이고 건설적인 인간관계로 내 삶을 채우기에도 시간이 부족하다. 부정적인 인간관계로 인생을 낭비할 여유 같은 건 없다.

3. 업그레이드 : 실천 강도를 점진적으로 높이기

마지막으로 습관을 만들고 실천하는 데 있어 가장 실용적인 접근법이 하나 있다. 소프트웨어의 버전 업그레이드를 떠올려보자. 모든 소프트웨어는 오랜 기간에 걸쳐 꾸준히 발전하고 진화한다. 하드디스크 등 저장공간의 용량도 과거와 비교해 훨씬 커졌다. 이런 식으로 점진적 발전을 이루는 컴퓨터와 시스템의 업그레이드를 습관 설계에 적용시키는 것이다.

금연의 예를 들어보자. 어떤 흡연자가 당장 지금부터 평생 동안 흡연을 참을 수 있을까? 힘들 것이다. 그렇다면 하루를 참는 것은 어떨까? 평생보다는 어렵지 않을 것이다. 이런 식으로 의지력의 용량capacity을 구분하고 그 범위에 맞춰 순차적으로 목표를 세팅하면 된다. 지금까지 한 번도 운동을 하지 않았던 사람이 갑자기 일주일에 여섯 번 운동을 하겠다고 결심한다면 당연히 못 지킨다. 우선 일주일 동안 어떤 일들이 발생하는지, 얼마나 방해받을지, 최소한도로 실천할 수 있는 빈도는 어느 정도일지 생각해보자. 지금부터 당장 주 6일 운동이 가능할까? 그 답이 'No'라면 횟수를 줄여보자. 일주일에 3일은 가능할까? 일주일에 이틀은? 하루라면 가능할까?(냉정히 말해, 일주일에 한 번조차 운동을 할 수 없다면 문제가 있다. 이건 환경적 문제보다 자기존중의 결핍이다) 최소한 일주일에 하루는 가능하다는 판단이 서면 일단 그것부터 지키는 것이다.

그렇게 1년이 지나면 52회의 운동을 하게 된다. 고작 52회라고 생각할 수 있겠지만 지난해에 운동을 한 번도 하지 않은 사람이라면 거대한 발전이다. 그 정도를 지킬 수 있다면 주 2회, 3회의 도전도 가능할 것이다. 일반적으로 봤을 때 주 1회 루틴을 3개월 정도만 지킬 수 있으면 횟수를 조금 늘려 도전해도 지켜질 가능성이 크다. 이런 식으로 '의지력의 용량'에 맞추어 습관을 계획하고 그 용량을 점진적으로 늘려보자. 시간이 지나 뒤돌아보았을 때 내 삶이 상당히 바뀌어 있다는 것을 실감하게 될 것이다.

성취의 스케일을 줄여보자. 정말 효과적인 방법이다. 성취의 스케일을 줄이고 작은 성취부터 누적시키다 보면 더 큰 성취가 가능해진다. 하나의 성취는 새로운 성취를 부른다. 이러한 성취감이 쌓이다 보면 어느 순간 임계점이 온다. 성취의 경험, 습관을 만드는 경험이 누적되다 보면 점점 더 쉽게 느껴진다. 인공위성이 발사된 직후에는 급속히 연료를 소모하지만 일정 궤도에 이르면 더 이상의 힘을 들이지 않고도 계속해서 떠다닐 수 있다. 성취 지향적인 사람이 되는 것도 비슷하다. 어느 시점이 지나면 항상 뭔가에 도전하고 성취할 수 있는 그런 사람으로 바뀌어 있을 것이다.

좋은 습관이 누적되면 결과의 효력이 노력의 총합보다 훨씬 거대해진다. 시너지 효과가 나는 것이다. 어쩌면 이것을 습관의 복리 수익이라고 부를 수 있을 것이다.

CHAPTER 6

라이프스타일의 설계도를 만들자

채식과 미니멀리즘의 공통점

잠깐 화제를 돌려서 2020년 상반기에 화제가 된 두부에 대한 이야기를 꺼내볼까 한다. 두부라고? 의아할 수도 있지만 보상 체계 이야기와 두부 이야기는 나비효과처럼 이어져 있다. 2020년 상반기 각 기업들의 매출과 이익을 발표하는 반기 보고서를 통해 한 가지 재미있는 사실이 알려졌다. 우리나라의 식료품 기업인 풀무원의 실적 발표에 관한 내용이다.

풀무원이 미국에서 두부 판매 점유율 1위를 기록하고 있으며, 2019년 상반기와 비교했을 때 판매율이 네 배나 상승했다는 것이다. 어떻게 이런 일이 벌어졌을까? 갑자기 왜 미국인들이 풀무원의 두부를 미친듯이 사기 시작했을까?

이 현상을 이해하기 위해서는 파이어와 유사하게 미국 전역에 번지고 있는 또 다른 유행 하나를 알아야 한다. 바로 '비거니즘veganism' 열풍이다. 비건은 우리가 흔히 알고 있는 채식의 일종이며 엄격한 룰을 가진 채식주의 식단이다. 채식주의자 중에서도 어패류나 계란 우유 등을 섭취하는 사람들이 있다. 하지만 비건은 모든 형태의 동물성 식단을 배제한다. 동물성 우유 대신 아몬드를 갈아서 즙을 짜낸 아몬드 우유를 마신다. 계란을 먹지 않고 아마씨를 갈아서 즙을 내고 식초를 넣어 가짜 계란을 만든다. 캐슈넛으로 치즈와 요거트를 만들어 먹는다. 간단히 말해 굉장히 까다로운 방법을 동원하면서까지 동물성 식품 먹기를 포기한다.

이런 라이프스타일에 대한 인지도가 크게 폭발한 계기는 2018년에 만들어진 다큐멘터리 〈더 게임 체인저스The Game Changers〉였다. 흔히 채식주의자라고 하면 강함과는 거리가 먼 이미지를 떠올리기 쉽다. 고기를 먹어야 힘이 나는데 풀만 먹고 힘이 나겠는가? 그런데 이 다큐를 통해 고기를 먹지 않는 순수 비건들이 육체적으로 열등하지 않을 뿐 아니라, 스포츠 퍼포먼스에서 더 우월한 모습을 보인다는 것을 실제 사례로 제시한다. 많은 운동선수들이 완전 채식으로 전향한 이후 더 좋은 기록을 내기 시작했고, 심지어 단체로 비건 식단을 시도한 미식축구팀이 그해 최초로 플레이오프 진출을 달성했다고 한다. 이런 통념을 뒤집는 사례들을 소개한 다큐멘터리 덕분에 멋지고 강한 몸을 만들려는 사람들이 비건 라이프스타일로 옮겨 가고 있다.

이제 다시 두부 이야기로 돌아오면 풀무원이 1년 만에 미국에서 두부로 대박이 난 이유를 이해할 수 있을 것이다. 사실 원래 서구권에서 두부는 창백하고 여리여리하며 동물보호를 외치는 사람들만 먹는 식품처럼 여겨져왔다. 그런데 해당 다큐멘터리가 방영된 2018년 이후부터 근육 성장과 채식을 동시에 잡으려는 사람들이 두부에 관심을 갖기 시작했다. 식물성 식재료 중 단백질 보충에 가장 효과적인 콩을 먹기 편하게 가공한 두부의 매력이 새롭게 평가되고 있는 것이다. 서구권에서 두부 매출이 크게 올라가는 현상과 풀무원의 미국 두부 매출이 1년 만에 네 배나 성장한 이유를 여기에서 찾을 수 있다.

이제 비거니즘은 소수의 문화가 아니라 본격적인 글로벌 트렌드로 자리잡고 있다. '동물을 보호하자'는 주제는 다소 이상적이고 거창하기에 일반 대중에게 관심을 받기가 힘들었다. 나 먹고 살기도 버거운데 동물까지 걱정할 겨를이 있겠는가? 그런데 '육식보다 채식이 더 우월하고 내가 건강하게 사는 데 도움이 된다'는 새로운 프레임이 등장했다. 이를 토대로 자신을 위해서 비건을 시도하는 사람들이 늘어났고, 더불어 동물 보호에 대한 인식도 개선되는 선순환이 일어나고 있다.

이런 트렌드에서 우리는 중요한 사실을 발견할 수 있다. 인간은 본질적으로 시악하고 자기중심적이라는 것이다. 누가 시키는 것, 하지 말라고 하는 것을 순순히 따르는 사람은 많지 않다. 그런데 내가 필요한 것, 나에게 좋을 것이라고 생각되는 것은 자발적으로 하게 된다. 2018년 이전과 이후의 비거니즘은 바로 이 지점에서 차이가 발생한다. '동물이 불쌍하니 고기를 먹지 마세요!'라는 강압적 권유가 아니라 '채식을 하면 몸짱이 된대요!'와 같은 꿀팁의 공유로 프레임이 변화되었다. 실천하는 사람의 입장에서는 누군가의 '명령'이 아니라 내가 해보고 싶은 '선택'으로 전환된 것이다.

◆◆◆

지금부터는 또 다른 라이프스타일의 유행에 대해 이야기해볼까 한다. 미국에 사는 조슈아 필즈 밀번Joshua Fields Millburn은 대기업에 휴대폰 영업 포지션으로 입사해 20대부터 높은 연봉을 받으며 잘나가는 인생을 살았다. 그러던 어느 날, 투병 중이던 어머니가 돌아가시고 같은 달에 이혼까지 당하는 설상가상의 위기를 맞는다. 이때 무너진 멘탈 회복을 위해 고군분투하던 그는 잡다한 소유물을 비우고 최소한의 물건만 남기는 '미니멀리즘' 라이프스타일에 입문하게 된다. 어릴 적부터 친구이자 같은 직장에서 일하던 라이언 니커디머스Ryan Nicodemus는 인생 최악의 시기를 겪은 조슈아가 의외로 행복하게 잘 사는 것을 보면서 호기심을 갖고 미니멀리즘 라이프에 동참한다. 이렇게 미니멀리즘에 입문한 두 남자는 자신들의 생각을 블로그에 기록했고, 후에 그것을 엮어 책으로 만들었다. 이렇게 탄생한 책《미니멀리즘》은 이후에 수백만 명에게 읽힌 초대형 베스트셀러가 되었다.

이 작가들이 첫 책을 쓰고 홍보를 위해 미국 전역을 투어하는 과정은 동명의 다큐멘터리 영화로 제작되었다. 그리고 넷플릭스에서 이 다큐멘터리가 방영되며 전 세계에 미니멀리즘을 확산시켰다. 책과 영화가 글로벌하게 퍼지면서 미니멀리즘을 실천하는 사람들은 계속해서 늘어났다. 유튜브에 미니멀리즘을 검색해보면 엄청나게 많은 정보가 쏟아진다. 다큐멘터리의 감독을 맡았던 맷 디아벨라 Matt D'Avella 또한 그 둘과 함께하며 자신의 미니멀리즘에 대한 이야기를 담은 유튜브 채널을 만들었다. 이 채널은 현재 3백만 명에 가까운 구독자를 보유하고 있다. 많은 사람이 책과 영화에서 영감을 얻어 자신만의 미니멀리즘을 실천하고 있고, 그 경험을 공유하는 채널도 계속해서 늘어나는 중이다.

미니멀리즘 역시 자세히 들여다보기 전에는 비거니즘처럼 왜곡되어 받아들여지기 쉬운 라이프스타일이다. 아무것도 모르는 사람들에게 미니멀리즘을 이야기하면 '산 속의 도인'을 떠올리는 경우도 있다. 산에서 나물 캐고 불을 피우며 코딱지만 한 오두막에서 아슬아슬하게 삶을 연명하는 시골 도인 말이다. 그 정도가 아니더라도 갖고 있는 것을 다 버리고 살아야 한다는 부담감을 갖고 바라보는 사람들이 많다.

실제로 미니멀리즘을 실천하기 쉽지는 않다. 만약 집에 있는 분들이라면 책을 잠깐 내려놓고 주변 환경을 돌아보자. 지금 바로 주위에 있는 모든 물건의 개수를 셀 수 있는가? 그렇지 않은 사람들이 절대다수일 것이다. 평생에 걸쳐 조금씩 사 모으는 물건들의 숫자는 어마어마하다. 스무 살 때부터 하루 평균 한 개 정도의 물건만 산다고 해도 서른 살이 되면 3,650개의 물건을 소유하게 된다. 단순하게 생각해도 보통의 사람이라면 수천 개의 물건을 갖고 있다는 걸 알 수 있다.

내가 무엇을 갖고 있는지 다 파악하고 통제할 수 있는 사람은 거의 없다. 미니멀리스트의 지향점은 이런 무분별한 소유에서 탈피해 내가 인식할 수 있을 정도의 물건만 소유하는 것이다. 실제로 미니멀리스트들의 경험담을 들어보면 물건을 버리는 데에만 1년이 훨씬 넘게 걸린다고 한다. 수천 개의 물건을 100여 개 수준으로 줄여야 하기 때문이다. 실천 자체가 어렵기에 아무나 성공하기 힘든 라이프스타일이다. 게다가 실천해야 하는 이유를 찾지 못하면 결코 시작하지 않는 라이프스타일이기도 하다. 왜 힘들게 돈을 벌어 직접 사 모은 물건들을 자발적으로 버리겠는가?

그렇다면 미니멀리즘을 실천하는 사람들의 동기는 무엇일까? 여기서 우리는 비거니즘과 유사한 힌트를 얻을 수 있다. 물건을 버린다는 행위 자체는 별것 아닌 일처럼 느껴질 수 있다. 그냥 버릴 물건을 쓰레기봉투에 쓸어 담아 바깥에 내어 놓으면 된다. 하지만 그렇게 해야 하는 이유를 찾아야만 실천할 수 있다. 조슈아와 라이언은 그들의 책과 팟캐스트 등을 통해 미니멀리즘의 철학적인 부분을 집요하게 파고든다. 미니멀리스트들의 진짜 목적은 갖고 있는 물건을 버리는 게 아니다. 인생에서 정말 의미 있는, 소유할 가치가 있는 물건들을 고심해서 고르는 데 있다. 가난해서, 구매력이 없어서 물건을 살 수 없는 사람들과는 다르다. 자발적으로 뭔가를 비우는 것에는 결단과 의사가 필요하다. 미니멀리즘 라이프는 있는 것을 버리는 게 아니라 남길 것을 선정하는 일이다. 소유한 것을 '포기'하는 게 아니라 가질 것을 '선택'하는 것으로 생각의 프레임 자체가 전환된 것이다.

실제로 이런 미니멀리즘을 실천한 사람들은 자유와 해방감을 느낀다고 한다. 이는 스스로의 선택을 통해 인생에 대한 통제권을 가져오기 때문이다. 현대 사회에서 대부분의 소비는 마케팅에 의해 설득된, 통제력이 상실된 소비다. 표면적으로는 내가 필요해서 뭔가를 사는 것 같지만 사실은 교묘한 심리적 트릭에 빠지는 것이다. 이런 소비의 고리를 스스로 끊고 꼭 필요한 것만 남기는 것, 그리고 꼭 필요한 것만 새로 구매하는 생활방식이 미니멀리즘이다. 홍수 같은 소비 문화 속에서 내 중심을 찾고 선택권을 되찾으려는 시도라고 할 수 있다.

처음에 소개했던 파이어족의 모습, 그리고 비건과 미니멀리스트의 모습을 떠올려보자. 지금 트렌드로 떠오르는 일련의 라이프스타일에는 공통점이 있다. 바로 '선택'하는 삶이라는 것이다. 언뜻 생각하기에는 다른 사람들이 누리는 생활방식을 포기하거나 멀리하는 것처럼 보인다. 남들처럼 기분을 위한 소비를 하지 않고 철저하게 절약하며 짠돌이처럼 사는 것, 고기의 맛을 포기하고 식물성 음식만 먹는 것, 가지고 있던 물건을 싹 다 버리고 최소한의 물건들로 살아가는 것. 하나같이 누릴 수 있는 것을 포기하는 부정의 개념으로 보일 수 있다.

하지만 더 깊은 곳에는 통념의 포기가 아닌 새로움의 선택이 자리하고 있다. 이것은 무엇을 의미하는가? 우리가 진정으로 행복하고 자유로운 삶을 살고자 한다면 자발적 선택을 해야 한다. 남들이 다 하는, 사회적으로 통용되는 행동을 떠밀리듯 답습하면 안 된다. 혹은 대다수가 순응하는 방식이라 할지라도 내 선택권이 작동한 상태에서 따라야 한다. 스스로 내린 선택이 아니라면 아무리 사회적으로 인정받고 남들이 부러워하는 삶을 살아도 행복해질 수 없다. 자유로운 삶의 가장 첫 번째 조건은 '스스로 선택할 수 있는 권리'이기 때문이다.

절약은 속박이 아니라 섬세한 선택이다

앞서 보상 체계에 관해 이야기할 때, 장기적인 관점에서 찾아오는 보상이 더 높은 수준의 보상이라고 하였다. '절약' 또한 마찬가지다. 소비할 수 있는 돈이 생겼을 때 그것을 어떻게 다루는지에 따라서도 단기적인 보상과 장기적인 보상이 나뉜다. 지금 당장 손에 있는 돈을 사용하고 싶다는 마음으로 써서 없애버리는 것은 단기적인 보상이다. 있는 돈으로 살 수 있는 수준의 무언가를 바로 사버리는 것이다. 반대로 가진 돈을 바로 쓰지 않고 모아둔 돈과 합치는 것은 장기적 보상을 노리는 행동이다. 계속해서 돈을 뭉쳐 더 큰 소비를 할 수도 있고, 궁극적으로 돈이 돈을 버는 자산 증식의 수단으로 키울 수도 있다.

자산이 계속해서 불어나면 내가 가진 돈이 돈을 벌어주는 속도가 내가 노동으로 돈을 버는 속도를 추월하게 된다. 그 이후부터는 힘들게 일을 하지 않아도 계속해서 돈이 생기며 삶의 여유, 나아가 자유를 누리며 살 수 있다. 절약을 하는 궁극적인 목적은 돈 걱정 없이 살 수 있는 재력을 만들기 위해서다. 이론적으로는 전혀 어려울 게 없지만 절약은 매우 어려운 활동이다. 가장 큰 이유 중 하나는 우리가 사회적 동물이기 때문이다. 실제로 평소에 대인관계가 넓지 않은 사람이 절약을 더 잘 실천하는 경향이 있다. 반면 지인이 많고 다수와 관계를 맺는 사회성이 높은 사람들은 절약을 실천하기가 더 어렵다. 계속해서 사람들을 만나면 자연스럽게 지출이 늘기 때문이라는 이유도 있지만 자신의 생활 패턴이 지속적으로 다른 사람에게 노출된다는 부분이 더 근원적인 문제다.

절약을 실천하다 보면 어쩔 수 없이 '궁상떠는' 모습을 보이게 되고, 생활방식에 변화가 생기면 평소 알고 지내던 사람들의 눈에 띌 수밖에 없다. 변화된 행동의 이유를 묻는 질문을 받을 수도 있을 것이다. 그렇게 되면 일일이 자신의 목표와 생활의 변화를 말해주어야 한다. 보통 피곤한 일이 아니다. 그나마 설명이 가능한 상대라면 다행이다. 자신을 잘 알지 못하는 사람들이 뒤에서 이야기를 할 수도 있다. 내 목표를 실행하는 것도 어려운데 다른 사람과의 관계까지 신경쓰려면 난이도가 훨씬 올라간다.

많은 사람들이 절약해야 한다는 사실은 알고 있다. 하지만 동시에 절약하는 모습이 불러올 타인의 오해, 혹은 비웃음에 대한 불안감이 존재한다. 이런 감정들은 우리가 실제로 절약을 행동으로 옮기는 것을 어렵게 만든다. 요즘처럼 현재를 즐기는 방식의 소비를 권하는 시대에 아끼면서 힘들게 사는 모습은 멋없게 비춰지기도 한다. 내가 억지로 아끼면서 힘겹게 살 때 옆에서는 시원하게 소비하고 신나게 자랑하는 모습을 보게 된다면 심리적으로 흔들릴 수도 있고, 열등감이 생기기도 한다. 어쩌면 열등감을 극복하지 못하는 무기력에 빠질 수도 있다.

우울한 이야기를 너무 많이 풀었다. 하지만 이 무기력감에 대해 깊이 들여다보면 새로운 해결책을 얻을 수 있다. 무기력감은 왜 생기는 것일까? 통제력이 상실되었다고 생각하기 때문이다. 내가 원하는 대로 선택할 수 있는 자유를 박탈당했다고 생각하는 것이다. 무기력감이라는 것은 내가 어떤 행동이나 현상을 대하는 관점이자 태도다. 반면 절약은 해도 되고 안 해도 되는 수많은 행동양식 중 하나다. 행동 자체에는 저울이 없다. 절약을 해도 자유를 느낄 수 있고 마음껏 쓰면서도 속박당한 기분을 느낄 수 있다. 나의 관점과 태도에 따라 상반된 행동으로 같은 감정을 얻을 수도 있고 같은 행동으로도 다른 감정을 느낄 수 있다는 뜻이다.

절약하는 일상에서 무력감을 느끼지 않으려면 생각의 프레임을 바꾸면 된다. 앞서 무력감의 근원은 통제력의 박탈감이라고 했다. 그렇다면 절약을 하면서도 통제력을 느낄 수 있다면 어떨까? 절약하는 생활 자체에서 희열과 만족감을 느낄 수도 있다. 실제로 그런 사람들이 정말 많다. 짠테크 커뮤니티에서 열심히 자기 노하우를 공유하는 사람들은 자신의 짠돌이 성향을 숨기지 않는다. 열등감을 느끼지도 않는다. 오히려 각종 창의적인 방법으로 돈을 아끼는 노하우를 터득하고 그것을 많은 사람들에게 공유하며 자신의 능력을 과시한다.

그렇다면 과시에 대해 생각해보자. 과시하는 감정 자체는 인간의 본성이다. 모든 인간은 타인에게 인정받고 싶어 한다. 하지만 어떤 영역에서 인정받고 싶은지는 사람마다 다르다. 개개인의 선택에 달린 문제다. 과시는 나의 '태도'일 뿐이다. 다양한 카테고리에서 나의 태도를 표출할 수 있다. 비싼 물건을 사는 것만이 과시는 아니다. 자신의 짠테크 노하우를 적극적으로 과시하는 사람들도 있다. 그 과정에서 남들의 고민에 도움을 주기도 하기 때문에 더 높은 차원의 만족감을 얻는 과시 활동이라고 볼 수 있다.

특정 행동 자체에는 옳고 그름이 없다. 선택의 문제다. 지금 당장 주어진 경제력 안에서 최대한 절약하며 살 수도 있고 최대한 소비하며 살 수도 있다. 하지만 내가 만족감을 느끼려면 그 행동의 저변에 나의 자유의지와 주체성이 녹아들어 있어야 한다. 다시 말해, '스스로 기꺼이' 선택한 행동을 통해서만 만족감을 느낄 수 있다는 뜻이다.

모든 사람은 내면에서 자신의 행동에 대해 평가를 내린다. 천만 원짜리 옷을 입고 SNS에 인증하며 많은 '좋아요'를 받고 나서도 잠들기 전, 스스로에게 경멸을 느낄 수 있다. 자신도 모르게 말이다. 반면 늦은 밤 라면 한 끼의 유혹을 이긴 정도의 성취만으로도 스스로 엄청난 자부심을 느끼는 경우도 있다. 많은 사람이 타인의 척도에 자신을 맞추며 온라인상에서 온갖 허례허식을 선보이지만, 결국은 깊은 내면에서 울리는 자존감의 목소리를 듣게 된다.

이것은 도덕적 양심과는 조금 다르다. 얼마나 견고한 자신만의 가치관을 가지고 있는지, 남들의 시선에 흔들리지 않고 자신의 룰에 따라 살아가는지에 대한 것이다. 주체성에 대한 자기 채점표라고나 할까? 그렇게 아무도 모르게 스스로를 평가하며 우리는 떳떳함과 수치심의 경계를 넘나든다.

◆◆◆

이제 다시 절약의 실전에 대해 이야기해보자. 좀 더 아끼면서 미래를 도모하고, 나아가 경제적 자유를 얻는 발판을 얻고 싶은 마음은 누구에게나 존재한다. 재테크에 밝고 실전력이 있는 자신의 모습을 그린다. 한편에는 당장의 즐거움을 포기하지 않고 소비를 통해 세상의 풍류를 즐기려는 마음도 공존한다. 감정에 솔직하고 즉흥적이고 낭만적인 자신의 모습을 그린다. 이는 천사와 악마가 아니다. 누구나 갖고 있는 자연스러운 다양성이다. 모든 사람은 이 다양성을 동시에 표출하며 살아간다.

하기 싫은 것을 억지로 하려고 애쓰지 말자. 하고 싶은 것을 하자. 대신 나의 미래에 더 도움이 되는 것부터 먼저 하는 사람이 되자. 절약을 억지로 해야 하는 행동이 아니라 신선한 도전거리로 받아들이자. 생각의 프레임을 바꾸는 것이다. 절약을 속박이라고 생각하면 슬퍼진다. 남보다 열등한 경제력의 투영이라고 생각하면 서글퍼진다. 슬픈 감정이 앞서게 되면 시작조차 하기 어렵다. 실행을 하면서도 계속해서 괴롭다.

그렇다면 이에 반대되는 프레임은 무엇일까? 절약을 실천하기 위한 구체적인 행동들을 상상해보자. 그리고 그 행동들을 더 나은 미래를 위한 전략적 선택이라고 생각하자. 다양한 절약 방법을 연구하는 모습을 그려보고, 실천해 나갈수록 조금씩 쌓이기 시작하는 통장의 숫자들을 떠올려보자. 그렇게 한다면 절약은 괴로운 숙제가 아니라 즐거운 도전이 될 것이다.

절약뿐 아니라 내 인생을 한 단계 업그레이드 시켜줄 수 있는 모든 자기계발 활동도 마찬가지다. 지키기 쉬운 것은 하나도 없다. 담배를 끊는 게 쉬울까? 매일 운동하러 나가는 게 쉬울까? 매달 월급을 절약하며 통장에 돈을 쌓는 게 쉬울까? 퇴근 후 피곤한 몸을 이끌고 학원에 가거나 다른 공부를 하는 게 쉬울까? 하지만 이런 활동들의 '어렵고 피곤한 면'이 아니라 '도전과 승부욕을 불러 일으키는 면'에 집중하자. 프레임을 바꾸면 속박이 아니라 선택으로 변한다. 무력감이 아니라 주체성으로 바뀐다. 그게 이루기 힘든 습관의 형성을 시작하는 첫걸음이다.

이제 조금 다른 고민을 들춰보자. 만약 SNS에 새로 산 물건을 자랑하거나 좋은 공간에 방문한 경험을 업로드하는 낙으로 살던 사람이 있다면? 그런 분들이 갑자기 마음을 바꿔 돈을 아끼고 사회생활에 제약을 둔다는 것은 쉽지 않다. 남들의 시선이 두려울 수 있다. 구질구질한 사람으로 보이기 싫을 수도 있다. 이런 분들이라면 위에서 말한 프레임 변경을 어떻게 실전에 활용할 수 있을까?

와튼 스쿨 교수인 애덤 그랜트Adam Grant가 진행하는 팟캐스트에서 들은 재미있는 일화가 있다. 《눈먼 암살자》, 《시녀 이야기》 등 수많은 작품을 집필한 소설가이자 시인인 마거릿 애트우드Margaret Atwood의 이야기다. 수없이 많은 글을 써서 책을 낸다는 것은 쉬운 일이 아니다. 실제로 거의 모든 작가들이 마감에 맞춰 글을 쓰는 것에 어려움을 겪고 있다. 흔히 말하는 '미루는 습관' 때문이다. 특히 오늘날에는 무심코 휴대폰을 보거나 SNS를 하는 습관이 미루는 성향을 더욱 극대화시킨다. 거의 모든 현대인들이 갖고 있는 고민일 것이다. 유명한 작가인 마거릿 또한 미루기 대장이라고 한다. 하지만 그의 경우 자신의 본성을 극복하고 집필 시간을 확보하기 위해 독특한 방법을 쓴다. 자신이 집중적으로 글을 써야 할 시간을 정하고, 이 시간이 되면 SNS에 자신의 집필 시작을 공표하는 것이다.

"전 이제 글쓰러 갑니다, 안녕."

자신이 아끼는 모든 지인에게 맹세를 해버렸기 때문에 지키지 않을 수 없는 것이다. 그래서 그 포스팅 이후부터는 집중적으로, 거의 반 강제로 글을 쓰게 된다. 마거릿은 그런 식으로 SNS에 중독되는 자신의 성향을 역이용해 미루는 습관을 극복했다고 한다.

이제 이 일화를 우리가 절약을 시작하는 것에 대입해보자. 신상 카페에 놀러 왔다는 인증샷을 남기고, 새로 산 물건을 자랑하는 용도로만 썼던 SNS가 있다면 이제 그곳에 이전과 다른 새로운 것을 인증하는 것이다.

"이제부터 재테크를 하기 위해 저축을 하겠어."

"매월 84만 원을 저축해서 1년 뒤에 천만 원을 모을 예정이야."

"목표를 달성해 인증샷을 보여주겠어! 두고 봐!"

이런 식으로 핑계의 다리를 불태워 없애 버린다면 어떨까? 모든 이들에게 공표하고 지키지 않을 수 없는 상태가 되었기에 잡생각 없이 실천하는 데 집중할 수 있다. SNS의 용도를 변경해보자. 그곳에서 나의 취향과 소비만 자랑해왔다면, 이제부터는 나의 목표의식과 결단력을 플렉스하는 것이다. 관심은 누구나 얻을 수 있다. 하지만 존경심은 아무나 얻을 수 없다.

절약은 가난이 아니라 부유함의 훈련장이다

제주로 이사오고 나서 가장 많은 시간을 보내는 취미활동은 운동이다. 그러다 보니 헬스장에 있는 강사분들과 안면도 트게 되고, 인스타그램 같은 곳에서 소식도 알게 되면서 친분이 생겼다. 하루는 아내가 놀란 표정으로 나를 불렀다. "여기 봐, 이 선생님 옛날 사진인데 엄청 살쪘었네!" 내가 본 사진은 헬스장에 있는 어떤 여자 트레이너의 옛날 모습이었다. 운동을 시작하기 전 사진이었는데, 누가 봐도 과체중에 통통한 외양이었다. 지금은 탄탄한 몸매에 인형 같은 얼굴을 하고 있어서 많은 사람에게 인기가 있는 선생님이다. 그야말로 인간승리라는 생각이 들었다.

꽤 많은 사람들이 다이어트나 근육 성장을 통해 전혀 다른 몸으로 변하고 인생도 바뀌는 모습을 보여준다. 특히 과거 모습이 별로일수록 성공한 몸의 변화가 더 드라마틱하게 느껴진다. 하지만 이런 비포 앤 애프터 사진이 우리에게 보여주지 못하는 부분이 있다. 바로 평균 이하의 몸에서 완벽하고 멋진 몸으로 거듭나기까지의 '힘겨운 과정'이다. 물론 운동과 관련해 유명한 사람이 되면 자신이 운동하는 과정을 수시로 찍어 SNS 계정에 공유하곤 한다. 하지만 그들도 절대로 올리지 않는 것이 있다. 바로 맨 처음 운동을 시작할 무렵의, 평범하거나 평균 이하의 몸일 때 운동을 하던 모습이다. 일부러 숨긴다기보다는 애초에 그런 시기에는 자신이 운동하는 모습을 자신 있게 촬영하기가 쉽지 않다.

누구나 한 번쯤은 몸을 바꾸고 싶다는 소망을 가진다. 어깨도 좁고 왜소한 사람이라면 근육을 만들어 체격을 키우고 싶을 수 있다. 혹은 오랫동안 과체중에 시달린 뚱뚱한 사람이라면 살을 쪽 빼서 새로운 인생을 살아보고 싶을 수도 있다. 하지만 수많은 사람이 이러한 것을 꿈꾸는 것에 비해 여전히 소수만이 이런 성취를 이루는 게 사실이다. 왜 그런 것일까?

좀 더 구체적인 장면을 상상해보자. 과체중인 어떤 여성이 더 이상 자기 몸을 이대로 방치하며 살 수 없다고 결심했다. 살을 빼고 탄탄한 몸매를 만들어서 남자도 만나고 예쁜 옷도 입고 새로운 삶을 살겠다고 다짐했다. 집 근처 헬스장에 가려니 왠지 아는 사람이라도 마주칠까 봐 조금 더 먼 곳을 찾아갔다. 카운터에 가니 친절한 직원이 환하게 미소지으며 나를 반긴다. 하지만 내 몸을 잽싸게 아래위로 한 번 훑어 보던 시선을 놓치지 않았다. 괜히 주눅이 든다. 직원에게 시설을 안내받고, 탈의실에서 운동복으로 갈아입고, 땀을 삐삘 흘리며 운동화 끈을 메고, 운동을 하기 위해 헬스장 안으로 들어가는 과정 모두가 긴장되고 위축되는 가시밭길이다. 사람들이 내 몸을 보고 비웃을까 봐 무섭다. 당연히 티는 내지 않겠지만 모두 같은 생각을 할 것이다. 얼굴은 예쁘지만 차갑게 생긴 여자가 딱 붙는 레깅스를 입은 긴 다리로 성큼성큼 지나가다 나를 흘끔 쳐다보았다. 그 재수 없는 눈길이 잠들 때까지 잊혀지지 않는다. 운동을 하는 것도 고역이다. 기구는 가득한데 뭘 써야 하는지도 모른다. 강사들에게 물어보기도 부끄럽다. 아예 PT라도 받을까? 하지만 자꾸 PT를 권하던 데스크 직원은 내 돈 뜯어갈 궁리만 하는 것 같았다. 모두의 시선이 불편하다. 결국 일주일을 채 나가지 못하고 포기하고 만다.

남자라고 다르지 않다. 특히 마른 몸 컴플렉스가 있는 왜소한 남자라면 똑같이 주눅든 상황에서 시작한다. 헬스장에 들어서면 길에선 잘 보이지 않던 근육남들이 죄다 모여있다. 어떤 남자는 팔뚝이 내 허벅지보다 두껍다. 눈이라도 마주치게 되면 어좁이 멸치인 나를 보고 비웃을 것만 같다. 벤치프레스를 한다고 치자. 처음에 너무 가벼운 무게를 들면 쪽팔릴 것 같아서 만만해 보이지 않도록 조금 무게를 끼워본다. 그리고 벤치에 누워서 바벨을 들기 위해 힘을 준다. 어라? 꼼짝도 안 한다. 들썩거리지도 않는다. 용을 쓰고 들어올리다가 바벨에 깔리기라도 하면 끝장이다. 어쩔 수 없이 일어나서 원판을 하나씩 덜어낸다. 원판을 덜어내는 게 옷이라도 벗는 것처럼 부끄럽게 느껴진다. 다시 시도해보니 겨우 들린다. 그런데 몇 번 들고 나니 힘이 급격히 빠진다. 딱 한 개만 더 해야지, 하고 바벨을 내렸는데 힘이 풀려서 도로 들어올릴 수가 없다. 너무 쪽팔려서 도와달라고도 못한 채 바벨 밑에 깔려 부르르 떨기만 한다. 다행히 옆에 있던 근육남이 들어줘서 빠져나왔다. 하지만 몇 분 뒤 그 근육남이 내가 깔린 그 바벨에 수도 없이 많은 원판을 끼우고 가볍게 들어올리는 모습으로 나를 두 번 죽인다.

과장된 사례라고 생각되는가? 거의 모든 초보자들이 운동을 시작할 때 이런 경험을 하게 된다. 예외는 없다. 제로 베이스에서 필연적으로 겪게 되는 상황이다. 이럴 때 몸이 만들어지기 전의 초심자들은 위축감, 심하면 수치심을 느끼기도 한다. 초보를 탈출하기 어려운 가장 큰 이유는 이러한 부정적 감정을 극복하는 과정을 거쳐야 하기 때문이다. 마주하기 힘든 외부의 피드백과 내부의 감정을 견디며 계속해서 운동을 하러 나가는 것은 쉬운 일이 아니다.

그뿐 아니다. 이런 과정을 겪고 운동을 하러 가는 것에 익숙해질 때쯤이면 새로운 도전과 맞닥뜨리게 된다. 운동에 재미가 붙으면 남의 시선을 덜 의식하며 스스로에게 집중하는 시기가 온다. 그런데 이럴 때 과도하게 자신을 밀어붙이다 보면 부상을 당하게 된다. 자신감이 붙을 만한 시기인 첫 1년 사이에 이런 일이 종종 발생한다. 근육이 제대로 잡아주지 못하는 무게에 도전하다 관절이나 근섬유에 염증이 생긴다. 그 뒤부터는 동작을 할 때마다 고통이 따를 수 있다. 이렇게 다치면 회복하기까지 충분히 쉬어줘야 하는데, 빨리 운동을 하고 싶어 제대로 기다리지 않고 다친 곳을 또 움직이는 바람에 상태를 악화시킨다. 그럴 경우 길게는 몇 달 동안 운동을 제대로 하지 못하게 되고, 결국 낙담하며 운동을 포기하는 사람도 꽤 있다.

◆◆◆

이제 다시 자산을 늘리고 부자가 되는 것, 경제적 자유를 얻는 것에 대해 이야기해보자. 모든 성취의 영역은 절벽과 고원으로 이루어져 있다. 불가능할 것 같은 가파른 절벽을 후들거리며 기어올라야 하는 구간이 있는 반면, 평탄하게 나아갈 수 있는 고원의 구간도 있다.

영원히 고통을 감내해야 하는 것은 없다. 어느 수준에 이르면 훈련의 결실이 맺어지고, 내공에 따른 자신감이 생기며 거기서 오는 동력으로 큰 노력을 들이지 않아도 현상 유지가 가능해진다. 다이어트로 치자면 건강하고 날씬한 몸이 유지되는 구간이다. 재테크로 치면 내 돈이 계속해서 돈을 벌어줘서 내가 할 일이 줄어드는 경제적 자유의 구간이 될 것이다.

모든 성취의 영역은 절벽과 고원으로 이루어져 있다

문제는 그 고원을 향해 기어올라가는 구간이다. 어느 날 갑자기 성공한 사람은 없다. 모두가 절벽을 오르는 고난의 시기를 마주한다. 누군가 갑자기 성공한 것처럼 보이는 이유는 그러한 뉴스가 성공 직후부터 쏟아지기 때문이다. 올림픽에서 메달을 딴 여자 컬링

팀은 그 전까지 제대로 된 후원도 없이 힘들게 연습하는 비인기 종목의 무명 선수들이었다. 빅뱅의 리더로 20대 초반부터 어마어마한 스타가 된 지드래곤이 연예계 입문 후 빅뱅으로 데뷔하기까지 걸린 시간은 12년이다. YG 연습생으로만 7년 정도를 보냈다고 한다. 아무것도 이루지 못한 사람이 고생만 하는 과정을 조망해주는 미디어는 없다. 아무도 봐주지 않기 때문이다. 하지만 아무도 보지 않는 바로 그 시기에 묵묵히 훈련하고 미래를 대비하는 사람들만이 결실을 맺는다. 결실을 맺기까지는 짧게는 몇 년, 길게는 10년 이상이 걸릴 수도 있다.

개인의 경제적 자유는 사회적 명성에 비해서는 가벼운 성공이다. 하지만 과정은 크게 다르지 않다. 돈이 돈을 벌어주는 선순환 구조가 만들어지기 전까지는 절벽을 기어 오르며 나 자신과의 싸움을 이어가야 한다. 앞서 운동에 비유하며 이야기한 것처럼, 하루 노력해서는 티가 나지 않는다. 정말 도움이 될까, 하는 의심과 싸우며 보이지 않는 노력을 꾸준히 쌓아 올려야 한다.

절약도 그런 보이지 않는 노력 중 하나이고 의외로 상당히 중요한 역할을 하는 요소다. 절약을 하기 위해 필요한 멘탈리티에 대해 생각해보자. 처음부터 끝까지 자기통제의 향연이다. 생각 없이 손에 집히는 것을 구매하던 패턴을 깨고, 작은 구매도 나에게 정말 필요한지 고민하는 신중함이 필요하다. 나에게 진짜 필요한 것인지 아닌지 구분하는 분별력이 필요한 것이다. 늦은 밤 TV에서 맛있는 것을 해 먹는 연예인의 모습을 보고도 야식 배달을 참아 내는 절제력이 필요하다. 내일의 생산성을 위해 늦게까지 TV나 유튜브를 보며 시간을 때우지 않고 일찍 잠드는 통제력이 필요하다. 목돈을 적금이나 증권계좌에 이체하고 푼돈으로 한 달을 버티고자 하는 결단력이 필요하다. 월급이 다가오기 직전에 생활비 관리에 실패해서 쪼들리는 시기가 오더라도 목돈을 깨지 않고 궁상으로 버티는 정신력이 필요하다. 돈이 모자라 궁상떠는 자신의 초라함을 대수롭지 않게 견디는 대범함이 필요하다.

이 모든 요소는 쉽게 얻어지지 않는다. 하나하나 경험하고 고통을 견뎌냈을 때 조금씩 익혀지는 기질이다. 그렇다. 돈 몇 푼 아끼기 위해 견뎌야 하는 것들은 성공한 부자들이 모두 갖고 있는 자기 통제력의 요소다. 부유함을 위한 최초의 훈련은 궁상이다.

앞서 운동에 재미를 붙일 즈음 부상을 당할 수 있다고 언급했다. 절약을 실천하는 과정에서도 동일한 일이 일어난다. 익숙해질 때쯤 뜻밖의 문제가 생긴다. 인생을 살다 보면 예상치 못하게 큰돈이 나가게 되는 일이 있다. 결혼자금을 예로 들 수 있다. 미래의 배우자를 만나고 결혼을 약속해 날을 잡으면 그 때부터 돈 나갈 곳이 한둘이 아니다. 열심히 모아 둔 종잣돈을 깨야 하는 경우도 생길 것이다. 결혼은 그나마 좋은 일에 속한다. 갑자기 가족 중 누군가가 아프게 되는 경우도 있고, 믿었던 사람에게 사기를 당하기도 한다. 내 의지와 상관없이 큰돈이 빠져나가게 되면 무력감에 빠지기 쉽다.

차근차근 돈을 모으는 과정에는 상당한 기간이 소요되는데 그렇게 모은 돈이 빠져 나가는 것은 순간이다. 이런 일을 겪으면 멘탈이 무너져 원래 페이스로 돌아가기 어렵다.

이럴 때 지난 일을 털어 내고 다시 시작하는 것이야말로 진정한 용기와 결단력을 필요로 한다. 극심한 스트레스 상황에서 평소에 하던 훈련을 이어간다는 것은 초인적인 힘을 필요로 하는 일이다. 하지만 타인은 나의 상황을 속속들이 알지 못한다. 그래서 내 고충을 이해해주지 않는다. 내면의 흔들림과 외부의 무관심을 함께 뚫고 가야 원래의 자리로 돌아올 수 있다.

힘들게 설명했지만 결국 절약이라는 것은 매우 간단하다. 들어오는 돈보다 나가는 돈이 커지지 않게 노력하는 것이다. 쉽게 말해 나의 입출금이 흑자인 상태를 꾸준히 유지하는 것이다. 운동을 하는 사람이 어제의 자신보다 오늘의 자신이 더 강해지도록 지속적인 훈련을 하는 것과도 같다. 누구나 알 수 있는 매우 쉬운 원리이다.

하지만 절약을 실천하는 과정에서 사회적 비웃음과 내면의 고통을 감내해야한다. 그렇기 때문에 아무나 지키지 못한다. 특히 한 푼 두 푼 아껴봤자 티도 나지 않을 때, '내가 계속 이렇게 살아야 하나?' 하는 자조에 빠지는 것이 가장 큰 위험이다. 이를 극복하기 위해서 반드시 필요한 것은 프레임의 전환이다. 사소한 노력을 할수록 그 노력에 대한 당위성을 끊임없이 상기해야 한다. 절약을 위한 매우 하찮은 행동에도 거시적인 의미를 부여하자. 지금 하고 있는 노력들은 모두 작지만 언젠가 경제적 자유를 달성하기 위해 꼭 필요한 것임을 인식하자. 마트에서 스테이크용 한우를 집어들었다가 슬며시 내려놓고 호주산 국거리를 집어들 때 나의 초라함에 주눅들지 말자. 이것은 나의 가난을 드러내는 것이 아니라 나의 부유함을 훈련하는 것이다. 그런 사고의 전환이 필요하다.

PART 3

지금 당장 투자를 시작해야 하는 진짜 이유

CHAPTER 7

인플레이션과의 경주

가만히 있으면 뒤처진다

경제적 자유라는 목표를 세우고 달성하는 과정이 하나의 게임이라면 어떨까? 게임에서 이겨야 목표를 달성하고 원하는 삶을 살 수 있는 것이다. 승리하려면 게임의 룰을 제대로 이해해야만 한다. 이제 자산을 불려 경제적 자유를 이루기 위한 게임은 어떤 느낌일지 상상해보자. 마침 굉장히 적절한 게임 하나가 떠오른다. MBC에서 방영했던 전설의 예능 프로그램 〈무한도전〉을 다들 기억할 것이다. 혹시 이 프로그램의 4회차에서 출연자들이 했던 도전이 기억나는가?(벌써 15년은 지난 방송이긴 하다) 에피소드의 제목은 '목욕탕 물 퍼내기'였다.

게임의 방식은 제목 그대로였다. 목욕탕에 모인 출연자들은 개인용 바가지로 탕에 담긴 물을 최대한 빨리 퍼내기 위해 용을 썼다. 당연히 조그만 바가지로 거대한 탕의 물을 다 퍼내려면 엄청난 노력이 필요하다. 그런데 한쪽 팀이 열심히 물을 퍼내고 있을 때 상대팀이 다가와 다른 탕에 담긴 물을 퍼서 원래의 탕에 도로 붓는 것이 아닌가. 도전하던 팀이 역정을 내며 반칙을 한 멤버를 밀쳐 내고 다시 물을 퍼내기 시작했다. 그랬더니 이번엔 상대 팀의 다른 사람이 다가와 수도를 틀었다. 갑자기 물이 탕 안으로 콸콸 쏟아지자 물을 퍼내던 멤버들은 수도를 손으로 막고 상대 팀 멤버를 몸으로 밀치며 반칙을 막으려 난리도 아니었다.

다시 생각해도 정말 웃긴 상황이었다. 하지만 생존이 걸린 현실에서 이런 일이 벌어진다면 어떻게 해야 할까? 실제로 자본주의 사회에서 돈이라는 매개체가 흘러가는 원리는 앞의 예시와 매우 비슷하다. 물을 퍼내는 행위가 우리의 생존을 위한 노동이라고 생각해 보자. 목욕탕의 물을 다 퍼내야만 은퇴를 달성할 수 있다면 어떨까? 빨리 퍼낼수록 빨리 은퇴할 수 있다. 그런데 수도꼭지가 열려 있어서 물이 계속 새로 채워지고 있다면? 비워질 만하면 다시 물이 들어차서 쉴 수가 없을 것이다. 쉴 때마다, 또 매 순간 퍼내야 하는 물의 양은 계속해서 더 많아질 테다. 은퇴 시점에서 더더욱 멀어지는 것은 당연한 일이고 말이다. 그런데 실제로 우리의 경제활동에서 이런 현상이 벌어지고 있다. 여기서 비워야 하는 목욕탕의 크기는 우리가 달성하고 싶은 자산 규모의 크기다. 바가지는 우리가 가진 생산성이고 물이 틀어진 수도꼭지가 바로 인플레이션이다.

쉽게 설명하면 인플레이션은 곧 물가 상승이다. '옛날엔 50원 하던 짜장면이 지금은 8,000원이 되었어요.' 시간이 흐르면서 이 정도의 물가 상승이 일어났다는 정도는 누구나 알 것이다. 그런데 왜 이런 일이 일어나는 것일까? 바로 각국의 통화당국이 계속해서 '화폐'를 찍어내고 있기 때문이다. 글로벌 통화량, 즉 찍어내고 유통되는 화폐의 양이 계속해서 늘어나고 있다는 뜻이다. 화폐의 양을 늘리는 이유는 인류의 발전에서 찾을 수 있다. 인류가 발전하지 않고 그냥 살던 대로 산다면 통화량을 증가시킬 필요가 없다. 하지만 인간에게는 더 나은 삶을 살며 문명을 진화시키고자 하는 욕구가 존재한다. 말하자면, 화폐는 미래의 물물교환에 대한 약속이고 이렇게 미래를 발전시키려는 수요 덕분에 화폐를 계속해서 더 찍어내는 것이다. 더 나은 문명을 위한 약속이 늘어나고 있다고 볼 수 있다.

하지만 문명의 발전, 경제의 발전은 그 속도가 조절되어야 한다. 통화 당국이 바로 이러한 속도 조절의 역할을 한다. 목욕탕의 수도꼭지를 더 열 때도 있고, 가끔은 거의 잠그다시피 할 때도 있다. 이런 속도 조절의 장기적 평균을 내보면 오늘날에는 2~3%의 인플레이션이 발생하고 있다고 한다. 이것이 우리의 재산에 끼치는 영향은 무엇일까? 2~3%의 인플레이션이 발생한다는 말은 내가 보유한 현금이 2~3%의 성장을 하지 못하면 그만큼의 가치가 줄어든다는 뜻이다. 만약 내가 올해 번 1,000만 원을 금고에 넣어 1년 동안 그대로 보관한다고 해보자. 그런데 1년 사이에 물가가 2% 상승했다면 금고에 있는 돈은 어떻게 되는 걸까? 이 경우 1,000만 원의 가치는 980만 원으로 줄어든다. 가만히 두면 손해를 보는 것이다. 그렇기에 우리가 갖고 있는 돈의 가치를 유지하려면 말 그대로 '현상 유지'만 하기 위해서라도 최소한 20만 원의 자본 차익을 내야 한다.

결국 우리가 돈을 벌었을 때, 그 돈을 어떻게든 굴려서 추가 수익을 내지 않으면 자본주의 사회에서 생존할 수 없다. 인플레이션이 왜 발생하고 우리 사회에 어떤 영향을 끼치는지 제대로 이해하고 있어야 한다. 쓰지 않고 가만히 둔다고 돈의 가치가 보호되는 것이 아니다. 인플레이션이 우리가 가진 돈의 가치를 2%, 3%씩 계속해서 갉아먹고 있다는 것을 기억해야 한다.

◆◆◆

다시 목욕탕으로 돌아와보자. 우리가 인플레이션의 원리를 이해하려고 잠깐 다른 이야기를 하던 순간에도 수도꼭지에서는 물이 계속 흘러나오고 있었다. 통화는 계속해서 조금씩 팽창하고 있다. 문명이 계속해서 발전하고 있기 때문이다. 하지만 나는 잠도 자야 하고 밥도 먹어야 하고 가끔 드라마나 예능도 보면서 머리도 좀 식혀야 한다. 그러면 어떻게 해야 조금이라도 빨리 목욕탕의 물을 퍼낼 수 있을까?

1. 다른 누군가가 내가 쉴 때도 대신 물을 퍼준다.
2. 더 큰 바가지로 물을 퍼내는 속도를 높인다.

여기서 1번은 '소극적 소득'이고, 2번은 '투자 수익률'이다. 대표적인 소극적 소득은 사업체를 만들어 다른 사람에게 노동력을 배분하는 것이다. '직원'으로 하여금 나 대신 일하도록 만드는 것이다. 그리고 또 다른 방법이 돈 자체에 일을 시켜(투자) 돈이 돈을 벌게 하는(투자 수익) 것이다. 자본주의의 가장 아름다운 점이 이것이다. 기본적으로 우리의 목적은 자본을 키우는 것이다. 그런데 동시에 우리가 모은 자본이 스스로 일꾼이 되어 추가 수익을 내는 역할을 해줄 수도 있다.

목욕탕 비유를 다시 가져오자면 내가 퍼낸 목욕탕의 물이 요정으로 변신해서 나를 도와 나머지 물을 같이 퍼내주는 것과도 같다. 쓰고 보니 상당히 괴상한 비유가 되었다. 하지만 자본주의 사회는 실제로도 이런 식으로 돌아간다. 자본은 그 자체로 일할 수 있는 재화이기 때문에 제대로 된 명령만 내려주면 자본이 직접 다른 자본을 벌어올 수 있다.

반대로 이야기하면 자본을 통해 추가로 자본을 늘리는 활동(투자)을 하지 않으면 필연적으로 불리해진다는 것이다. 인플레이션이 자본의 가치를 계속 깎아먹고 있으며 수많은 자본가들이 지속적으로 자본을 통해 소극적 소득의 양을 늘리고 있다. 게임의 룰이 이렇다. "나는 재테크는 잘 모르니까 시작을 못하겠어요." 이런 안일한 자세로는 살아남기 힘들다. 열심히 모은 자본을 가만히 방치한다면 뒤처지겠다고 작정한 것이나 다를 게 없다.

특히 본인이 사업체의 소유주가 아니라 '직원'의 신분이라면, 소극적 소득을 추가할 수 있는 가장 효과적인 방법은 자본에게 일을 시키는 것이다. 본업이 있다면 하루 중 상당한 시간을 노동활동에 쓸 수밖에 없다. 그 상태에서 다른 사업체를 통해 소극적 소득을 얻는다는 것은 현실적으로 쉽지 않다. 일단 절대적인 시간의 확보 문제도 있고, 고용 계약상 부업을 제한하는 등 여러 가지 제약이 따른다. 설령 부업의 형태로 어떻게든 다른 비즈니스를 벌인다고 해도 상당한 에너지 소모가 생길 것이다.

자본을 통한 수익은 어떨까? 투자를 할 때도 완전히 놀면서 할 수는 없다. 올바른 원칙과 적절한 리서치를 통해 제대로 된 판단을 내릴 때까지는 준비의 시간이 필요하다. 하지만 그런 시간은 철저히 자율적으로 설계할 수 있다. 출퇴근 시간, 점심시간 등등 자투리 시간을 활용해 공부한다면 직접 뭔가를 경영할 때보다는 훨씬 적은 에너지로 수익의 기반을 다질 수 있다. 따라서 지금 당장 본업이 있고 노동에 들여야 하는 시간이 많은 상태라면, 사업체를 통해 추가 소득을 얻는 것보다 투자를 통해 소득을 얻는 방법이 더 현실적이고 합리적이다.

여기까지가 1번 '다른 누군가가 내가 쉴 때도 대신 물을 퍼 주는 것'에 대한 이야기였다. 그렇다면 '2번 더 큰 바가지로 물을 퍼 내는 것'은 어떤 것일까? 이어서 더 깊게 알아보자.

가속도가 붙어야 자유로에 진입할 수 있다

일본 작가 무라카미 하루키의 데뷔작 《바람의 노래를 들어라》라는 소설을 보면, 본인도 물려받은 재산이 많은 부자이면서 부자들을 지겹도록 싫어하는 '쥐'라는 캐릭터가 나온다.(진짜 쥐는 아니고 사람의 별명이다) 반면 쥐의 친구이자 적당한 중산층인 주인공은 쥐의 생각을 이해하지 못한다. 주인공이 왜 그렇게 부자를 싫어하냐고 묻자 쥐는 이렇게 답한다. '부자는 아무것도 생각하지 않는 사람들이야.' 왜 그렇게 여기는지 되물었을 때 돌아오는 답은 이렇다. '생각할 필요가 없으니까.' 그 다음에 이어지는 쥐의 대사는 우리에게 고민거리를 하나 던져준다.

"물론 부자가 되기 위해서는 약간의 머리가 필요하지만, 계속 부자로 있기 위해서는 아무것도 필요하지 않아. 말하자면 인공위성에 휘발유가 필요 없는 것과 같은 논리지."

소설 속 이야기지만 이 대사는 우리에게 세상을 살아가는 중요한 법칙 하나를 알려주고 있다. 물론 현실에서 부자들이 부의 상태를 유지하기 위해 아무런 노력도 하지 않는 것은 아니다. 오히려 평균 이상의 노력을 했기 때문에 평범한 재산이 큰 재산으로 늘어날 수 있었을 테다. 하지만 실제로 자산이 크게 불어나고 나면 그 뒤에는 기존의 노력보다 훨씬 적은 수고만으로도 자산이 저절로 불어나게 마련이다. 자산이 자산을 벌어주기 때문이다.

'인공위성에는 휘발유가 필요 없다'라는 표현을 더 깊게 생각해 보자. 인공위성은 지구의 중력과 원심력의 중간에서 유유자적하고 있다. 하지만 실제로 인공위성이 지구의 자전방향으로 함께 움직이는 속도는 초속 8km 정도라고 한다. 엄청난 속도다. 그럼에도 인공위성 자체는 전혀 힘을 들이고 있지 않다. 그냥 물리 현상의 스위트 스폿sweet spot을 찾아 가만히 자리를 지킬 뿐이다. 하지만 그 궤도를 타기 직전까지는 엄청난 추진력과 정교한 과학이 필요하다. 지구의 중력을 일정 수준 이상 벗어나 대기권 너머에 도달하기 위한 수고가 선행되는 것이다. 이런 부분이 자산 증식의 메커니즘과도 비슷하다고 볼 수 있다.

자본주의 사회에서 사람의 노력은 인공위성이 땅에서 발사될 때와 비슷하다. 성실한 노력과 강한 추진력이 있어야 먹고사니즘이 해결될 정도의 재산을 만들 수 있다. 독하게 종잣돈을 모아야 하고, 본업과 병행해 시간을 쪼개어 열심히 공부해야 투자 실력을 만들 수 있다. 거기에 앞서 말한 인플레이션을 이겨야 한다는 숙제도 있다. 하지만 '자본이 일을 해서 스스로 돈을 버는 궤도'에 들어서고 나면 큰 노력이 들지 않는다.

물론 이따금씩 자본 재배치를 위한 판단력은 필요하다. 인공위성이 궤도를 수정하는 것과도 비슷하다. 하지만 기존의 밤잠 설쳐 가며 몸을 혹사시키던 노력과는 비교할 수 없이 편하다. 그럼에도 재산이 늘어나는 속도는 기하급수적으로 빨라진다. 1억이 1억을 버는 것보다 10억이 2억을 버는 게 훨씬 쉽고 빠르다. 그래서 자산을 많이 가진 사람이 돈을 버는 속도는 자산이 적은 사람이 돈을 버는 속도보다 빠를 수밖에 없다.

냉정하게 느껴질 수도 있지만 이것이 세상의 원리, 자본주의 사회의 규칙이다. 아마 앞으로도 그 격차는 더 벌어질 것이다. 디스토피아 영화의 혹독한 빈부격차는 결코 허황된 이야기가 아니다. 그렇지만 지금 우리의 상태에 대해 비관할 필요는 없다. 우리의 목표는 경제적 자유를 얻는 것이지 부자를 이기는 것이 아니기 때문이다. 다른 사람과의 비교가 아니라 나 자신의 해방에만 집중하면 된다. (생각보다 많은 사람들이 질투심이라는 망령 때문에 집중력을 올바르게 쓰지 못하고 있다)

운전을 하다 고속도로에 진입하는 상황을 떠올려보자. 그런데 이때 대부분의 사람들이 미처 떠올리지 못하는 교통법규가 하나 있다. 최저속도 50km에 대한 것이다. 고속도로에서 과속은 당연히 위험하지만 반대로 너무 낮은 속도로 운행해도 위험하긴 마찬가지다. 다른 차들이 평균적으로 달리는 속도가 있기 때문이다. 최저속도를 의식하지 않더라도 온램프를 통해 고속도로에 진입하고 나면 누구나 속도를 높인다. 진입로에서 40km 이하로 달리다가도 고속도로에 들어서고 나면 엑셀을 밟으며 가속을 한다. 그렇게 달리다 보면 엔진이 '우웅-' 하며 힘을 내는 소리가 들린다. 그러다가 80km 이상이 되면 힘들여 밟지 않아도 일정 속도로 쉽게 달리고 있다는 것을 느낄 것이다. 그때부터는 다른 차들의 속도를 보며 비슷한 빠르기로 달릴 수 있다.

자산을 늘리는 것은 이와 비슷하다. 굳이 고속도로에서 남들을 추월하고 가장 빨리 달려야 할 필요는 없다. 남들에게 뒤처지는 느린 속도만 아니면 된다. 그러면 너무 늦지 않은 시간에 자연스럽게 목적지에 도착해 있을 것이다. 자신에게 맞는 속도를 찾자. 너무 급하지 않아도 된다. 경제적 자유로 가는 고속도로의 최저 속도를 넘어서는 것을 목표로 하자. 1차 목표는 파트 2에서 설명한 것들이다. 새어 나가는 돈을 틀어막고, 가능한 많은 돈을 저축하는 구조를 만든다. 절약이 필요하다. 그리고 2차 목표는 절약한 돈이 스스로 불어나도록 가속도를 붙여 주는 것이다.

이제부터 수익률에 대해 본격적으로 이야기해보자. 알다시피 수익률은 '%'로 표시된다. 5% 수익이 났다면 100만 원이 105만 원이 된 것이고, 5만 원을 번 것이다. 투자 수익률은 사람의 능력과 운과 환경적 힘에 의해 수시로 움직인다. 어느 정도 수익률이 적절한 수익률일까? 숫자의 범위를 쪼개어 하나씩 살펴보자.

3% 미만 혹은 마이너스 수익률 : 망한다

겁을 주려는 것이 아니다. 이런 수익률로는 이 험준한 세상에서 살아남을 수 없다. 인플레이션조차 이기지 못하면 미래는 없다고 봐야 한다. 인플레이션의 수익률에 간신히 맞춰도 망하기는 마찬가지다. 더 이상의 발전이 없기 때문이다.

4~5% 저금리 시대의 특판 예적금 이자 : 부자들에게나 해당

모 은행에서 이자율 5.5%의 적금이 나왔는데 100만 개 넘는 계좌가 개설되었다는 이야기를 들었다. 냉정하게 이야기해서 5% 수익이 내 연 생활비를 커버하는 정도가 되지 않는다면 의미가 없다고 본다. 5% 이자로 생활비가 나오려면 생활비의 20배가 넘는 돈이 있어야 한다. 그 정도의 자산이 아니라면 이런 수익률로는 부자의 길로 들어설 수 없다. 쉽게 말해 부자가 아니라면 이런 수익률에 만족해서는 안 된다.

6~7% 저위험 중수익 상품 : 그런 거 없다

사실 저위험 중수익 상품에 대해서는 할 말이 많다. 이 부분은 다음에 따로 떼서 이야기를 풀어볼까 한다. 결론부터 말하자면 수익률이 고정된, 일정한 수익률을 보장한다고 말하는 금융상품은 일단 피하는 게 좋다. 금융회사들은 이런 이야기를 정말 싫어할 수도 있지만, 경제적 자유를 꿈꾸는 사람들이라면 이런 상품은 대안이 될 수 없다.

7~8% 위험자산의 초장기 수익률 : 지수 투자를 했을 때 기대수익률

제러미 시겔 교수의 《주식에 장기 투자하라》라는 책을 보면 관련 통계가 나와 있다. 쉽게 이야기하면, 100년 동안 주식을 보유한다고 했을 때 기대할 수 있는 이론적 수익률에 대한 것이다. 깊게 들여다 보면 2~3% 정도의 인플레이션과 5~6% 정도 기업의 퍼포먼스를 더한 수익률이다. 만약 추가적인 공부를 하며 수익률을 끌어올릴 자신이 없고 공부할 여력이 안 된다면 지수 인덱스 펀드 등에 투자하며 이 정도 수익률을 추구하는 것은 나쁘지 않다. '지수'라고 하면 주요 거래소의 시가총액을 일정한 비율의 숫자로 표현하는 지표를 말한다. 코스피, 코스닥이 우리나라의 대표적 지수다. 그리고 '인덱스 펀드'는 해당 지수의 변화를 따라가도록 설계한 펀드상품을 의미한다. 주식 시장의 초장기 수익률이 꾸준히 우상향한다는 전제가 있기 때문에 이러한 상품에 투자할 수 있는 것이다.

10% 이상의 직접 투자 수익률 : 이것이 우리의 1차 목표

주식과 부동산 등에 직접 투자를 함으로써 연 평균 수익률을 두 자리로 만드는 것, 이것을 1차 목표로 하면 좋다. 지수 인덱스에 투자할 때보다 조금만 더 버는 것이다. 우량한 배당주에 장기투자 하기만 해도 달성할 수 있는 성적이다. 실제로는 공부량이 꾸준히 쌓였을 때 이 이상의 수익률을 노릴 수 있다.

15% 이상의 직접 투자 수익률 : 투자 고수들이 꾸준히 내는 수익률

지금까지 워런 버핏의 성적을 연평균 수익률로 계산하면 20%가 조금 안 된다고 한다. 대부분 세계적으로 유명한 투자자들도 수십 년의 장기 평균 수익률을 보면 12~19% 수준이다. 아주 유명한, 우리나라에서 책도 여럿 번역되는 거장들의 레코드이기에 먼 나라 이야기로 들릴지도 모르겠다. 그렇지만 수천억, 조 단위가 아닌 개인 재산으로 운용한다면 결코 불가능한 수익률이 아니다. 우리나라 개인 주식 투자자 중에서 오랫동안 살아남은 분들이 보통 이 정도 수익률을 가져 가고 있다.

가끔 국내에 알려진 개인 투자자들 중 20%, 30% 수준을 훨씬 초과해 압도적인 수익률을 올리는 사람들도 보인다. 심지어 세 자릿수 이상의 수익률을 만드는 사람들도 있다. 당연히 그런 실력으로 유명해지기도 한다. 하지만 이런 분들의 노력은 상상을 초월하는 수준이며, 남다른 감각도 가지고 있는 경우가 많다. 특히 자산이 아직 백억대까지는 아닌, 비교적 적은 자산으로 공격적인 운용을 하는 분들 중에서 이런 일화들이 종종 나오곤 한다. 운용자금이 커지면 커질수록 높은 수익률을 내기는 어렵다. 그럼에도 평균 이상의 성과를 내어 단기간에 경제적 자유에 가까운 자산을 만들어 내는 사람들도 분명히 있다. 참고해볼 만한 사례들이다.

오히려 수십억 이상의 자산 규모로 진입하게 되면 보수적 운용을 슬슬 고민해야 한다. 실제로 레버리지 등을 통해 단기간에 상당한 자산을 만든 사람들 중, 2020년의 코로나 사태와 같은 큰 위기가 왔을 때 빌린 돈을 청산하지 못하고 반대매매를 당한 경우가 꽤 많았다. 반대매매는 돈을 빌리기 위해 담보로 한 보유 주식의 평가액이 주가 하락으로 크게 낮아졌을 때 발생한다. 평가액이 너무 낮아져 빌린 돈의 상환이 어려울 만큼 줄어들게 되면 돈을 빌려준 증권사는 더 큰 손실을 막아야 한다. 그래서 돈을 빌린 고객의 보유 주식을 강제로 청산해 원금 일부를 회수할 수 있도록 되어 있다. 이런 이유로 수십억 자산가도 며칠 사이에 보유 계좌가 반토막 이하, 심지어 1/10 수준으로 쪼그라드는 경우도 있었다. 레버리지는 돈 버는 속도를 올려주는 역할도 하지만 속도에 너무 욕심을 내게 되면 큰 위기가 왔을 때 한 방에 무너질 수도 있기에 조심해야 한다.

이렇듯 경제적 자유로 가는 길은 힘을 들이지 않고도 안전하게 자산이 불어나는 가속도를 찾는 일이다. 너무 느린 속도로는 자유로를 달릴 수 없다. 빠른 속도가 주는 위험도 피할 수는 없지만 가

난이 우리를 쫓아오는 속도보다는 빠르게 달릴 줄 알아야 한다.

저위험 중수익이 허상인 이유

다음의 문장을 심호흡을 한 번 하고 읽어보자.

'위험에 노출되지 않으면서 적당한 수익이 발생하면 좋겠다.'

어떻게 들리는가? 합리적이고 현명한 이야기처럼 들릴 것이다. 많은 사람들이 재테크에 대해 이야기할 때 안전함을 강조한다. 안전을 지키면서 수익도 낼 수 있다면 좋아 보이지 않을 이유가 없다. 그러면 아래 문장을 다시 읽어보자. 뜻에는 거의 차이가 없고 단어만 조금 바꿔보았다.

'리스크를 걸기는 싫지만 돈은 조금 더 벌고 싶다.'

아마 조금 이상한 느낌이 들 것이다. 문장을 한 번 더 바꿔보자.

'대가를 치르지 않고 돈을 벌고 싶다.'

저위험 중수익은 극단적으로 말해서 위와 같은 심리에 의해 만들어진 선택지다. 조금 더 나쁘게 말하면, 금융 소비자들을 기만시킬 수 있는 프레임이 씌워진 표현이다. 중수익은 무엇인가? 이는 비교적 명확하다. 수익률의 범위가 보이기 때문에 앞서 언급한 숫자들로 이야기할 수 있다. 흔히 사람들이 생각하는 중수익이란 예금이자보다는 확실히 높지만 두 자릿수 이상의 수익률은 아닌, 4~8% 정도의 한 자리 수익률을 이야기한다.

그렇다면 저위험은 무엇인가? 여기에 많은 함정이 있다. 일단 위험은 수익과 다르게 그 실체를 칸을 질리 나눌 수가 없다. 갑자기 위기가 오는 것도 위험이고 코로나바이러스에 감염되는 것도 위험이다. 버스에 치이는 것도 위험이며 금융 지식이 모자란 것 역시 위험이다. 평생에 걸친 영향력을 감안할 때, 금융 지식이 모자란 게 가장 큰 위험이라고 본다.(대신 버스에 치이지 않도록 항상 길을 살피며 다니자)

보통 '저위험 중수익'이라는 이야기를 할 때 가장 많이 언급되는 상품이 ELS(Equity-linked Securities)다. '주가 연계 증권'이라는 뜻인데, 사전적으로는 자산의 대부분을 채권 등으로 유지해 안전성을 높인 후 남은 일부의 돈을 변동성이 높은 파생상품에 투자하는 금융상품을 말한다. 언뜻 듣기에는 그럴듯해 보인다. 하지만 문제는 이런 상품이 정확히 어떤 구조로 되어 있는지 속속들이 알 수 없다는 데 있다. 여기서 포인트는 '변동성이 높은 파생상품'이다.(앞으로도 '파생'이라는 단어가 나오면 경계할 필요가 있다) 파생상품은 경우에 따라서 손실의 폭이 굉장히 커질 수 있다. 확률에 따른 것이다. 가령 99%의 경우 원금이 보장되고, 1%의 확률로 큰 손실을 초래할 수 있는 파생상품이 있다고 하자. 이 상품은 안전한 것일까?

상식적으로 생각해보자. 우유를 사 먹는데 내가 사야 하는 브랜드의 우유가 100개 중 한 개는 복통, 구토, 설사를 동반하는 악성 식중독을 일으킨다면 어떨까? 그 우유를 사 먹을 수 있을까? 단 한 번의 설사만 견디면 돼, 하면서 그 브랜드의 우유를 마실 수 있는 강심장은 없을 것이다. 나머지 99개의 우유가 특별한 우유도 아니다. 그냥 다른 브랜드와 비슷한 보통의 우유다. 그러면 한 개의 지옥행 티켓이 들어있지 않은 다른 우유를 마시는 게 더 낫다.

저위험 중수익의 함정도 여기에 있다. 중수익은 그냥 평범한 수익이라는 뜻이다. 고위험 자산이라고 하는 주식에 투자해도 평균적으로는 중수익이 나온다. 저위험은 무위험이 아니다. 위험이 발생할 가능성이 있다는 뜻이며 위험이 발생했을 때의 크기도 중요하다. 진짜 문제는 이런 형태의 파생상품에서 아주 적은 확률로 발생하는 위험이 막대한 원금 손실을 초래할 수도 있다는 점이다. 그런데도 저위험에 대한 정확한 이해 없이 단어가 주는 매혹에 빠져 나쁜 우유가 섞여 있는 설사 룰렛에 뛰어드는 사람들이 너무 많다.

2015년의 일이다. 홍콩 지수 연계형 ELS 상품이 지수 상승에 힘입어 무서운 속도로 팔려 나간 적이 있다. ELS에 투자할 때, 사람들이 이해하지 못하거나 알고도 무시하는 위험이 하나 있다. 바로 '녹인knock-in'에 대한 부분이다. ELS 상품은 대부분의 상황에서 원금을 보장하지만, 일정 수준 이상으로 연계 지표의 가격이 하락할 경우 원금 손실이 발생하는 구조로 되어 있다. 이 손실이 발생하는 기준점을 '녹인' 구간이라고 한다. 당시 한참 동안 잘나가던 홍콩 지수가 급락하면서 많은 상품이 녹인 구간에 진입했고, 거기에 투자한 투자자들은 원금을 보장받지 못하고 손실을 입었다.

녹인에 대해서 더 자세히 알아보자. 이런 상품들은 보통 만기가 있고 그 전까지 특징 가격을 유지하면 원금 보장과 함께 한 자릿수의 이자를 지급하는 구조로 되어 있다. 문제는 만기 전까지 특정 가격을 유지하지 못했을 때다. 이 경우 원금 보장도 되지 않고 손실 피해를 그대로 입을 수 있다. 2015년의 문제는 지수가 많이 상승하면서 사람들이 너도나도 ELS 상품에 가입했던 것이다. 이만큼이나 올라왔는데 설마 이 가격까지 떨어지겠어? 하는 안일한 마음에 정확한 구조를 알아보지 않고 가입했다가 그 '설마'가 와버리는 바람에 손해를 본 케이스다.

비교적 최근에도 비슷한 사례가 있었다. 2019년에는 DLF (Derivative-linked Fund)라고 하는 상품에서 일이 터졌다. '파생 결합 펀드'를 말하는데, 이미 이름부터 이해하기 어렵다. DLF는 DLS(Derivative-linked Security), 즉 파생 결합 상품을 모아 놓은 펀드라고 보면 된다. 이번에도 파생이라는 단어가 들어갔다. 당시 '해외금리 연계형 DLF'가 녹인 구간에 진입해 투자자들이 큰 손실을 입었다.

당시 많은 한국 투자자들이 독일 금리에 연동된 DLF 상품을 계약했다. 유럽에서 가장 우량한 나라인 독일의 금리를 가지고 만든 상품이므로 당연히 안전하다고 생각했을 테다. 독일은 벤츠도 만들고 쌍둥이칼(헹켈)도 만들고 라이카 카메라도 만드는 그런 나라 이지 않나? 아마 이 상품에 가입한 투자자들 중 그 정도 수준으로 접근한 사람도 꽤 있을 것이다. 그런데 2019년 10월에 아무도 예상하지 못한 일이 일어났다. 경기침체 때문에 독일 금리가 마이너스로 전환한 것이다. 녹인 구간 아래로 내려갔을 뿐 아니라, 손실액이 눈덩이처럼 불어났다. 심지어 90% 가량의 손실을 본 투자자도 있다고 한다.

이번 글을 쓰면서 한 번도 투자자들이 '피해를 입었다'라고 표현하지 않고 '손실을 보았다'고만 이야기했다. 법적으로는 투자자들이 피해를 입은 게 아니기 때문이다. 상품을 계약했다는 것 자체가 위험 고지(아마 대부분이 제대로 읽지 않는 깨알같이 쓰여 있는 작은 문구들)를 읽었다고 가정하기 때문에 손실액에 대해 판매사는 책임질 필요가 없다. 하지만 위의 복잡하고 약간은 기만적인 상품의 구조를 평범한 사람들이 어떻게 알 수 있겠는가? 그래서 당시 금감원장이 국정감사에도 불려가고 은행의 불완전판매 책임 공방도 일어나고 난리도 아니었다. 그때 윤석헌 금융감독원장이 해당 상품에 대해 '겜블'

이라는 표현을 써서 약간 논란이 되기도 하였다. 금융사가 도박적 상품을 판 거냐, 사람들이 금융상품에 도박을 한 거냐, 말도 많았지만 어찌되었든 적법하게 출시된 파생상품이었다.

그렇다면 파생상품이 겜블이 맞는지 한번 생각해보자. 당시 DLF는 독일 금리에 어떤 기준치를 잡아주고 그보다 높으면 원금보장에 더해 약간의 이자를 주며 기준치보다 낮으면 손실이 생기는 구조였다. 아주 간단하게 말하면 홀짝이랑 비슷한 것이다. 홀이 나오면 이기고 짝이 나오면 지는 구조다. 유일하게 다른 점은 독일이 차도 잘 만들고 칼도 잘 만들고 카메라도 잘 만드는 나라라는 것밖에 없다. 아직 의구심이 남은 분들도 있을 것이다. 스포츠 토토에 비유를 해보자. 독일 축구팀이 원정경기에 나갔다. 그런데 우리나라 사람들이 '독일이 지지 않는다'에 돈을 건 것이다. DLF의 구조로 비교해보면 무승부로 끝나거나 이기면 건 돈의 5~6% 정도 이자를 받는 내기라고 할 수 있다.

왜 이렇게 배당률이 낮을까? 말하자면 독일 축구팀의 실력을 믿기 때문이다. 그렇다. 독일은 차만 잘 만드는 게 아니라 축구도 잘한다. 그래서 독일이 지지 않을 가능성이 매우 높았던 것이다. 만약 독일 대표팀이 어디 조기축구팀이랑 붙는 경기에 내기를 했다고 치자. 아마 대부분 독일이 지지 않는다에 걸었을 것이다. 그렇기 때문에 이겼을 때 받을 수 있는 돈의 파이가 줄어드는 원리다. 그런데 본 경기에서 이변이 벌어진 것이다. 모두의 예상의 뒤엎고 조기축구팀이 이겼다면? 독일이 지지 않는다에 걸었던 사람들은 내기에서 패배하게 된다. 그리고 아주 소수의, 아마 본인조차 기대하지 않았던 극소수의 사람들. 독일의 패배에 돈을 건 사람들이 몬순 시즌에 장대비를 맞듯이 판돈을 독식했을 것이다.

실제로 당시 독일 금리의 안정성을 기반으로 DLF에 계약한 우리나라 사람들의 반대편에는, 위험 헤징hedging 차원에서 마이너스 금리에 베팅된 해외 투자은행들의 포지션이 존재했다. 그런 구조를 정확히 알고 투자한 사람들은 많지 않았을 것이다. 모든 파생이 이런 구조로 되어 있다. 여러 가지 발생 가능한 상황에 자산을 계약시키는 것이다. 확률이 높고 수익이 낮은 상품이 있고, 확률은 낮고 수익은 높은 상품이 있다. 매우 확률이 높지만 매우 수익이 낮은 상품이 있고, 매우 확률이 낮지만 수익은 미친듯이 높은 상품도 있다.

앞서 말한 DLF의 반대편 계약의 주체들은 포트폴리오 전략을 기반으로 이런 상품을 매수한다. 일어날 가능성이 매우 희박하지만 만에 하나 일어났을 때 운용 자산을 보전하기 위해서 보험 성격의 계약을 적은 비중으로 함께 가져가는 것이다. 적은 비중이기 때문에 손실이 나더라도 큰 문제가 되지 않는다. 그래서 보험이라고 생각하는 것이다. 반면 정말 큰 일이 닥치게 되면 그 보험으로 인해 자산을 방어할 수 있다.

참고로 이런 형태의 자산운용을 '바벨 전략'이라고 한다. 《행운에 속지 마라》, 《블랙 스완》, 《안티프래질》 등 위험과 확률에 관해 많은 명서를 집필한 작가이자 투자자인 나심 탈레브도 이런 방식으로 투자를 한다고 한다. 90%의 자산은 절대적으로 안전한 곳에 걸고, 10%의 자산은 매우 위험하고 불확실한 곳에 건다. 확률 기반의 극단적인 바벨 전략이며, 매우 고차원적인 자산운용 전략이다.

여담이지만 재미있는 사례도 있다. 2020년 코로나 사태로 글로벌 주가가 폭락했을 때, 나심 탈레브가 기술 자문으로 있는 유니버사 인베스트먼트Universa Investment라는 펀드가 3월 한 달에만 3,612%의 수익률을 기록하여 화제가 되기도 했다. 한 달 동안 자산이 360배 이상 성장한 것이다. 천 만 원이라면 36억이 된 셈이다. 이 펀드는 위에 말한 극단적인 위험 상황에 베팅하는, 이른바 '블랙 스완에 투자'하는 펀드로 유명하다.

블랙 스완이란?

2008년 금융위기처럼, 도저히 일어날 것 같지 않은 이벤트가 현실로 나타나는 것을 말한다. 나심 탈레브가 동명의 저서에서 이런 현상들이 주는 경제적 영향을 잘 설명해 놓았다. 옛날 유럽에서는 사람들이 흰색 백조만 보아왔기 때문에 모든 백조는 희다고 믿었다. 그런데 1697년 호주 대륙에서 검은색 백조가 발견되면서 기존의 통념이 뒤집어지는 일이 일어났다. 블랙 스완은 이런 사례를 빗대어 표현하는 경제 용어다.[3]

---

3 "블랙 스완", 두산백과, https://terms.naver.com/entry.nhn?docId=1346252&cid=40942&categoryId=31819

진짜 전문가들은 이런 방식도 활용하는 것이다. 그런데 반대편에 누가 있는지도 모르고, 심지어 내기와 다름없는 구조인 줄도 모르고 사람들은 '저위험 중수익'이라는 표현을 믿으며 이런 상품에 투자하게 된다. 일단 투자를 시작한다면 심상이 아니라 확률을 기반으로 생각하는 훈련이 필요하다. 일어나지 않을 확률이 높은 것이라도 만약 일어났을 때 내가 입게 되는 피해가 크다면 그것은 '저위험'이 아니다. 더구나 내가 승리했을 때도 고수익이 아닌 정해진 수익에 만족해야 하는 상품이라면 더더욱 그 매력은 떨어지는 것이다. 물론 공부할 여력이 없다면 수익률에 대한 욕심은 덜어낼 필요가 있다. 하지만 근본적으로 모든 투자는 '리스크'에 대한 최소한의 고민이 완료되었을 때 실행할 수 있는 것이다. '무슨 원리인지는 모르겠지만 저위험 중수익이라고 하니 사보자'와 같은 안일함은 저위험을 고위험으로 높이는 변수가 된다.

CHAPTER 8

돈나무를 소유하자

돈을 버는 세 가지 경로

투자 공부를 시작하던 초기에는 롤 모델을 찾느라 오랜 시간이 걸렸다. 그때까지만 해도 주식 투자로 부자가 된 사람이 정말 존재하는지에 대한 의구심이 있었다. 정말 그런 사람이 있을까? 있다면 어떻게 생겼을까? 명품을 휘감고 다니는 졸부는 아닐까? 차는 어떤 걸 타고 다닐까? 나도 그 사람들처럼 될 수 있을까? 가장 어려웠던 부분은 실제로 투자를 통해 경제적 자유를 얻은 사람들을 '찾아 내는' 일이었다. 일단 내 주변에는 투자를 통해 부자가 된 사람은 전혀 없었고, 부자 자체도 거의 없었다. 그러다 보니 투자로 조금이라도 돈을 번 사람을 닥치는 대로 찾아보았다. 부모님의 친구분, 책에 나온 사람들, 책을 쓴 사람들, 온라인에서 찾은 사람들 등등 정말 많은 사람들의 사례를 찾아 다녔다.

어느 정도 투자에 대한 공부가 진척된 후에는 온라인 커뮤니티에 합류하고 스터디에 나가기도 하였다. 그런 과정을 통해 서서히 '투자를 통한 부자되기'에 대한 허와 실을 구분하게 되었다. 그중에서 아직까지도 기억에 남는 인상적인 경험이 하나 있다. 주식 투자를 오래 해온 자산가 한 분이 기업을 분석하고 토론하는 온라인 스터디를 만들었다. 그 커뮤니티에는 다양한 사람들이 가입되어 있었다. 초보와 고수가 섞여 있었고 직업들도 가지각색이었다. 마침 연말이 되어 스터디 사람들끼리 조촐하게 저녁 식사를 하는 자리가 만들어졌다. 온라인으로만 보던 투자 고수들을 실제로 만나 이야기를 나눌 생각에 큰 기대가 되었다.

어느 추운 겨울날, 양재동의 한 식당에 10명이 조금 넘는 초면의 사람들이 모였다. 다양한 나이의 참여자들이 한 자리에 앉아 어색하게 안면을 트고 대화를 나누기 시작했다. 스터디를 조직한 투자 선배님도 실물로 만나 인사를 드리고 다른 구성원들과도 이야기를 나누었다. 대부분 직장을 가진 사람들이었지만 투자만 전업으로 하는 사람들도 있었고 멀리 지방에서 온 분들도 있었다. 50대 중반 정도로 보이는 나이가 있는 남자분과 내 또래의 젊은 남자분은 다른 지역에서 같이 스터디를 하고 있다고 했다. 두 분 다 전업 투자자라고 했다. 실물로 보니 투자 고수들의 모습은 너무나도 평범했다. 명품 같은 건 휘감고 있지 않았다. 그냥 수수한 옷차림이었다. 기차역에서 약속 장소까지 전철을 타고 왔다고 했다. 그렇게 부자로 보이지는 않았다. 전업 투자를 한다고 해서 엄청난 자산가는 아니구나, 하는 생각이 들었다. 약간은 허탈하기도 했다. 그중 나이가 좀 더 있는 참여자 분이 잠시 화장실을 간다고 자리를 비웠다. 말투가 느릿느릿하고 수더분한 인상의 아저씨였다. 그런데 그분이 자리를 비우자 옆에 있던 어떤 분이 낮은 목소리로 이야기했다.

"저분도 오랫동안 주식 투자를 하신 분이에요. 지금은 세 자릿수 정도 되실 거에요."

세 자릿수. 100억 원이 넘는 자산을 가지고 있다는 뜻이었다. 머리를 한 대 얻어 맞은 느낌이었다. 저렇게 평범해 보이는 아저씨가 그렇게 부자라고? 그 뒤부터는 그분의 말 한마디 한마디가 다르게 들렸다. 느린 말투도 뭔가 더 있어 보였다. 실제로 그날의 모임 이후, 절대로 사람을 겉모습으로 판단하지 않게 되었다. 말하자면, 자수성가한 자산가들 중 겉으로 티가 나지 않는 사람이 훨씬 많다는 뜻이다. 오히려 로고가 크게 박힌 명품을 두르고 다니는 사람들 중에는 사짜들도 꽤 있다. 목적이 다른 것이다. 누군가에게 요구할 일이 있는 사람들이 부자의 옷차림을 하면서 겉모습에 더 힘을 준다. 오히려 아무에게도 아쉬울 게 없고, 돈 있는 티를 내면 피곤해지는 진짜 자산가들은 최대한 자신을 드러내지 않으려고 한다. 겸손하고 겸소한 자세가 자산을 형성할 수 있었던 비결일지도 모른다.

◆◆◆

한편, 모임을 주최한 투자 선배님에게서도 많은 이야기를 들을 수 있었다. 이분은 국내 대기업에서 회사원 생활을 하다가 40대가 되어 퇴사를 한 후 회사를 차린 사업가였다. 투자와 돈에 대한 다양한 대화를 나누다 인상적인 이야기를 들었는데 주제는 '돈을 버는 세 가지 경로'에 대한 것이었다. 선배님은 오랫동안 돈을 벌다 보니 사람이 돈을 버는 경로가 세 가지로 나눠진다는 것을 깨달았다고 하셨다. 이를 '3M@work'라고 부를 수 있다는 이야기였다. 돈을 벌기 위해 일을 하는 주체가 셋으로 나뉘는데 모두 M으로 시작하는 단어다. 첫 번째는 나 자신을 뜻하는 'Me', 두 번째는 직원을 뜻하는 'Men', 그리고 세 번째는 자본을 뜻하는 'Money'다. 이 세 가지가 일을 함으로써 부가 창출된다는 것이다.

Me@work

Men@work

Money@work

심플하지만 심오한 이야기였다. Me@Work는 쉽게 얘기해 봉급생활이다. 내 시간을 들여 남의 일을 해주고 그 댓가로 돈을 받는 것이다. Men@Work는 사업이다. 다른 사람들을 통해 일을 진행하고 그 결과로 사업소득을 얻는다. 마지막으로 Money@Work는 돈이 일을 하고 그 결과로 돈이 생기는 것이다. 쉽게 이야기해 투자 소득을 의미한다. 모든 돈벌이는 이 세 가지 범주를 벗어 나지 않는다고 했다. 그리고 그 선배님이 경험적으로 터득한 것은 Money@work의 돈 버는 속도가 가장 빠르다는 것이었다.

그분이 회사를 나온 건 월급을 모아서는 노후준비가 되지 않겠다는 위기감 때문이었다. 그렇게 창업한 지 15년 가까이 되었고 사업이 자리를 잡으며 상당한 돈을 벌게 되었지만 투자를 시작해 돈 자체로 돈을 벌어보니 사업으로 벌던 소득보다 훨씬 더 큰 돈을 벌게 되었다는 얘기도 덧붙였다.

왜 그런 것일까? 이를 이해하기 위해서는 자본 소득의 특성에 대해 알 필요가 있다. 간단히 봤을 때, 자본 소득만이 갖고 있는 고유한 특성 네 가지가 있다.

1. 자본은 잠을 자지 않는다

내가 노동을 통해 소득을 올리려면 아무리 열심히 살더라도 쉬는 시간이 필요하다. 밥도 먹어야 한다. 출퇴근을 하느라 이동하는 데에도 시간을 쓴다. 반면 자본은 쉬지 않는다. 잠도 자지 않는다. 해외 자산에 투자하면 내가 잠들어 있을 때도 돈을 벌 수 있다.

2. 자본에게는 대가를 줄 필요가 없다

사업가가 직원에게 일을 시킬 때는 그에 상응하는 봉급을 줘야 한다. 대가가 없는 노동은 없기 때문이다. 반면 자본은 무급으로 일하는 직원과도 같다. 자본에게 일을 시키기 위해 추가 비용을 쓸 필요가 없다.

3. 자본은 불필요한 감정이 없다

사람은 감정이 있는 동물이다. 그리고 각자의 의견이 다르다. 이렇다 보니 직원에게 일을 시켜도 원하는 대로 움직이지 않을 때가 상당히 많다. 요청한 것을 다르게 받아들일 수도 있고 실수도 한다. 생각이 달라 예상한 방향과 다르게 행동할 수도 있다. 그러면 방향을 맞추기 위해 추가로 마음고생을 하게 된다. 자본은 다르다. 감정 같은 건 없다. 나에게 섭섭해하지 않는다. 내가 시킨 대로 칼같이 움직이고 칼 같은 결과를 가져다준다. 내가 판단만 잘하면 되는 것이다.

4. 자본 수익은 업사이드의 제한이 없다

사실 이게 가장 중요한 이유다. 자본 수익은 곱셈으로 작용한다. 투자 수익률에 따라 변한다. 시간이 지날수록 복리의 효과를 입기 때문에 무한대로 커질 수도 있다. 연봉을 5,000만 원 받던 월급쟁이가 아무리 좋은 성과를 낸다고 하더라도 이듬해에 갑자기 억대 연봉을 받을 수는 없다. 하지만 자본 소득은 성과에 따라 배 이상으로 늘어날 수도 있다.

이런 속성들을 비교해 보면 자본 수익의 우위가 그대로 드러난다. 월급이 커지는 속도, 즉 내가 직접 일을 해서 돈을 버는 속도는 절대로 자본이 불어나는 속도를 이길 수 없다. 이것은 불평등이 아니라 자본주의의 근본적 구조다. 빈부격차가 심화되는 이유도 여기에 있다. 빈자가 노동으로 버는 속도보다 부자가 자본으로 버는 속도가 빠르기 때문이다.

사업의 경우 속도와 업사이드의 측면에서는 매력적이다. 하지만 인건비, 임대료, 시설 투자 등 마찰비용이 발생한다. 스트레스와 체력소모가 상당하다. 특히 다른 사람들을 만나고 설득하며 움직이는 데서 오는 어려움이 크다. 좀 더 자세히 들여다보면, 사업을 통해 돈을 벌고 부자가 되는 과정도 자본 소득의 범주를 벗어나지 않는다. 사장들이 부자가 되는 이유는 월급을 많이 받아서가 아니라, 보유한 사업체의 자본 자체가 커지기 때문이다.

이와 관련해 재미있는 일화가 하나 있다. 논현동, 아현동 등의 가구거리들에 대한 이야기다. 이런 가구거리에는 그곳에서 가구점을 오랫동안 운영하는 터줏대감들이 있다. 그런 분들 중 백억대 이상의 자산가들이 꽤 있다고 한다. 가구도 온라인으로 주문하는 요즘 같은 시대에 가구거리를 방문하는 소비자는 많지 않을 텐데 어떻게 그런 부자가 되었을까?

실제로 가구점의 사장님들이 가구를 판매해 얻는 수입은 그렇게 크지 않다. 생활비를 만들고 사업체를 굴러가게 할 수 있는 정도일 것이다. 반면 가구사업을 운영하려면 가구를 제작하고 보관하는 공장과 창고 등의 공간이 필요하다. 그렇다. 부동산이 필요한 것이다. 이제 어떤 이야기인지 슬슬 감이 오지 않는가? 서울을 조금 벗어나 경기도 외곽으로 나가게 되면 가구점뿐 아니라 중소기업들의 공장과 창고 등을 많이 볼 수 있다. 사업의 운영을 위해 토지 가격이 저렴한 수도권 외곽에 공장과 창고를 세우는 것이다. 그런데 시간이 지나 업력이 길어지다 보면 보유하고 있던 공장과 창고부지 등 부동산의 토지가치가 크게 상승하게 된다. 10년, 20년쯤 지나면 평당 몇천 원 하던 땅이 수십, 수백만 원까지 올라가는 경우도 있다. 업력이 긴, 사업을 오랫동안 했던 사장님들은 지방에 매입했던 부지의 땅값이 오르며 자연스럽게 자산가가 되는 것이다. 이것이 자본수익의 단적인 예다.

인간의 수명은 짧다. 수백 년 동안 일을 해서 부자가 된 사람은 없다. 고용인이 되든 피고용인이 되든 똑같다. 노동으로 돈을 버는 와중에도 다른 한쪽에서는 자본을 통해 추가로 돈을 벌어야 한다. 이것은 선택이 아니라 필수다.

좋은 놈, 나쁜 놈, 이상한 놈

9년? 혹은 10년 전의 일이다. 삼성전자에서 신입사원으로 일을 시작했을 무렵이었다. 당시 연구소에서 일을 하고 있었는데 다른 부서 사람들과 협업하여 진행하는 선행 연구 프로젝트에 투입되었다. 기획자, 디자이너, 개발자 등 다양한 포지션의 직원들이 모여 한 자리에서 회의를 하게 됐다. 모인 사람들 중에는 다른 부서의 기획자 과장님이 한 분 있었다. 얼굴이 까무잡잡하고 안경을 쓴 분이었다. 이름은 당연히 기억나지 않는다. 문제는 이분이 굉장히 까다로운 사람이었다는 것이다. 다른 사람들이 이야기하는 것들에 태클을 많이 걸었다. 주된 내용은 "왜 더 간단하게 할 수 있는 것을 복잡하게 하려는 것이냐"는 불만이었다.

같이 일하던 사람들은 그분을 그다지 좋아하지는 않았다. 속으로 생각하기에는 그 과장님의 말 중 틀린 것은 별로 없었다. 하지만 다양한 부서의 사람들이 모인 자리에서 참여자 대부분은 충돌 없이 업무를 진행하고 싶어 했다. 그렇기에 이런 식의 소수 의견이 생기면 이래저래 피곤했을 것이다. 지금 생각해보면 그분의 불만은 일하는 동료들에게 있는 것이 아니라 다니던 회사에 있던 것일지도 모르겠다. 아무튼 본인이 소속된 조직이 일하는 방식을 대놓고 싫어하는 사람이었다. 사실 어느 쪽도 잘못한 것은 없다. 회사의 문화가 있고, 그 문화가 맞는 사람과 맞지 않는 사람이 있는 것이다. 삼성전자의 조직문화가 좀 보수적이었던 건 사실이지만 좋은 성과를 내는 회사다.(주가 상승이 그것을 말해주고 있다) 하지만 결과적으로 그분은 자신과 맞지 않는 곳에서 일하고 있었다. 그래, 지금 생각하니 동료들도 그를 싫어했고 그도 동료들을 싫어했다.

얼마 후 프로젝트는 다른 이유로 셧다운되었다. 그래서 그분을 만날 기회도 사라졌다. 그러고 나서 한 달쯤 뒤에 점심을 먹는데 몇몇 상사분들이 하는 이야기를 듣게 되었다. 그 과장님이 퇴사하고 다른 곳으로 이직했다는 것이었다. 막 만들어진 중소기업이고 삼성전자 출신 과장이라는 네임밸류가 있기 때문에 좋은 조건을 받았다고 했다. 연봉은 늘지 않았지만 근속 조건으로 소량의 주식 지분을 받았다는 이야기였다. 당시의 분위기에서 삼성전자를 퇴사한다는 것은 커리어의 정점을 넘기는 취급을 받았다. 현재 연봉을 유지하면서 옮길 수 있는 다른 회사는 거의 없었다. 비슷한 네임밸류를 가진 회사도 없었다. 외국계도 아니고 다른 대기업도 아닌, 이름 모를 조그만 회사로 옮기다니. 확실히 의아한 행동이었다.

상황을 잘 모르는 신입사원이었던 내 눈에도 그분의 행보는 '조직 부적응자의 도피 이직' 정도의 느낌이었다. 물론 9년 전, 혹은 10년 전 이야기라서 자세한 것은 거의 기억나지 않는다. 그런데 딱 하나 선명하게 기억나는 게 있다. 우리 팀의 상사분이 그 소식을 듣고 웃으면서 했던 이야기였다. 어느 분이 한 말인지 또한 기억나지 않지만 말 자체는 토씨 하나 틀리지 않고 기억하고 있다.

"카카오톡? 그런 데 가서 무슨 일을 하겠다는 거야. 허허허."

그분의 이후 행보는 전혀 궁금하지도 않고 알 길도 없다. 일단 이름을 모르니까. 하지만 한 가지 확실하게 아는 게 있다. 아마 삼성전자에서 과장을 달 때까지 벌었던 돈을 합친 것보다 더 많은 돈을 보유한 카카오 주식의 가치를 통해 '자본 소득'으로 얻었을 것이다. (또 다른 도피 이직을 하지 않았다는 전제 하에 말이다) 이것이 이번 이야기의 주제다.

◆◆◆

김지운 감독이 만들고 송강호, 이병헌, 정우성 배우가 주연으로 출연한 〈좋은 놈, 나쁜 놈, 이상한 놈〉 이라는 영화가 있다. 이 사회의 경제활동에도 좋은 놈, 나쁜 놈, 이상한 놈이 있다. 아니, 그렇게 인식되는 놈들이 있다. 첫 번째는 좋은 놈, 노동 소득이다. 사람들은 열심히 일해서 그 대가로 버는 돈을 좋은 것으로 생각한다. 반면 불로 소득은 나쁜 놈이다. 일하지 않고 자리에 앉아서 돈을 버는 것은 나쁜 것으로 취급받는다. 남들은 열심히 사는데 놀면서 벌면 왠지 반칙같기 때문이다.

그리고 자본 소득. 이건 어떤 놈일까? 자본 소득이라고 하면 뭔가 어려울 것 같기도 하고 쉬울 것 같기도 하고 실체는 아리송하기만 하다. 사실은 많은 사람들이 오해하고 있는 부분이 있다. 자본 소득을 불로 소득이라고 여기는 것이다. 그래서 누군가 투자로 돈을 벌었다고 하면 이상하게 배가 아프고 기분이 나쁘다. 그에 더해서 투자로 돈을 번 것에 대해 '쉽게 벌었다고' 생각한다.

하지만 자본 소득은 결코 쉽게 벌 수 있는 돈이 아니다. 일단 아무 곳에나 돈을 옮긴다고 수익이 생기지 않는다. 올바른 투자처를 찾기 위해서는 정확하고 냉철한 판단력이 필요하다. 사람들은 판단력이 인생에 끼치는 영향을 과소평가한다. '판단' 자체는 찰나에 이루어진다. 짜장면을 먹을까 짬뽕을 먹을까. 이 아파트를 살까 말까? 이 주식을 지금 당장 팔아야 할까, 기다려야 할까? 순간적으로 떠오르는 마음으로 결정하는 것이다. 하지만 판단의 방향에 따라서 우리의 미래는 상당히 달라진다. 판단력의 실체는 '학습과 경험을 통해 획득한 높은 확률의 감'이다. 좋은 판단력은 하루아침에 생기는 것이 아니다. 오랜 시간과 노력을 통해 만들어진다. 끈질기게 공부해야 하고, 특히 투자는 실전의 경험이 풍부하게 쌓여야 한다. 그런 과정을 거친 뒤에야 좀 더 세련된 판단력이 생기는 것이다. 다시 한 번 강조하고 싶다.

자본 소득은 불로 소득이 아니다.

그렇다면 자본 소득을 통해 우리가 추구하는 것은 무엇일까? 앞서 말했듯이 자본 소득은 쉽게 벌리는 돈은 아니다. 하지만 경험과 실력이 쌓이면서 점점 쉬워지는 것도 사실이다. 이것은 우리 판단력의 향상뿐 아니라 자본 자체가 커지면서 버는 돈도 같이 커지는 복리 효과 덕분이다. 모든 투자는 공부와 판단을 통해 시작된다. 그리고 시간이 지날수록 돈이 돈을 버는 속도와 크기가 기하급수적으로 증가한다. 자본의 크기를 나 대신 일해줄 수 있는 일꾼의 숫자라고 생각해보자. 일꾼이 많아질수록 내가 하는 노력에 비해 곳간에 쌓이는 재산은 급격히 커진다. 결국 우리가 자본 소득을 통해 추구하는 목표는 나 대신 일해줄 생산성이 갖춰진 자본(기업의 지분, 부동산의 면적 등)을 최대한 많이 보유하는 것이다.

이번에는 나쁜 놈, 불로 소득에 대해 생각해보자. 불로 소득 자체는 나쁜 게 아니다. 그것이 어떤 과정을 통해 발생되었는지에 달려 있는 것이다. 타인의 정당한 노력을 갈취하거나 다른 사람을 속이고 기만하여 불법적으로 돈을 벌었다면, 그런 불로 소득은 당연히 나쁜 소득이다.

반면 자본 소득의 축적이 시간을 만나며 만들어지는 불로 소득도 있다. 자본 소득을 내려면 초기에는 상당한 노력이 필요하다. 하지만 자본이 제대로 실력을 발휘하기 시작하면 나의 노력보다 더 빠른 속도로 돈을 벌어다준다. 가령 연 5%씩 배당을 주는 기업의 주식을 10억 원어치 가지고 있다고 생각해보자. 연말까지 그 주식을 보유한다면 이듬해 4월에 배당금으로 5,000만 원이 발생한다. 주식을 보유한 권리만으로도 소득이 발생하는 것이다. 내가 들인 노력은 그 주식을 보유하겠다고 판단한 것밖에 없다. 만약 100억 원이 있다면 어떻게 될까? 아무 일도 안하고 그 주식을 보유하기만 해도 연 5억 원이 불로 소득으로 발생한다.

이렇게 주식의 배당이나 부동산의 월세 등 나의 노동력을 제공하지 않고 발생하는 소득이 내가 연중 필요로 하는 소득보다 커지면 그때부터는 실질적으로 일을 할 필요가 없다. 이런 구조가 구축되고 시간이 좀 더 흐르면 어떻게 될까? 가령 10년 정도 더 시간이 흘러 나의 자본이 벌어다 주는 불로 소득이 5배 정도 더 늘어났다면? 내가 필요로 하고 쓰는 돈보다 쌓이는 돈이 무섭도록 커지게 될 것이다.

김은숙 작가가 쓴 〈시크릿 가든〉은 2010년대에 높은 시청률을 기록한 드라마 중 하나다. 주인공이었던 현빈과 하지원은 각각 백화점을 경영하는 재벌 2세 금수저 김주원과 가난한 스턴트우먼 길라임을 연기했다. 그 드라마에서 두 주인공이 나눈 대화 중 인상적이었던 것이 있다. 백화점 사장인 김주원이 스턴트우먼인 길라임에게 이렇게 묻는다.

"넌 부자와 부자가 아닌 사람의 차이가 뭐라고 생각하니?"

길라임은 잘 모르겠다고 대답한다. 그러자 김주원이 다른 질문을 던진다.

"넌 지금 네 통장에 돈이 얼마가 있는지 알고 있어?"

길라임은 그렇다고 대답한다. 그리고 김주원이 말을 이어간다.

"진짜 부자들은 자기 통장에 돈이 얼마나 있는지 몰라. 갖고 있는 돈이 계속해서 돈을 벌어주기 때문에 지금 이 순간에도 통장에 계속해서 돈이 쌓이고 있거든. 그게 부자와 그렇지 않은 사람의 차이야."

조금 재수없긴 하지만 이토록 세상의 원리를 꿰뚫고 있는 말이 있을까? 꼭 드라마에 나오는 잘생기고 키 큰 재벌 2세 백화점 사장님이 아니라도 이런 삶을 살아가는 숨겨진 자산가들이 정말 많다. 그런 숨은 자산가의 이야기와 교훈을 다룬 재테크 도서 중에 박종기 님이 쓴 《지중해 부자》라는 책이 있다. 이 책에서 저자는 80년대 후반부터 주식 투자를 시작해 지금은 개인자금으로 투자회사를 운영하며 지중해에서 여유로운 생활을 하고 있는 수천억 자산가의 이야기를 소개한다. 소설도 아니고 수필도 아닌, 어떻게 보면 우화 같은 느낌으로 흥미로운 일화들을 공유하는 책이다. 판자촌에서 가족을 먹여 살리며 산전수전을 다 겪었지만 결국 주식 투자를 통해 경제적 자유를 이룬 지중해 부자. 정말 영화같은 이야기다. 여기서 이 부자가 자신의 현재 삶에 대한 이야기를 하는 부분이 꽤 인상적이었다. 일단 경제적 자유를 달성하고 나면 인생 자체가 상당히 즐거워진다고 했다. 꼭 유명하게 살 필요도 없다. 피곤한 일에 엮이지 않아도 되고 남의 눈치를 보지 않아도 되고 느긋한 마음으로 건강을 챙기며 남은 인생을 즐길 수 있다는 것이다.

처음에 책을 읽을 때는 그 지중해 부자가 실존인물인지 아니면

글쓴이가 지어낸 가상의 인물인지 의심이 되기도 했다. 일단 너무 드라마틱하고 동화 같은 이야기였기 때문이다. 찢어지게 가난한 중년의 가장이 주식만으로 정말 1,000억 이상을 보유한 자산가가 될 수 있을까? 너무 허황된 이야기이지 않은가? 그런데 투자를 공부하고 다양한 투자자들을 만나다 보니 결코 불가능한 일이 아니라는 것을 실감하게 되었다. 돈이 돈을 버는 메커니즘은 우리의 노동활동과는 근본적으로 다르기 때문이다. 게다가 일단 상당한 자산이 생기고 나면 굳이 다른 사람들에게 자신을 적극적으로 알리거나 대외활동을 할 필요도 없다.

예를 들면 2000년대 중반에 온라인에서 투자 관련된 정보를 적극적으로 공유하고 열정적으로 활동하는 분들이 있었다. 그런 분들 중 상당수는 수년이 지난 뒤 절필을 하거나 온라인 활동이 뜸해진다. 이미 큰 자산을 만든 뒤라 더 이상 온라인 활동을 이어갈 필요성을 느끼지 못한다는 게 그 이유였다. 게다가 자산이 많다는 게 알려지면 사람들이 찾아와 이런저런 부탁을 하고 피곤하게 만드는 부작용도 있다고 한다.

실제로는 주변에 본인의 자산 규모를 가급적 숨기고 수수한 라이프스타일을 고수하는 분들이 꽤 많다. 사회활동을 줄이고 유유자적 살아도 충분히 행복하기 때문이다. 매일 출퇴근을 하고 분주히 움직이는 우리와 마주칠 일은 많지 않다. 혹시 길에서 마주치더라도 그 정도로 돈이 많은 사람으로 보이지 않을 것이다. 하지만 우리

눈에 띄지 않는다고 그런 사람들이 존재하지 않는 것은 아니다. 분명히 우리 주변에, 그렇게 멀지 않은 곳에 존재한다.

우리도 충분히 그렇게 될 수 있다. 하지만 그렇게 되려면 자본 소득에 대해 정확히 알고 있어야 한다. 자본 소득을 우리 가까이에 두어야 한다. 젊고 힘이 있을 때 가능한 많은 자본을 모아서 우리를 도와주는 일꾼으로 품어야 한다.

CHAPTER 9

돈나무가 자라는 원리

잃지만 않으면 시간이 벌어준다

투자를 시작한 지금의 위치에서 시간이 많이 지나 부유해져 있는 내 모습을 상상해보자.

투자의 시작과 끝은 어떤 모습일까

출발선에서 결승선을 향해 가는 언덕길은 어떤 모습일까? 시작과 끝만 보이는 상황에서 중간의 과정을 상상하면 무의식중에 두 지점을 가로질러 가는 직선을 생각하기 쉽다.

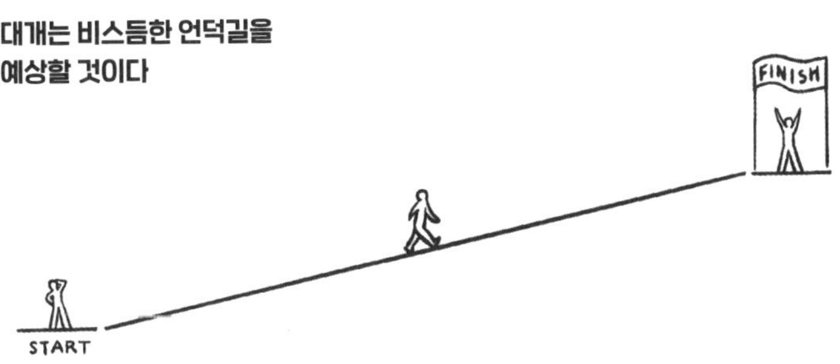

하지만 실제로 종착지를 향해 가는 길은 아래 그림에 더 가깝다.

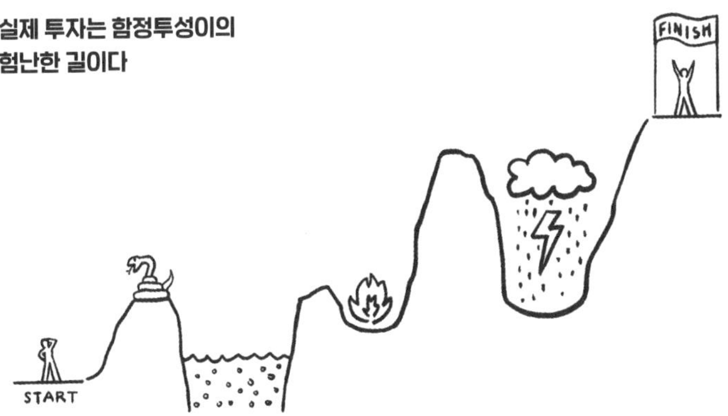

저런 함정들을 근본적으로 피할 수는 없다. 오히려 함정들이 있기 때문에 우리에게 자산 상승의 기회가 있는 것이다. 여기에 자산 증식의 중요한 메시지가 담겨 있다. 자산 증식의 과정은 선형적 상승, 완만한 언덕이 아니다. '자본이 불어 난다'라는 표현 때문에 조금씩 수익이 더해지며 점점 커지는 모습을 떠올리기 쉽지만 실제로는 훨씬 드라마틱하다. 작은 자본이 거대해지는 과정에는 수없이 많은 등락과 부침이 있다.

가장 극적인 사례를 한번 알아보자. 현재 세계 최고의 기업 중 하나인 아마존의 경우 20년 가까운 기간 동안 수백 배의 주가 상승을 이루었다. 하지만 그 과정에는 상당히 혹독한 주가 하락기도 존재했다. 중간중간 반토막 하락도 수없이 많았으며 가끔은 90%의 주가 하락도 있었다고 한다. 만약 내가 1억을 투자한 기업이 10억까지 올라갔다가 다시 1억으로 돌아온다면 그것을 견뎌낼 수 있을까? 절대로 불가능하다. 인간은 그 정도로 감정이 견고한 동물이 아니다. 그래서 우리의 자산이 불어나는 그래프는 상승과 부침을 거듭하며 꾸역꾸역 우상향하는 그림이 될 수밖에 없다.

웨이트 트레이닝을 생각해보자. 운동을 할 때도 매우 비슷한 현상을 발견할 수 있다. 근육을 단련하는 많은 사람이 '정체기'라는 것이 있다고 증언한다. 정체기는 무엇일까? 매일 피트니스 센터에 나가서 열심히 운동을 하는데 근육이 커지지도 않고 더 무거운 무게도 들리지 않는 상태다. 가령 운동을 처음 시작한 사람이 역기의 무게를 30kg으로 시작해 꽤 짧은 시간 안에 40kg을 들 수 있게 되었다. 그런데 어느 순간 40kg 위로는 도저히 올라가지 않는 것이다. 몇 주 동안 꾸준히 훈련을 해도 전혀 진척이 없는 경우도 있다.

그런 기간이 찾아오면 많은 사람들이 낙담하게 된다. 운동을 포기하고 훈련을 게을리하거나 그만둘 수도 있다. 하지만 어떤 사람들은 진척이 없더라도 훈련을 계속한다. 그렇게 몇 주를 더 버티다보면, 어느 날 갑자기 거짓말처럼 무게를 올릴 수 있게 된다. 그리고 또 꾸준히 무게를 올리다가 50kg에서 정체기를 맞을 수도 있다. 왜 이런 것일까? 왜 매일 훈련을 쌓아도 우리의 능력은 매일 향상되지 않는 것일까? 사실 정체기에도 우리의 근신경과 세포는 계속해서 진화를 하고 있다. 그저 표면적인 기록으로 드러나지 않을 뿐이다. 내 능력치가 정체된 상황에서 훈련을 이어가며 내부 공사가 꾸준히 진행되고 나면, 어느 순간 퀀텀 점프가 일어나는 것이다.

투자에서도 마찬가지다. 부동산을 생각해보자. 강남 아파트의 가격이 100배 올랐다고 하지만 아무런 부침 없이 꾸준히 가격이 상승하는 게 아니다. 경기가 좋지 않을 때는 가격이 떨어지기도 하고, 몇 년씩 집값이 횡보하기도 한다. 그러다가 어느 순간 갑자기 호가가 올라가면서 1, 2년 사이에 두 배씩 오르는 경우도 있다. 그러다가 또 한참 동안 정체기가 생긴다.

주식은 그 부침이 더 심하다. 기업 활동은 집값에 비해 경기의 영향을 더 강하게 받는다. 어떤 시기의 실적이 상당히 떨어질 수도 있다. 그럴 때 사람들은 이 회사 망하는 게 아닌가? 하는 의심을 하기도 한다. 실제로 그렇게 망해서 역사 속으로 사라지는 회사들도 많다. 이런 경우 그 기업의 주가는 오랜 시간 정체되거나 하락한다. 하지만 대외적 의심이 가득한 순간에도 내부의 직원들은 묵묵히 일을 하며 밥값을 한다. 그런 노력이 빛을 발하면 어느 순간 경기가 회복되면서 기업의 실적이 폭발적으로 올라올 수 있고, 그런 경우 그 기업의 주가는 단기간에 큰 상승을 이루기도 한다.

방금 이야기한 근육 운동에 비추어보자. 기업의 업황이 좋지 않은 구간은 정체기가 와서 무게가 올라가지 않는 시기와 비슷하다. 하지만 이럴 때 근신경이 보이지 않는 진화를 이루듯이 기업의 직원들 또한 실적에 연연하지 않고 매일매일 출근해 할 일을 하고, 경영진은 비용 절감을 위해 다양한 시도를 한다. 이런 노력의 시간은 당장 침체되어 있는 주가에는 드러나지 않는다. 회사의 모든 구성원이 노력해 슬기롭게 위기를 이겨내고 나면 그제서야 회사의 능력이 그 진가를 드러낸다. 여기서 진가란 회사의 성적표인 실적과 그것에 반응하는 주가를 의미한다.

큰 상승은 강한 추진력에 의해 가능하고,

강한 추진력은 한번에 모이지 않는다.

이는 개개인이 투자 성적을 낼 때도 마찬가지다. 간단하게 설명하면 다음과 같다. '잃지 않고 버티면 시간이 돈을 벌어다 준다.' 여기서 우리가 특히 신경써야 하는 것은 '잃지 않고'라는 부분이다. 먼저 '버틴다'는 것에 대해 생각해보자. 버티는 것은 루틴을 유지하는, 즉 훈련을 이어나가는 것이다. 복잡하지 않다. 정체기가 오더라도 실망하지 않고 묵묵히 해야 할 일을 하면 된다. 보이지 않는 근신경의 성장, 보이지 않는 투자 내공의 성장이 일어나고 있다는 것만 이해하면 충분하다.

하지만 '잃는다'는 것은 더 생각해볼 필요가 있다. 다시 운동 이야기로 돌아와 보자. 운동선수의 가장 큰 적은 무엇일까? 바로 '부상'이다. 모든 훈련은 근육과 신경에 과부하가 걸리게 해 데미지를 주고, 그것을 회복하는 과정의 연속이다. 아프게 만들고 회복시키고, 아프게 만들고 회복시킨다. 그런데 여기서 아프게 만드는 정도가 지나치게 되면 아픔에서 끝나는 게 아니라 다치게 된다. 아픈 것과 다치는 것은 다르다. 부상을 당했을 때 가장 큰 문제는 '훈련을 이어갈 수 없다'는 점이다. 훈련이 없으면 실력은 퇴보한다. 운동을 업으로 하는 선수들에게 실력의 퇴보는 일생의 적이다. 꼭 운동을 업으로 하는 선수가 아니어도 마찬가지다. 몸을 강하게 단련하고 싶은 아마추어 일반인들에게도 부상을 당했을 때의 타격은 크다. 무엇보다 부상 때문에 운동을 쉬게 되면 의욕이 꺾이고 포기하게 되기 때문이다.

투자자들도 다르지 않다. 모든 복리수익은 곱셈이다. 반대로 말하면 손실 또한 곱셈이다. 그래서 한 번이라도 손실을 입으면 내가 벌어온 모든 재산에 영향을 끼치게 된다. 만약에 어떤 투자자가 30%의 수익을 낸 직후 -30%의 손실을 입었다면 어떻게 될까? 언뜻 들으면 30%씩 주고받았으니 본전은 건진 셈이라고 생각하게 된다. 하지만 그렇지 않다. 100만 원으로 30%의 수익을 내면 130만 원이 되고, 130만 원에서 30% 손실이 일어나면 130×0.7=91만 원이 된다. 순서가 바뀌어도 마찬가지다. 100만 원으로 30%의 손실을 낸 후 다시 30%의 수익을 내어도 본전이 아닌 91만 원이다.

이런 손실을 겪은 투자자는 부상을 입은 운동선수와 똑같은 고생을 한다. 우선 회복 후 원래의 궤도로 돌아오기까지 상당한 시간이 걸린다. 두 번째는 그 데미지를 극복하는 데 드는 시간과 감정의 소모를 이기지 못하고 포기하고 싶어진다는 점이다. 실제로 많은 사람들이 포기해버리기도 한다. 한 번의 부상 혹은 손실 때문에 오랫동안 쌓아온 노력이 물거품이 되는 경우도 많다.

그렇다면 부상이나 손실을 극복하지 못하고 포기해버리는 심리는 어떻게 설명할 수 있을까? 이는 불운을 초래한 원인에서 찾을 수 있다. 운동하다 부상을 입는 것과 투자하다 손실을 입는 것의 원인은 같다. 바로 '욕심'이다. 의욕이 넘쳐서, 조금이라도 더 빨리 성과를 만들고 싶어서 멀리 가야 할 길을 빠르게 가고 싶은 마음이 앞서게 되면 무리할 수밖에 없다. 이것은 결국 부상이나 손실로 이어진다. 이처럼 원인이 나에게 있기 때문에 후회가 더 커지는 것이다.

욕심이 앞서지 않으면 느리더라도 확실히 목표에 다다를 수 있다. 하지만 순간의 욕심이 초래한 나쁜 결과는 오랫동안 우리의 발목을 잡는다. 내 손해의 원인이 나 자신에게 있는 것이다. 그런 죄책감이 커지면 스스로를 용서하기 힘들어진다. 자신을 용서하고, 불운을 털어 내고 다시 원래 페이스를 찾아야 할 시간에 자신을 증오하며 더 많은 시간을 허비하게 될 수 있다.

인생의 많은 부분은 경쟁이 아니며, 타인과의 싸움이 아니다. 나 자신과의 싸움이 더 중요하다. 투자를 통해 경제적 자유를 달성하고 싶다면 일단 나에게 패배해서는 안 된다. 나에게 패배하는 가장 큰 원인은 욕심에 있다. 욕심을 버리고 잃지 않는 것에 집중하자. 수비에 집중하다 보면 시간과 자본이 나를 대신해 공격해준다. 그리고 우리는 더 건강한 부자가 되어 있을 것이다.

부동산이 좋을까 주식이 좋을까?

대한민국 재테크계를 주름잡는 양대산맥, 부동산과 주식. 과연 어떤 게 더 좋을까? 결론부터 말하자면 '엄마가 좋을까 아빠가 좋을까? 짜장면이 좋을까 짬뽕이 좋을까? 바다가 좋을까 산이 좋을까?' 처럼 의미 없는 질문이다. 더 나은 재테크 자산이 있는 게 아니다. 어떤 방법이든 돈을 벌 수 있는 실력을 기르면 된다. 특히 우리나라에서 유독 두 투자 대상에 대해 대립 구도가 생기는 이유는 뭘까? 어쩌면 특유의 편가르기 정서 때문이 아닐까 싶기도 하다.

부동산과 주식을 각각 대변하는 예찬론자들의 이야기를 듣다 보면 아기 오리 이야기가 생각난다. 아기 오리가 태어나서 제일 먼저 만난 대상을 엄마라고 생각해서 따라간다는 이야기. 한 대상에 먼저 입문하게 되면 그것이 나의 길이라고 생각하는 사람들이 있는 듯하다. 각 커뮤니티에서 부동산 투자자들이 주식 투자자를, 주식 투자자들이 부동산 투자자를 헐뜯고 비난하는 모습이 종종 보인다. 씁쓸한 광경이다.

진짜 자산가들이라면 어떨까? 온라인 커뮤니티에서 핏대 세우며 다른 사람과 싸울 필요가 있을까? 나는 어쨌든 돈을 벌었고 경제적 자유를 얻었으니 일상을 즐기기만 하면 되는데 말이다. 중요한 질문은 어떤 걸 사느냐가 아니다. '어떻게' 사느냐가 더 중요하다. 잘못 사는 사람은 뭘 사든 돈을 잃을 것이고, 숙련된 고수는 뭘 사든 돈을 벌 것이다. 그럼 잘못 사는 사람과 숙련된 고수의 차이는 무엇일까? 여기서 투기와 투자의 차이를 이해할 필요가 있다. 대략의 의미는 알고 있겠지만 제대로 구분하기 위해 다시 한 번 의미를 곱씹어볼 필요가 있다. 투기와 투자는 언뜻 보면 큰 차이가 없는 것 같다. 무언가를 사서 더 높은 가격에 팔기만 하면 된다는 건 똑같다. 무슨 차이가 있는 것일까? 투기꾼은 금목걸이에 금시계를 차고, 투자자는 정장에 안경을 끼고 있을까?

투기와 투자의 결정적 차이는 자금 집행의 근거에 달려 있다. 가지고 있는 현금을 특정 자산으로 이동시키는 것이 자금 집행이다. 투기나 투자에서 기대하는 것은 다르지 않다. 둘 모두 시세 차익을 바란다. 더 높은 가격으로 되팔 수 있다고 기대되는 자산을 사는 것이다. 이 과정에서 존재하는 투기와 투자를 집행하는 근거의 차이는 다음과 같다.

투기 : 운과 요행을 믿는다
투자 : 공부와 상식을 믿는다

'오를 것 같은데' 그 근거가 나의 운과 요행에 달려 있다면 그것은 투기다. 반면 사전에 신중하게 공부한 후 상식적으로 돈을 벌 수 있다는 근거를 확보한 후 돈을 넣는다면 그것은 투자다. 똑같은 대상을 똑같은 가격에 사서 똑같은 가격에 팔아도 이 근거의 차이에 따라 투기일 수도 있고, 투자일 수도 있다. 그렇다면 이 둘은 왜 구분되어야 할까? 바로 지속 가능성 때문이다. 운과 요행으로 번 돈은 오래 가지 않는다. 운은 좋을 수도, 나쁠 수도 있다. 이번에 운이 좋아 돈을 벌었는데 다음에는 운이 따라주지 않는다면 번 돈을 까먹기도 한다. 반면 공부와 상식으로 번 돈은 다음에도 같은 방법으로 벌 수 있다.

그래서 어떤 상황이 와도 내가 돈을 넣는 근거가 무엇인지 제대로 구분한 후 매수하는 자세가 필요하다. 부동산이나 주식으로 '나 이번에 얼마 벌었어' 하고 자랑하는 사람들을 떠올려보자. 이미 그 문장에서 지속 가능성이 보이지 않는다는 것을 알 수 있다. '이번에'라는 조건 때문이다. 그 말은 다른 시기에는 돈이 벌리지 않을 수도 있음을 시인하고 있다는 뜻이다.

실제로 자산이 늘어나는 사람들은 '이번에 얼마 벌었다'는 것을 대수롭게 여기지 않는다. 한 건의 수익보다 수익의 누적으로 인한 복리 효과가 더 중요하다는 것을 알고 있기 때문이다. 투기꾼들은 한 번의 성공을 크게 자축하지만 결과적으로는 자산이 모이지 않는다. 반면 투자자들은 성공을 누적시키는 데 초점을 맞춘다. 결과적으로 소리 소문 없이 자산을 늘려 나간다.

본격적으로 부동산과 주식을 비교해보자. 각각의 특징은 많은 투자서에서 소개되어 있으므로 여기서는 두 자산의 연계성과 차이점에 집중할 것이다. 우선 부동산과 주식의 핵심 원동력에 대해 알아보자. 부동산 투자의 비결은 무엇일까? 보통 부동산의 비결로 '입지' 이야기를 많이 한다. 첫째도 입지, 둘째도 입지, 셋째도 입지. 그런 이야기가 오간다. 하지만 내가 보기에 평범한 사람이 부동산으로 자산가가 되는 과정에서 입지보다 더 중요한 것은 바로 '금융'이다. 레버리지를 적절히 일으키는 것이 부동산 투자의 필수적인 기술이다.

레버리지란?

레버리지의 사전적 의미는 지렛대이다. 지렛대를 이용해 내 힘으로 들 수 없는 무거운 물건을 들어 올리는 것처럼, 재테크에서 차입한 돈을 자신의 자본과 합쳐서 투자하는 것을 두고 '레버리지를 사용한다'라고 표현한다. 내가 가진 자본보다 더 큰 돈으로 투자를 한다면 투자 대상의 시세차익 또한 비례해서 더 커진다. 따라서 내 순수 자본과 비교해 더 큰 투자 수익률을 기대할 수 있는 것이다. 하지만 빌린 돈에는 이자를 내야 하기 때문에 기대하는 투자 수익률이 내가 내야할 이자율보다 클 때만 레버리지가 효과를 낼 수 있다. 시세차익은 변변찮은데 이자만 많이 내야 한다면 결과적으로는 손실을 보는 것이다.

부동산은 싼 자산이 아니다. 초보가 접근하기에는 물건의 단가가 만만치 않은 규모라는 뜻이다. 그래서 처음 부동산을 시작할 때, 그리고 부동산 자산이 의미 있는 수준으로 성장하는 과정에서 필연적으로 금융이 개입된다. 돈을 빌려 부동산을 사는 것이다. 돈을 빌리는 과정도 다양하다. 주택담보대출도 있고, 신용대출, 경락잔금대출, 제1금융권, 제2금융권, P2P, 심지어 대부업까지… 다양한 경로로 돈을 빌릴 수 있으며 빌린 돈으로 부동산을 샀다가 처분하기까지 금융의 역할이 중요하다. 당연히 돈을 영리하게 잘 빌리고, 위험하지 않게 적절히 갚아 주는 능력이 필요하다.

그렇다면 주식은 어떨까? 부동산에서 사람들의 관심이 입지에 쏠리는 것처럼, 주식에서는 '종목 선정'에 관심이 쏠린다. 오를 종목을 잘 찍어야 돈을 벌 수 있다고 생각하는 것이다. 하지만 부동산에서 입지를 떠나 금융의 역할이 절대적이듯이 주식에서도 보이지 않는 핵심 원동력이 따로 있다. 바로 '운용'이다.

주식을 쉽게 봤다가 고생하는 사람들이 많은 이유는 운용의 역할을 간과하고 있기 때문이다. 잘 고른 종목 하나가 수십 배씩 뛰어 팔자를 고쳐주는 건 존재하지 않는다. 로또 당첨을 기다리는 것과 크게 다를 바가 없다. 오를 종목을 고르더라도 그것이 내 입맛대로 바로 올라주지 않는다. 중간에 평가손실을 겪어야 할 수도 있고, 더 나은 종목으로 교체매매를 해줘야 할 수도 있다. 주가가 빠지면 판단을 내려 추가 매수를 해야 할 수도 있고, 반대로 냉정하게 손절매를 하여 다음을 기약해야 할 수도 있다. 요컨대 한 가지 종목만 잘 찍으면 되는 게 아니라 지속적으로 자금을 운용시켜줘야 한다는 것이다. 포트폴리오를 잘 갖추고 적재적소에 돈을 옮겨주는 능력이 종목을 선정하는 능력보다 더 중요하다. 운용 능력이 갖춰지지 않으면 절대 주식 투자로 자산을 늘릴 수가 없다. 한두 번은 종목을 잘 찍어서 돈이 벌릴 수도 있지만 장기적으로 자산이 늘어나 부자가 되는 과정은 운용에 달려 있다.

부동산의 금융과 주식의 운용이 가지는 의미는 무엇일까? 돈은 한 곳에 고이는 게 아니라 흐른다는 것이다. 입지 선정과 종목 선정은 한 곳을 선택해 돈을 고이게 하는 일이다. 그것만으로는 장기적인 자산 증식을 이루기 어렵다. 특히 초보 시절에 초장기 투자를 위한 최고의 자산 하나만 고른다는 것은 불가능하다. 내가 처음으로 고른 자산이 투자 인생 최고의 선택일 가능성이 얼마나 될까? 공부하지 않고 시험을 쳤는데 내가 아무렇게나 찍은 번호가 모조리 정답일 수 있을까? 재테크에서 초보를 탈출하기 위해서는 돈을 옮기는 경험이 쌓여야 한다. 무조건 아무 곳으로나 이리저리 휘두르는 게 아니라, 충분한 고민을 거쳐 판단을 내리는 경험이 필요하다.

◆◆◆

부동산과 주식의 장단점에 대해서도 알아보자. 우선 두 자산의 차이를 한 눈에 확인해보면 꽤 재미있는 부분이 있다.

부동산과 주식의 장단점

	부동산	주식
장점	레버리지가 편하다 장기 투자가 쉽다	진입 장벽이 낮다 분산 투자가 쉽다
단점	진입 장벽이 높다 분산 투자가 어렵다	레버리지가 까다롭다 장기 투자가 어렵다

앞서 부동산의 핵심은 금융이라고 언급했다. 담보대출이 잘 마

련되어 있는 것은 부동산 투자의 큰 장점이다. 집을 살 돈이 충분하지 않아도 비교적 낮은 금리에 돈을 빌려서 나의 자본보다 큰 규모의 투자를 할 수 있다. 부동산담보대출의 금리가 다른 부채보다 저렴한 편인 이유도 부동산 가격에 대한 신뢰도가 높기 때문이다. 은행이 담보대출을 해줄 때는 나보다 내가 살 집을 더 신뢰한다. 슬픈 현실이지만 고마운 것도 사실이다.

은행이 나보다 집을 믿는다는 것에서도 중요한 힌트를 얻을 수 있다. 거의 모든 자산은 시간이 지나면 인플레이션의 영향을 받으며 우상향한다. 부동산도 마찬가지다. 집의 가치는 어디 가지 않는다. 그래서 어지간한 가격에 부동산을 매입해서 몇 년 깔고 앉아 있으면 시세차익이 생길 수밖에 없다. 물론 부동산을 매수했는데 산 가격보다 내리거나 수년간 횡보하는 경우도 있다. 하지만 이 경우는 애초에 '어지간한 가격'이 아니라 '매우 비싼 가격'에 샀을 가능성이 높다. 모든 물건을 살 때는 가격비교를 해야 한다. 3천만 원짜리 자동차를 6천만 원에 신나서 사는 사람은 없다. 집도 그렇다. 3억 원짜리 집을 6억 원에 산다면 손해를 보고 시작하는 것이다. 일반론으로 본다면 부동산으로 돈을 번다는 것의 의미는 다음과 같다.

'시세가 과열되지 않은 부동산을 적절한 레버리지를 사용해 매수하고, 몇 년 간의 장기투자를 통해 시세 상승이 일어날 때까지 충분히 기다린다.'

장기투자는 재테크의 성공률을 올려주는 중요한 덕목이다. 부동산은 어디로 움직이는 것이 아니다. 매수한 아파트에 거주할 수도 있기 때문에 마음 편히 보유하며 기다릴 수 있다. 이런 부동산의 성격이 투자자로 하여금 자연스럽게 장기 투자를 유도한다. 특별한 능력이 있어야만 부동산으로 돈을 벌 수 있는 것은 아니다. 기다리기 쉬웠기 때문에 기다린 덕을 보는 경우도 많다.

이제 부동산의 단점에 대해 알아보자. 집과 건물은 결코 싼 물건이 아니다. 최소 억 소리가 나야 한다. 레버리지를 일으키려고 해도 개인의 자본이 어느 정도 있어야 가능하다. 자본이 적은 시기, 사회생활을 시작한 지 얼마 되지 않았거나 지출해야 하는 곳이 많은 투자자의 경우에는 기회조차 주어지지 않는다. 진입 장벽부터가 높다는 뜻이다.

우량한 부동산의 가격 상승률은 불량한 부동산보다 높다. 애초에 가격이 더 높기 때문에 같은 퍼센티지로 상승해도 저렴한 부동산보다 이미 비싼 부동산의 상승 액수가 더 크다. 본격적인 크기의 자본이 없다면 부동산은 시작조차 할 수 없다. 그렇다면 아주 저렴한 부동산으로 시작해보는 건 어떨까? 냉정히 말해서 그것은 좋은 선택이 아니다. 가격이 낮은 부동산은 교통 입지, 학군, 주변 거주자의 경제 능력 등을 감안할 때 투자에 불리한 곳이다. 그런 곳에서 수익을 내려면 더 정교한 분석이 필요하다. 그렇기 때문에 단순히 가격이 싸다고 초보 투자자가 접근하는 것은 위험할 수 있다. 투자처로서 난이도가 더 높다는 의미다.

이와 같이 진입하기 위한 최소 투자금이 크다는 점은 다른 단점도 가져온다. 바로 분산 투자의 어려움이다. 이를 설명하기 위해서는 유동성에 대해 언급해야 한다. 경제신문 등에서 유동성이라는 이야기를 많이 들었을 것이다. 돈은 물처럼 흐르는 성질을 가진 존재다. 그렇기 때문에 한 곳에 막혀 있게 되면 이런저런 문제가 생길 수 있다. 이것은 코로나바이러스로 막힌 전 세계 경제의 흐름이 실물경기에 끼친 영향만 봐도 알 수 있다. 수많은 자영업자들이 가게 문을 닫았고 많은 기업이 도산 위험에 처했다. 흐르던 돈이 멈췄기 때문이다.

개인의 재테크도 마찬가지다. 나의 전 재산이 한곳에 몰려 있다면 잠재적인 위험을 안고 있는 것이나 마찬가지다. 비상금도 어느 정도 확보해야 한다. 가능하면 다양한 장소의 부동산을 보유함으로써 지역적인 리스크를 분산해주어야 한다. 분산 투자를 통해 안정성을 가져야 한다는 뜻이다. 영혼까지 끌어모은 자금이 집 한 채에다 들어 있다면 불안할 수밖에 없지 않겠는가. 만약 내가 들어간 동네의 집값만 오르지 않는다면? 전 재산을 털어 상가를 매수했는데 세입자가 들어오지 않아 공실이 된다면? 부동산에 돈이 묶여 있는데 갑자기 목돈이 필요한 상황이 온다면? 목돈을 구할 길이 없어 보유한 부동산을 헐값에 팔아야 한다면? 분산 투자가 되지 않으면 이런 리스크에 노출될 수 있다.

이제 주식 투자에 대해 이야기해보자. 주식의 장점은 앞서 말한 부동산의 단점과 대비된다. 상장 시장에서 거래되는 기업은 앞서 말한 유동성을 확보하기 위해 수없이 많은 증서로 쪼개져 거래된다. 삼성전자는 68억 개 정도의 주식으로 쪼개져 있다. 삼성전자를 통째로 살 수는 없지만, 삼성전자의 68억분의 1 정도는 가질 수 있다. 몇만 원만 있으면 된다. 누구나 시작할 수 있다는 뜻이다. 주식 투자를 하며 기업의 생태와 경제의 흐름을 경험하다 보면 자연스럽게 투자 지식도 쌓이게 된다. 이렇게 쌓인 지식은 나중에 부동산 등 더 큰 자산에 투자할 때도 도움이 된다. 투자자로 입문할 때 주식 투자는 낮은 진입 장벽으로 소중한 경험을 제공한다.

이렇게 매수하는 데 돈이 적게 들기 때문에 다양한 종목을 담을 수 있다는 것도 장점이다. 우리나라의 최고 우량 기업들을 여러 개 보유할 수 있고, 심지어 다른 나라의 기업도 주식을 통해 매수할 수 있다. 다양한 기업에 분산 투자를 했을 때 좋은 점은 각 기업들의 단점을 보완해줄 완충제가 있다는 점이다. 비 오면 짚신 장수가 울고 해 뜨면 나막신 장수가 운다는 옛날 이야기가 있다. 둘 다 하면 되는 것이다. 해 뜰때 짚신 팔아 번 돈으로 나막신을 만들어 두면 비가 왔을 때 더 많이 팔 수 있다. 그렇게 나막신 판 돈으로 짚신을 만들어 두면 해가 뜰 때 또 돈을 쓸어담을 수 있다. 이것이 분산 투자의 진정한 매력이다.

그렇다면 주식 투자의 단점은 무엇일까? 이번에는 부동산의 장점과 대비된다. 우선 레버리지에 대해 이야기해보자. 주식의 경우 시세변동이 부동산보다 훨씬 크다. 많은 수로 쪼개져 있어 거래하기가 편하고 그렇다 보니 많은 사람들이 사고파는 호가가 격렬히 움직인다. 앞서 부동산은 믿음직하기 때문에 담보대출의 이자율이 낮다고 했다. 시세가 불안정한 주식을 가지고 담보대출을 받으려면 부동산보다 높은 이자를 내야 한다. 이자가 높다는 것은 돈을 빌리는 데 돈이 더 많이 들어간다는 뜻이다.

그뿐만이 아니다. 주식 시장에서는 종종 폭락을 만나게 된다. 내가 담보로 잡고 빌린 시점 이후에 해당 주식이 폭락하게 되면 돈을 빌려주는 증권사도 타격을 입을 수 있다. 그런 부분을 보완하기 위해 증권사에서는 반대매매라는 제도를 사용한다. 담보 주식의 가격이 일정 비율 이상으로 떨어지면 증권사에서 자동으로 매도 주문을 내어서 내가 보유한 주식을 염가에 팔아 치워버린다.

쉽게 말해, 돈을 빌리기 위해 담보를 걸어둔 자산을 회수해가는 것이다. 돈 빌려서 주식하면 위험하다고 이야기하는 것은 이런 특성들 때문이다. 부동산에 비해 빌리기도 까다롭고 빌린 돈의 향방도 조마조마하다. 이런 특징들은 자연적으로 장기 투자를 어렵게 만든다. 시세가 수시로 급변하니 사람들의 마음은 주가에 따라 갈대처럼 움직인다. 이를 더 쉽게 이해하기 위해 다음의 그림을 살펴보자.

10년의 주가 변동을 전체적으로 보면 꾸준히 오른 것처럼 보인다

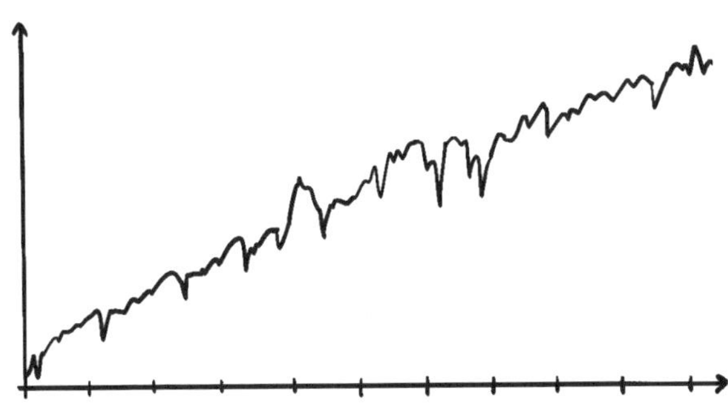

하지만 확대해 보면 중간에 무수한 하락을 거친다

처음과 끝의 변화만 보면 어렵지 않아 보인다. 한 10년 기다리면 되는구나, 싶은 생각이 들기도 할 것이다. 그러나 그 과정을 확대해서 보면, 며칠 사이에도 주가는 수시로 오르내리고 한 달 사이에는 천국과 지옥을 오갈 수도 있다. 이것을 마음 편히 견디는 것은 결코 쉽지 않다. 혹독한 공부와 훈련이 필요하다. 부동산의 경우 큰 훈련이 없어도 기다리기가 어렵지 않다. 집을 사고 깔고 앉아 살다 보면 시간이 지난다. 하지만 주식은 제대로 된 훈련을 거치지 않으면 절대로 오래 기다릴 수 없다.

이렇듯 주식과 부동산은 서로 장단점이 대비되며 투자의 다양한 면을 보여주고 있다. '무엇을?' 보다는 '어떻게?'가 중요한 것이 투자의 세계다. 똑같은 정보, 똑같은 기회로 서로 다른 결과를 얻는 곳이다. 이 정도의 특징을 파악했다면 이제 어떻게 투자할 것인지에 대해 본격적으로 고민해보자.

모든 투자를 관통하는 비결

지금은 주식 투자를 주력으로 하고 있지만 부동산을 샀던 경험도 있다. 맨 처음 시작한 투자 공부는 부동산이었다. 재테크 공부를 하던 초기의 배움이 다음 도전에도 영향을 주었고 그렇게 연쇄적으로 이어진 경험은 중요한 깨달음으로 이어졌다.

우리나라에는 부동산 부자가 주식 부자보다 많다. 부동산이 더 우월한 자산이어서가 아니라 부동산이 더 올바르게 투자하기 쉬운 자산이기 때문이다. 주식 투자자의 절대다수는 하면 안 되는 방법으로 투자한다. 아니, 투자가 아니라 투기를 하고 있다. 공부와 원칙이 없이 요행을 바라기에 돈이 벌릴 리가 없는 것이다. 반면 부동산은 판단이 좀 어긋나도, 최고의 입지가 아니어도, 레버리지와 장기투자를 활용해 자산 증식이 되는 경우가 많다.

처음 재테크에 관심이 생겼을 때는 닥치는 대로 책을 읽었다. 부자라는 단어가 들어간 제목의 책은 다 한 번씩 들춰 보았다. 우리나라에는 부동산 부자의 사례가 많기 때문에 주식보다 부동산과 관련된 책을 더 많이 섭하게 되었다. 특히 기억에 남는 책 두 권이 있다. 초기에 투자관을 형성하는 데 중요한 영향을 준 책이다.

한 권은 부동산 투자로 젊은 나이에 큰돈을 벌었다는 어떤 남자의 책이었다. 감명 깊은 내용이었고 굉장히 동기부여가 되기도 했다. 그런데 몇 년 지나 그 남자가 사기죄로 잡혀 들어갔다는 기사를 보게 되었다. 내가 놀란 것은 그 남자가 거짓말쟁이었다는 사실이 아니라, 사기꾼이 쓴 책이었는데도 나는 굉장히 도움을 받았다는 것이다. 사기꾼인 줄 알았다면 당연히 도움이 되지 않았겠지만 그걸 몰랐던 당시에는 책에서 언급한 마인드적인 부분이나 교훈 등이 굉장히 절절하게 다가왔다. 이 사건을 통해 내가 배운 건 누군가를 믿지 말고, 남의 사례에 너무 의존하지 말고, 스스로 깨닫는 교훈에 집중하자는 것이었다. 투자의 세계에서 믿어도 되는 타인은 단 한 명도 없다. 당연한 것이다. 남보다 많이 버는 게 아니라 과거의 나보다 더 많이 버는 게 목적이다. 내가 무엇을 배울 수 있고, 그것을 통해 뭘 이룩할 수 있는지에 집중해야 한다. 거기에 집중하기만 해도 하루 24시간이 부족하다. 다른 사람의 사례는 나의 지침이 아니라 참고 자료로만 활용해야 한다.

두 번째 책은 부동산으로 대기업 월급 이상을 벌게 된 전업주부이자 세 자녀의 엄마인 분이 쓴 책이었다. 그분은 갖은 노력으로 부동산 부자가 되었는데 주력 투자 부문은 경매였다. 이 책을 통해 부동산 경매가 무엇인지 처음으로 알게 되었다. 그리고 당시에는 깨닫지 못했지만 나의 투자 방향을 설정하는 데 가장 큰 영향을 끼친 책이 되었다.

부동산 경매에 대해 조금 더 알아보자. 일반적인 경매는 입찰자들이 모여서 원하는 가격을 부르고 최고가를 부른 입찰자에게 최종적으로 아이템이 낙찰되어 팔려 가는 시스템이다. 부동산 경매의 경우, 해당 물건이 올라오는 이유를 잘 알아야 한다. 앞서 말했듯이 대부분의 부동산은 일부 담보대출을 통해 빌린 돈으로 매수가 된다. 그러나 다양한 이유로 담보대출을 갚지 못하는 매수자가 발생한다. 그럴 때 은행 등 돈을 빌려 준 채권자들은 담보로 잡혔던 부동산을 팔아치우고, 그 돈으로 자신이 빌려준 돈을 보전한다. 빌려준 입장에서는 일부 손해를 볼 수밖에 없다. 따라서 이런 손해를 최소화하기 위해 법원을 통해 담보 부동산을 경매에 부친다. 그러면 일반인 입찰자들이 경매 물건에 입찰을 하고, 최종적으로 가장 높은 가격을 부른 입찰자가 그 부동산의 주인이 된다. 이게 부동산 경매의 기본 구조다.

비슷한 것으로 '공매公賣'도 있다. 이것은 국가에서 세금을 내지 않은 체납자의 재산을 압류해 경매에 부치는 것인데, 보유 재산 중 부동산이 올라올 때도 있다. 이 경우도 일반적인 법원 경매처럼 입찰을 받아 낙찰자에게 부동산을 팔고 그 돈으로 세금 체납분을 회수한다. 빌린 돈이나 세금을 갚지 못해 부동산을 빼앗긴 사람들 입장에서는 안타까운 일이지만 경매를 통해 입찰을 해서 부동산을 사는 사람들에게는 굉장히 신나는 일이다. 왜 그럴까? 결과적으로 경매는 부동산을 '더 싸게 살 수 있는 수단'이기 때문이다. 여기에 대해 더 알아보자.

부동산 경매는 두 가지 이유에서 장점을 가진다. 첫 번째는 할인이다. 말 그대로 경매에 입찰을 부치는 부동산은 할인이 된 상태에서 입찰을 시작한다. 지역에 따라 조금 다르긴 하지만 매물은 10~15% 정도 할인된 가격으로 경매장에 나온다. 주변 시세와 비슷하거나 더 높다면 입찰자 입장에서는 괜히 권리구조가 복잡한 경매 물건을 살 이유가 없다. 그리고 여기에 더해 입찰자들끼리 경쟁을 하기 위한 시세 마진을 확보하기 위해서 경매 부동산은 더 싼 가격을 기준으로 시작하는 것이다.

아무도 입찰에 참가하지 않고 해당 경매가 유찰될 때도 있다. 유찰은 쉽게 말해 딜이 깨지는 것이다. 이 경우 재미있는 상황이 발생하는데 다음에 경매에 부칠 때 할인가에서 한 번 더 할인을 해서 시작한다는 것이다. 그렇게 유찰 횟수가 높아지면 상당히 할인된 가격으로 경매가 이루어지기도 한다. 물론 여기에는 나름의 이유가 있긴 하다. 기존 소유권이 복잡하거나, 현 세입자가 완강히 버티는 등 투자하기 좋지 않은 물건은 여러 번 유찰되기도 한다. 하지만 권리관계를 잘 분석해서 입찰하는 투자자들에게는 상당히 싼 가격에 부동산을 살 수 있는 기회가 된다. 할인가에 사들인 부동산을 원래 시세에 팔면 큰 수익이 나는 것이다.

부동산 경매의 두 번째 장점으로 '경락잔금대출'이라고 하는 특유의 담보대출 구조가 있다. 경매가 원활하게 이루어지기 위한 대출 상품인데, 낙찰자가 경매의 낙찰 잔금을 내도록 빌려주는 돈이다. 경매 입찰자들은 할인가로 부동산을 매입하는 만큼 매도 차익으로 빌린 돈을 갚을 가능성이 높기 때문에 일반적인 부동산 담보대출보다 담보비율이 더 높게 설정된다. 레버리지 비율을 높일 수 있으며 더 적은 돈으로 투자할 수 있다는 뜻이다. 이렇게 부동산 경매는 보통의 매수에 비해 더 싸게 살 수 있다는 장점이 있기에 경매 고수들은 상당한 수익을 올리기도 한다.

◆◆◆

이런 장점들을 알게된 후, 나는 부동산 경매에 대해 더 적극적으로 공부하기 시작했다. 다른 경매 고수들의 책도 사 보았고, 다양한 미디어에서 경매와 관련한 정보도 찾아보았다. 그러다가 부산에 사는 네 명의 부동산 고수가 진행하는 팟캐스트를 듣게 되었다. 듣다 보니 점점 더 부동산 투자와 경매에 대한 이해도가 높아졌는데, 마침 당시에 진행자 중 한 분이 서울로 올라와 부동산 경매 학원을 열었다는 소식을 듣게 되었다. 2014년쯤의 일이었다.

두근거리는 마음으로 경매 학원을 찾아갔다. 팟캐스트로 목소리만 듣던 경매 학원 원장님과 처음으로 대면했는데 정말 놀랐던 부분은 그가 나와 동갑이라는 사실이었다.(당시 내 나이는 서른둘이었다) 그리고 공교롭게도 그 원장님은 부동산 투자와 관련한 앱을 개발하고 싶어서 UX디자이너를 찾던 중이었다. 나는 UX디자이너라는 본업을 내세워 그 원장님과 재능 교환을 하게 되었다. 앱 개발에 필요한 디자인을 도와 주고 학원비를 탕감받는 것이었다. 내 시간당 노동 수당을 생각하면 불리한 조건이었다. 하지만 앱을 만드는 스타트업의 업무를 경험할 기회라는 점이 흥미로웠다. 부동산 경매를 배울 수도 있고, 학원비도 세이브하고, 스타트업 업무 경험도 쌓자. 손해볼 건 없었다. 그렇게 낮에는 회사 업무를 하고, 저녁에는 경매 학원에서 수업을 듣고, 밤에는 디자인 알바를 하는 생활을 1년 정도 하게 되었다. 이때의 경험에서 나는 세 가지를 배웠다.

첫째, 부동산은 목돈이 없으면 시작을 할 수 없다.

둘째, 회사의 지분을 소유하는 게 진짜 부자가 되는 길이다.

셋째, 투자의 원리는 주식이나 부동산이나 크게 다르지 않다.

경매 학원에서 가르쳐주는 것들은 전형적인 케이스 스터디였다. 선생님이 법원 경매 사이트에서 수많은 물건들 중 투자하기 좋은 사례들을 찾아 와서는 수업 때 해당 사례를 바탕으로 권리 분석을 해주는 식이었다. 권리 분석을 할 때는 주변 시세와 현재 물건의 할인된 정도, 매수했을 때 필요한 추가 활동에 따른 비용(명도 등 기존 세입자와의 문제를 해결하는 것에도 비용이 든다), 투자하기 위해 필요한 최소 자금과 대출에 따른 금융 비용 등을 종합적으로 비교했을 때 얼마의 자금이 필요한지, 기간은 얼마나 필요한지, 최종 수익률은 어느 정도 될 것인지와 같은 실전에 필요한 내용들을 다뤘다.

당시에 법원 경매 사이트에 한 번씩 올라오는 정말 낮은 가격의 물건들은 1억이 조금 못 미치는 수준이었다. 그러나 입지가 좋지 않거나 권리관계가 복잡하거나 세입자와 충돌이 예상되는, 상태가 좋지 않은 오래되고 작은 집들이었다. 물론 오래도록 살아 남은 경매 고수들도 다 그런 집부터 시작했다고 한다. 그러나 나는 도저히 엄두가 나지 않았다. 특히 선생님의 명도 소송 경험담이나 세입자 혹은 유치권을 행사하는 시공업자들과 실랑이를 벌였던 이야기를 듣다 보면 '내가 저걸 할 수 있을까?' 하는 두려움이 들기도 했다. 그게 다가 아니었다. 진짜 문제는 아무리 싼 물건이라도 내가 가진 자금으로는 시작도 할 수 없다는 점이었다. 경락잔금대출을 받은 뒤 최소 투자금과 이런 저런 경비를 감안해도 최소 3~4천만 원은 필요했다. 나에게는 그 돈도 없었다. 결론적으로 종잣돈이 크지 않다면 굉장히 제한적인 기회(그다지 수익성이 좋지 않고 피곤한 기회)만 주어지는 상황에서 그 돈조차도 모자랐으니, 결국 부동산 경매를 실전에 활용해보기는 힘들었다.

그렇다고 아무 소득이 없는 경험은 아니었다. 경매 학원을 중심으로 스타트업을 시작한 원장 선생님과 창업 초기 멤버들을 만난 것은 좋은 기회였다. 재테크에 대해 아무것도 모르던 내 입장에서 재테크에 경험이 있고, 돈에 관해 눈이 밝은 분들을 만난 것은 큰 도움이 아닐 수 없었다. 재미있는 사실은 부동산 투자를 중심으로 모인 분들임에도 틈틈히 주식 투자에 관한 이야기를 했다는 것이다. 그나마 학원을 다니며 공부한 부동산 경매 이야기를 할 때는 흐름을 따라갈 수는 있었는데, 주식 이야기로 주제가 바뀔 때는 외계어를 듣는 기분이었다. 그래도 그분들의 이야기에서 중요한 포인트 몇 가지를 발견할 수 있었다. 일단 주식 투자는 기업의 성과를 활용해 시세차익을 낸다는 것, 소액이라도 얼마든지 시작할 수 있다는 것, 그리고 궁극적으로는 부동산 투자와 큰 차이가 없다는 점이었다. 그래서 다른 분들의 경우 부동산을 주력으로 투자하면서도 틈틈이 주식을 사고 판다는 것을 알게 되었다.

그리고 '경매 학원과 실전 경매 투자로 꽤 많은 자산을 만든 원장 선생님은 왜 스타트업을 창업한 것일까?'에 대한 의문을 통해 깨달게 된 두 번째로 중요한 사실이 있었다. 정말 큰 부자는 부동산이 아니라 기업의 지분을 많이 가져야 만들어진다는 것이었다. 특히 초기 창업 멤버가 되어 많은 비율의 지분을 소유하고, 소유한 회사를 성장시켜 보유 지분 가치를 키우게 되면 그에 따른 자산가치 상승은 무궁무진하다는 것을 배웠다. 이것은 내가 주식 투자를 시작하게 된 결정적인 이유가 되었다. 직접 창업을 하기에는 본업도 있고 경험도 부족해 무리가 있었다. 하지만 다른 창업자의 사례를 가까이서 보고, 주식을 보유하는 것의 의미를 깨닫고 나니 주식 투자에 대해 좀 더 자세히 알아봐야겠다는 생각이 들었다.

스타트업의 초기 디자인이 완료되고 시간 여유가 생긴 즈음이었다. 서점에 가서 처음으로 주식 코너를 기웃거려 보았다. 부동산 코너의 바로 옆에 붙어 있었는데 한 번도 살펴볼 생각을 하지 않았던 구간이었다. 그 전까지만 해도 부동산은 재테크, 주식은 도박이라는 편견을 갖고 있었다. 제일 만만하고 쉬워 보이는, 그렇지만 사기치는 것 같지는 않은 책을 하나 골라 보았다.(지금은 무슨 책인지 까먹었다) 당시 다니던 회사는 여의도에 있었기 때문에 근처에 증권사가 많았다. 점심시간을 이용해 그중 한 곳에 찾아가서 증권계좌를 개설했다. 여의도 공원을 가로질러 증권사로 걸어 가던 길이 아직도 생각난다. 별것도 아닌데 뭔가 큰 모험을 하는 것처럼 심장이 두근거렸다. 딱히 죄를 지은 것도 아닌데 회사 사람을 마주칠까 긴장이 되기도 하였다.

지금 생각하면 정말 어처구니 없는 일이다. 증권계좌를 개설하는 것은 죄도 아니고, 부끄러운 일도 아니다. 하지만 주식 투자에 대해 너무 모르다 보니 그런 웃지 못할 감정을 갖게 된 것이다. 자본주의에서 자본 수익을 내는 것은 죄가 아니라 권리다. 그중에서도 기업의 일부분을 소유하는 주식 투자는 자본 수익의 꽃이다. 그런데 서른둘이 되도록 이렇게 소중한 권리를 행사해본 적이 없었다. 그러니 무섭고 어색했던 것이다. 나만의 이야기가 아닐 것이다. 그렇게 2014년 10월, 난생 처음으로 증권계좌를 만들었다. 그리고 갖고 있던 쌈지돈을 탈탈 털어 이체하였다. 60만 원이었다.

그렇게 시작한 주식 투자에는 금방 재미를 붙였다. 사고파는 행위 자체보다는 기업을 공부하는 것의 매력이 컸다. 태어나서 처음 배우는 완전히 새로운 지식에 재미를 느낀 것이다. 왜 내가 이걸 몰랐지? 왜 당연한 권리를 놓치고 살아왔지? 기업 활동이 이렇게 흥미로운 것이었구나. 주식 투자에 입문하고 경험을 쌓으며 깨달은 것은 투자의 본질은 부동산이나 주식이나 동일하다는 점이었다. 부동산 경매가 부동산 중에서도 특히 고수익을 올리는 투자법인 이유는 무엇일까? 그 이유를 곰곰이 생각해보니 주식 투자에도 똑같은 원리가 적용된다는 것을 알 수 있었다. 부동산이든 주식이든 채권이든 비트코인이든, 자산의 종류와 상관없이 절대적으로 통하는 궁극의 투자 비법은 동일하다.

싸게 사야 한다.

부동산 경매의 장점은 주변 시세보다 싸게 물건을 취득할 수 있다는 것이다. 미국 사람들이 블랙프라이데이에 광분하고, 중국 사람들이 광군제에 이성을 잃는 이유는 무엇일까? 평소보다 물건을 싸게 살 수 있기 때문이다. 다른 때는 100만 원 하던 물건을 80만 원에 사게 되면 20만 원의 이득을 본다. 50만 원에 살 수 있다면 50만 원의 이득을 보는 셈이다. 투자도 마찬가지다. 물건을 사는 게 아니라 자산 증식의 기회를 사는 것이 투자다. 투자도 결국 소비의 일종인 것이다.

따라서 주식 투자나 다른 자산에 투자할 때도 부동산 경매와 같은 원리를 적용하면 된다. 어떤 기업의 주가가 평소보다 할인되는 시기가 있다. 그 이유는 다양하다. 다만 그것이 그저 할인되는 시기인지 기업이 망해가고 있는 것인지 구분할 수 있어야 한다. 만약 원래 가격으로 회복될 수 있다는 판단이 들면 남들이 팔아 치우고 주가가 할인 세일에 들어간 시기에 매수를 해야 한다. 그렇게 싼 가격에 주식을 사면 이득을 보고 시작하는 것과도 같다. 남은 것은 원래 가격, 즉 세일 기간이 끝날 때까지 기다리는 일이다. 가격이 원상복귀 되면 그때 팔아서 수익 실현을 하면 된다.

물론 말처럼 쉬운 것만은 아니다. 주식 투자도 굉장히 방대한 공부가 필요한 큰 도전이다. 대한민국에만 2천 개가 넘는 종목이 있고 전 세계로 눈을 돌리면 수만 개의 선택지 중에서 골라야 한다. 절대로 만만하지 않다. 하지만 오랜 공부를 통해 이 방대한 공부의 목적은 결국 하나라는 것을 깨달았다. '주식을 더 싸게 살 기회를 찾는 것.' 다시 한 번 강조하지만 모든 투자의 비결은 하나다.

싸게 사야 한다.

CHAPTER 10

▼

돈나무를 키우는 법

증권 투자를 시작하기 전에 알아야 할 것들

주식 투자 공부를 시작하면서 스터디에도 가입했고, 여러 개미 투자자들도 만나게 됐다. 대부분의 사람들이 그렇듯이 나 역시 처음에 관심이 쏠린 곳은 '주식 투자'가 아니라 '주식 부자'였다. '어떤 사람들이 주식으로 부자가 되었을까? 무슨 비결을 갖고 있을까? 나도 저들처럼 될 수 있을까?' 실제 투자 성과와는 무관한 것들에 먼저 관심을 갖게 됐다. 주식 공부를 시작한 초기에 내가 깨달은 것은 우리나라에 내가 실감하는 것보다 훨씬 많은 수의 주식 부자들이 있다는 것이었다.

특히 가치투자연구소(줄여서 가투소) 등의 유명 커뮤니티를 알게 되고 다양한 사람들이 활동하는 것을 보면서 투자로 자수성가한 주식 부자들에 대한 동경을 갖게 되었다. 막 주식에 입문했을 무렵, 가투소 카페 설립 10주년 행사를 구경하러 간 적이 있다. 여의도에 있는 굉장히 큰 홀에서 진행됐고 많은 사람이 모였다. 거기서 몇몇 성공한 개인 투자자들이 자신의 투자 사례를 발표하기도 했다. 가장 놀랐던 점은 자산이 불어나는 속도였다. 정확한 액수는 기억나지 않지만 해마다 자산이 늘어나며 바뀐 평가액이 인상적이었다. 처음 10억을 넘어가는 과정은 드라마틱하지 않았다. 그런데 10억이 넘어간 후 이듬해에 15억, 그 다음 해에 30억, 또 그 다음 해에는 60억… 그런 식이었다. 우리나라 증시가 크게 상승하던 시기의 기록이긴 했다. 하지만 곱셈으로 늘어나는 투자의 특성을 보여주는 전형적인 사례였다.

물론 이분들은 전국의 투자 고수 중에서도 극소수에 해당하는 사례다. 주식 투자가 무서운 점은 아주 많이 벌 수도 있고 아주 많이 잃을 수도 있다는 것에 있다. 대표적인 사례가 2000년대 초반 IT 버블 시절에 있었던 '새롬기술'의 주가 변동이다. 1천 원대에서 수 개월만에 15만 원대까지 무려 150배나 상승했지만 상식을 무시하는 사람들의 탐욕으로 이루어진 주가는 다시 원위치로 돌아갔다. 10개월 만에 주가는 1/30 토막 수준으로 떨어졌다. 만약 천만 원을 넣었다면 33만 원을 남기게 되는 것이다. 직접 투자를 고려할 때 절대 잊지 말아야 하는 부분이다. 직접 투자는 분명히 위험하다. '나는 위험은 감수하지 않고 돈만 벌겠어'라는 자세로는 돈을 벌기는 커녕 사기만 당하고 끝날 수도 있다. 그만큼 위험하기 때문에 용기와 지혜가 필요하고, 이를 갖춘 사람들은 위험을 감수한 만큼 크게 성공할 수 있게 된다.

그렇다면 직접 투자는 과연 얼마나 위험한 것일까? 일단 이 '위험'이 무엇인지부터 이해해야 한다. 직접 투자가 가지는 위험의 본질은 '아무도 내 손실을 책임져주지 않는다'는 것이다. 철저히 나의 책임으로써 결과를 수용해야 한다. 바보짓을 하면 손실을 보고 현명하게 행동하면 수익이 난다. 결국은 현명해지는 것이 직접 투자의 위험을 낮추는 길이다. 여기서 우리는 희망을 발견할 수 있다. '현명함'이란 경험과 노력의 축적으로 얻을 수 있는 것이기 때문이다. 위험을 인지하고 노력(공부)을 하며 경험을 쌓으면 직접 투자는 함정이 아니라 비장의 무기가 될 수 있다. 우리가 경제적 자유를 달성하는 무기 말이다.

"저는 엄청 똑똑한 편은 아니고 운이 좋은 편도 아닙니다. 이런 제가 주식 투자를 시작해도 괜찮은 걸까요?" 종종 이런 질문을 하는 사람들이 있다. 이것보다 좀 더 단순한 표현을 쓰기도 한다. "저는 주식 체질은 아닌 것 같아요. 그래도 괜찮을까요?" 사실 보통은 대부분 이런 식으로 묻는다. 그럴 경우 해줄 수 있는 최고의 대답은 다음과 같다.

"공부하고 더 성장할 각오만 있다면 꼭 하시길 추천드립니다.
체질 같은 건 필요없습니다."

직접 투자는 어리석고 탐욕스러운 사람에게 추천할 수 있는 길은 아니다. 다만 모든 사람은 지금보다 나아질 수 있다. 덜 어리석게 되고 더 욕심을 다스릴 수 있는 사람으로 진화할 수 있다면 직접 투자는 위험하지 않다. 반면 주식 투자를 끝끝내 실패하는 방향으로 시도하는 어리석은 사람들도 있다. 이런 사람들의 문제점은 무엇일까? 바로 주식 투자에 도박심리로 접근한다는 점이다. 투자는 성장한 만큼 성과가 나는 엄연한 훈련의 영역이다. 반면 도박심리로 주식 투자를 하면 도박에서 얻는 것과 동일한 결과를 얻는다. '뭔가 스릴 있고 재미도 있는데 정신차려 보면 지갑이 비어 있는' 그런 결과다. 주식 투자는 실제로 어느 정도 도박과 연관성이 있다. 우리가 도박에서 얻어야 하는 것은 심리가 아니라 전술이다. 전술에 대한 이야기는 조금 뒤에 하고 일단은 주식 투자와 도박의 차이점에 대해 알아보자.

각각의 목적을 알면 간단하다. 우선 도박은 돈을 걸고 하는 '게임'이다. 돈이 중요한 게 아니라 게임이 중요한 것이다. 유흥이 목적이지 돈이 목적이 아니다. 카지노의 비즈니스 모델은 그렇게 설계되어 있다. 사람들에게 스릴과 흥분을 제공해주고 함께 게임을 한다. 그리고 아주 정교한 설계를 통해 '미세한 승률 우위'를 가지고 손님들의 돈을 지속적으로 따낸다. 그게 카지노의 비즈니스 모델이다. 원리만 생각하면 아무도 카지노에 가서는 안 된다. 하지만 카지노에서 기꺼이 돈을 쓰는 이유는 즐기기 위해서다. 카지노는 돈을 내고 스릴을 사는 곳이기 때문에 어쨌든 사람들은 돈을 잃어도 다시 카지노를 찾는다.

반면 주식 투자는 스릴이 아니라 수익 창출이 목적이다. 적어도 그렇게 되어야 정상이다. 주식 투자에서 재미를 추구해서는 안 된다. 지루함을 참고 훈련을 이겨내서 돈을 버는 곳이다. 하지만 절대다수의 사람들이 그 목적을 잃은 채 주식 시장에 참여한다. 그러고는 손실을 보는 방법만 고수한다. 도박장에 들어선 것처럼 아무거나 사고 운이 좋아서 돈이 벌리길 기대하는 것이다. 도박과 투자의 근본적 차이점으로는 다음 세 가지를 들 수 있다.

1. 스릴을 추구한다
2. 한 방을 노린다
3. 행운에 의존한다

도박에서 잭팟을 터트리는 것은 전적으로 행운에 달려 있다. 대부분의 사람이 도박장에서 마주하는 결과는 손실인데, 그럼에도 만에 하나 벌어질 행운을 기대하며 스릴을 느낀다. 그리고 스릴이 말

초신경을 자극하는 즐거움, 그것이 카지노를 찾게 되는 원동력이 된다. 아주 가끔 누군가가 잭팟을 터트리고 환희에 차 소리 지르는 모습을 본다면 어떨까? 다른 사람들도 덩달아 흥분을 느끼게 된다. 도박장에서 느끼는 강렬한 감정들, 그런 감정에 이끌려 도박장을 찾는 사람들의 심리는 모두 카지노가 의도하고 설계한 것이다. 하지만 결국은 시간이 가면 갈수록 카지노가 이겨서 벌어가는 돈이 많아진다. 주식 시장도 마찬가지다. 도박처럼 돈을 잃을 수도 있다는 각오를 한 채 신나게 베팅을 하고 흥분에 사로잡혀 행동하면 어떻게 될까? 당연히 시장이 우리의 돈을 뺏어간다. 그렇기 때문에 우리가 주식 시장에서 투자를 통해 수익을 내려면 위에 열거한 도박의 특징과 반대로 할 필요가 있다.

1. 스릴이 아닌 평온함을 추구한다.
2. 한 방이 아닌 지속적인 수익을 추구한다.
3. 행운이 아닌 확률에 의존한다.

올바른 포지션을 잡아도 실수할 수 있다. 멘탈을 컨트롤하지 못하는 경우다. 장기적으로는 옳은 투자 판단일지라도 단기적으로는 크게 하락할 수 있다. 종종 주가는 큰 하락을 거친 뒤 상승한다. 그런 하락의 시기에 공포감에 휘둘려서 마음을 다잡지 못하면 바닥에서 팔고 도망치기도 한다. 그 경우 미래에 있을 수익의 기회를 스스로 버리게 되는 셈이다. 그래서 항상 마음의 평온함을 추구해야 한다. 보유하고 있을 때 마음이 편한 기업을 찾고, 그 기업이 돈을 벌 때까지 마음 편히 동행할 수 있어야 한다.

더불어 주식 시장에서 꼭 명심해야 하는 것은 '지속적 수익'을 추구해야 한다는 것이다. 단 한 번의 베팅으로 팔자 필 만큼 큰돈을 벌고 주식판을 떠나는 전설! 이런 경우는 생기지 않는다. 지속적으로 옳은 판단을 내리는 실력이 생기면 주식 시장을 떠날 필요도 없다. 내 투자금이 계속해서 더 큰 돈을 벌어다 주기 때문이다. 평범한 개인이라도 오랫동안 투자를 하면 수익이 누적되고 복리가 작동하면서 수백억, 수천억 원의 자산가가 되곤 한다. 그래서 주식 투자를 할 때는 한 번의 베팅으로 인생을 바꾸겠다는 욕심을 버리고 지속적으로 수익이 나는 구조를 만들어야 한다.

도박꾼이 아니라 하우스를 따라하자. 지속적으로 돈이 들어올 수 있는 포지션을 만들어야 한다. 올바른 투자 판단을 내리고 그에 맞게 자금을 실어야 한다. 당연히 그렇게 한다고 해서 무조건 버는 것은 아니다. 벌 때도 있고 잃을 때도 있다. 주식 투자는 쉬운 게 아니다. 하지만 올바른 판단을 계속 연마하여 꾸준히 투자 케이스를 쌓다 보면 서서히 수익이 나는 빈도가 높아지고 수익금이 커지게 된다. 그러다 보면 점점 재산이 불어난다. 우리는 행운이 아니라 돈을 벌 수 있는 확률에 의존해 투자를 해야 한다.

개미 투자자는 정말로 불리한가?

주식 투자를 직접 해보지 않은 사람이라도 주식판에 대한 이야기들 중 몇 가지는 들어보았을 것이다. 특히 '개미'라고 불리는 개인 투자자들이 주식판에 뛰어든 후 갖은 고충을 겪는다는 것은 심심치 않게 듣는 말이다. 흔히 그런 이야기들을 한다.

개미는 기관과 외국인 투자자들의 먹잇감이다.
개미는 기관 투자자보다 불리한 상황에서 투자한다.

이번 장에서는 개미 투자자들이 정말로 불리한지, 그것이 사실이라면 어떻게 불리한지, 유리한 점은 없는지에 대해 알아보자. 결론부터 말하자면 개미 투자자들이 기관 투자자들보다 불리하다는 것은 사실이 아니다. 물론 전제가 있다. 위의 두 문장을 좀 더 정확하게 기술하면 아래와 같다.

(자신이 무엇을 하는지 모르는) 개미는 기관과 외국인 투자자들의 먹잇감이다.
(자신의 상황을 활용하지 않는) 개미는 기관 투자자보다 불리한 상황에서 투자한다.

결국 개미가 불리한 게 아니라 학습과 준비 없이 아무렇게나 투자하는 투자자가 불리한 것이다. 기관과 외국인은 프로 투자자들이다. 다년간의 공부와 훈련을 거쳐 거대자금을 책임지고 운용하는 준비된 투자자들이기에 당연히 다른 사람보다 많은 지식과 경험을 가지고 있다. 반면 전형적인 개미 투자자들은 어떨까? 처음 주식 투자에 들어선 개인 투자자들은 대부분 공부 없이 계좌를 트고 아무 종목이나 사기 시작한다. 내가 관심 있는 종목이 왜 오를 것인지, 오르면 얼마나 오를 수 있는지, 반대로 주가가 내려서 투자금이 깎여나갈 가능성은 없는지, 얼마나 오래 가지고 있어야 하는지 등등 투자를 할 때 기본적으로 해야 하는 분석을 전혀 하지 않는다.

그보다 더 심각한 문제가 있다. 이렇게 뛰어드는 개인 투자자가 많은 시기는 대개 주식 활황기이다. 쉽게 말해 오를 만큼 오른 시기라는 것이다. 모든 투자 자산은 쌀 때 사서 비쌀 때 팔아야 한다. 비싸게 살수록 더 비싸게 팔기 어렵다. 하지만 많은 개인 투자자들은 이미 비싸진 상태에서 신규 진입한다. 왜 그럴까? 주변에서 주식으로 돈 벌었다는 이야기를 듣게 되는 시기가 바로 주식에 관심을 가지기 시작하는 시점이기 때문이다. 어떤 주식이 몇 배 올랐다더라, 누가 어떤 종목으로 얼마를 벌었다더라, 이런 이야기가 들려오면 아무것도 안 하고 있었던 자신이 바보가 된 기분이 들면서 나도 빨리 뛰어들어 돈을 좀 벌어야겠다는 생각을 하게 된다. 내가 투자를 결심하게 되는 소식들이 사실은 시작하기엔 늦었다는 신호라는 것은 실감하지 못한 채 말이다.

대개 이런 식으로 주식 투자를 시작한 사람들이 사는 첫 번째 종목은 당시에 가장 많이 오르고 있는 주식이다. 흔히들 들어본 '달리는 말에 올라타는' 투자인 것이다. 좀 더 전문적으로 말하면 '모멘텀 투자'라고 한다. 주가가 오르는 이유는 사람들이 해당 종목을 더 많이 사려고 몰려들기 때문이다. 이렇게 몰려드는 자금력이 모멘텀(동력)이 되어 주가의 올라가는 속도가 가속화된다. 그러면 그 가속이 더 많은 자금을 유혹한다. 그래서 모멘텀이 붙은 주식들은 일정 기간 동안 상당히 강한 상승을 이어가기도 한다.

문제는 모멘텀에 의해 주가가 오르면 오를수록 하락의 위험도 같이 커진다는 것이다. 앞에서도 강조했지만 싸게 사야 돈을 벌 수 있다. 어떤 기업이 가지는 적절한 기업 가치가 있다. 하지만 이 기업 가치는 절대적인 것이 아니며 쉽게 계산하기 어렵다. 그래서 사람들은 이 기업의 가치를 대략적으로 추정하는데, 현재의 주가가 추정한 기업 가치보다 싸면 매수를 해서 적정 가치 근처로 올 때까지 보유한다.

반면 모멘텀을 얻어 주가가 오르다 보면 이런 적정 가치보다 높은 가격을 형성할 때도 있다. 모멘텀의 가속화 때문에 갈수록 적정 가치와 멀어지고 마치 로켓처럼 가격이 치솟기도 한다. 이럴 때 주식을 사는 것은 매우 위험한 행동이다. 주가는 어느 순간이 되면 지나친 가격 상승을 멈추고 다시 적정 가치로 돌아오게 마련이다. 적정 가치보다 많이 오른 것일수록 하락의 폭도 커진다.

하지만 적정 가치를 미리 조사해보지 않은 사람들은 어느 정도 되었을 때 매도해야 하는지 모른다. 그래서 아주 위험한 가격대에도 적극적으로 주식을 매수한다. 모든 매도는 기본적으로 나보다 더 비싸게 사주는 사람에게 주식을 떠넘기는 것이다. 조사를 통해 저렴한 가격에 샀던 사람 입장에서 더 위험한 가격에 사는 사람의 미래를 걱정하며 매도를 주저할까? 절대 그렇지 않다. 왜 전혀 모르는 남을 위해 나의 수익 기회를 희생하겠는가?

주로 이런 역학관계는 고객들의 자금을 큰 단위로 운용하는 기관과 외국인 등 '전문 투자자들의 자금'에서 뒤늦게 적은 금액을 들고 뛰어 들어오는 '개인의 자금'으로 이전되는 형태로 나타난다. 공부하고 준비한 사람의 돈에서 공부하지 않고 무모한 사람의 돈으로 이전되는 것이다. 그래서 주식 시장에서는 '나보다 더 바보인 사람에게 판다'는 표현을 쓰기도 한다.

여기서 개미 투자자들에게 또 다른 함정이 발생한다. 모멘텀으로 주가가 오르는 종목의 경우, 가장 무모하고 가장 무지한 바보가 주가를 받아주는 임계점이 발생한다. 그 임계점을 넘어서면 더 이상 주식을 사줄 사람이 생기지 않아 주가가 하락하기 시작한다. 주식이 팔리지 않으니 가격을 낮춰 부르는 것이다. 가격을 낮춰도 팔리지 않으면 더 낮은 가격을 불러야 한다. 이런 현상에도 동일하게 가속도가 적용되어 고점에 사서 손해가 커지는 사람들이 많을수록 하락의 속도도 급격하게 빨라진다.

이런 최절정의 바보가 나타나기 전까지는 모멘텀으로 주식을 산 사람들 누구나 수익을 낼 수 있다. 내가 잘해서가 아니라 나보다 바보이고 무모한 사람들이 남아 있기 때문이다. 하지만 처음에 뛰어들어 운 좋게 수익을 낸 사람들은 그런 이유를 냉철히 살펴보지 않는다. 그냥 처음 뛰어들었는데 수익이 나니 자신이 주식에 소질이 있는거라고 착각하는 경우가 대부분이다. 이게 진짜 무서운 함정이다. 스스로를 객관적으로 판단하지 못하니 다음번에 더 위험한 도박을 하게 된다. 당연히 두 번은 없다. 두 번 연달아 요행이 발생하면 세 번째에는 더 큰 위험을 마주하게 된다. 이렇게 처음에는 요행으로 벌었다가 다음 판에서 손실을 입고 나면, 주식은 도박이고 돈 잃는 것이라는 고정관념이 박히는 것이다.

흔히 이렇게 모멘텀이 강한 주식에 뒤늦게 뛰어들어 먼저 매수한 사람들의 물량을 비싸게 받아 주고 정작 자신은 손해를 보는 사람들을 일컫는 은어가 있다. '설거지 당했다'는 표현이다. 앞 사람들이 실컷 배불리 먹고 난 빈 그릇만 넘겨받는다는 뜻이다. 앞서 언급했듯이 이런 패턴의 대부분은 기관과 외국인에서 개미 투자자로 넘어가기 때문에 개미들은 기관과 외국인에게 이용 당하는 먹잇감이며 불리한 위치에 있다는 이야기가 나오는 것이다. 하지만 사실은 스스로 바보짓을 했기 때문에 피해를 입은 것뿐이다.

◆◆◆

이제 본격적으로 개인 투자자와 기관, 외국인으로 대변되는 프로 투자자의 차이점에 대해 알아보자. 앞에서 했던 이야기를 떠올리면 개미 투자자가 훨씬 불리하다는 생각이 들 수 있다. 하지만 꼭 그렇지만도 않다. 이번에는 프로 투자자들의 불리한 점, 어려운 점에 대해 살펴보자. 프로 투자자는 정보와 지식의 부족과는 다른 애로사항을 가지고 있다. 프로라는 위치에 따른 행정적 제약이 존재하기 때문이다.

단기 실적 압박

프로 투자자는 결국 고객의 돈을 대신 운용해주는 대리인이며 소속된 기관에서 연봉을 받는 직원이다. 그렇기에 꾸준히 실적을 내야 한다는 부담을 안고 있다. 모든 기업이 3개월 단위, 즉 분기별로 실적을 발표한다. 운용업도 마찬가지이기 때문에 한 분기가 끝날 때는 가능한 한 수익을 내서 실적에 기록을 해야 한다. 그렇지 못하면 성과 저하에 대한 문책을 받을 수도 있다. 실제로는 거의 한 달 간격으로 돈을 얼마나 벌었는지 체크당하게 마련이다.

문제는 투자 성과라는 게 월급처럼 매달 꼬박꼬박 수익이 나는 구조가 아니라는 점이다. 주가가 언제 오르고 언제 내릴지 정확하게 맞추는 것은 불가능하다. 수많은 자금의 에너지가 불규칙하게 영향을 주고받는 카오스 생태계다. 어느 달은 -5% 손실이 나고 다음 달은 +20% 수익이 날 수도 있다. 하지만 손실이 난 기간의 비난을 피해갈 수는 없다. 프로의 숙명일 것이다. 이런 이유 때문에 프로 투자자는 장기적 관점으로 투자하기가 쉽지 않다. 장기적 관점으로 투자했을 때 더 큰 수익의 기회가 생기더라도 직업 특성상 단기적인 매매에만 치중할 수밖에 없다.

로스컷

앞서 언급한 것과 같은 실적 압박이 좀 더 적극적인 규칙으로 나타나는 제약이 있다. 로스컷이라고 불리는 손실 확정 규정이다. 로스컷은 일정 수준 이상으로 손실폭이 확대될 경우 추가 손실을 막기 위해 주식을 강제로 매도하여 손실액을 확정짓는다는 뜻이다. 조직마다 룰은 다르지만 대부분이 이런 로스컷 기준을 설정해두고 있다. 따라서 손실액이 커진 종목은 만회의 기회 없이 바로 팔아야 하는 상황이 발생한다.

사실 손실 폭이 커질수록 주가 자체는 더 저렴해졌다는 뜻이 된다. 오히려 그럴 때 주식을 더 많이 매수해 물량을 늘려야 하는 기회가 생기기도 한다. 하지만 프로 투자자들의 경우 이런 만회의 기회를 살릴 수 없다. 본인의 의지와 상관없이 매도하고 손실을 확정해야 하는 룰에 묶여 있기 때문이다.

비중 조절의 제약

또 다른 제약사항은 특정 종목에 원하는 만큼 비중을 실어 투자할 수 없다는 것이다. 기업을 오래 공부하다 보면 가끔씩 정말 좋은 투자 기회를 발견할 수 있게 된다. 잃을 확률은 높지 않고 수익을 낼 확률은 큰 기회를 만날 수 있다. 이 경우 수익의 극대화 측면에서 보면 전체 투자자금 중 많은 비율을 해당 종목 매수에 활용해야 큰 성과를 낼 수 있다. 하지만 펀드 운용의 특성상 한 종목에 보유 비중을 집중하는 데에는 제약이 걸려 있다.

펀드 보유 종목을 개시한 보고서 등을 보면 대부분의 펀드가 수십에서 100개 이상의 종목으로 구성되어 있다. 투자 성과 측면에서는 오히려 효율이 떨어질 수도 있다. 아무리 프로 투자자라 할지라도 100개 이상의 종목을 추적 관리한다는 것은 쉬운 일이 아니다. 하지만 '안전'이라는 당위성 아래 더 까다롭게 투자를 해야만 한다.

소형주 매수의 제약

한편, 큰 자금을 다루는 프로 투자자들의 경우 그들의 매수 혹은 매도가 주가에 영향을 끼칠 수도 있다. 특히 시가총액이 크지 않은, 가령 수백억 대의 종목들의 경우 몇 억 정도의 금액이 거래되어도 주가가 크게 변동될 수 있다. 커다란 냄비에는 물을 한 컵 부어도 수위가 크게 높아지지 않는다. 하지만 조그만 냄비에 물 한 컵을 부어주면 수위가 크게 높아진다. 이와 같은 원리다.

그래서 수천 억, 혹은 조 단위의 종목을 사는 것에는 문제가 없지만 시가총액이 작은 저시총주는 매매를 할 수 없는 경우가 많다. 따라서 좋은 투자 기회가 발견되더라도 저시총 소형주는 포기하고 넘어가야 한다.

그렇다면 개미 투자자 입장에서 기관과 외국인 프로 투자자의 저런 제약사항을 역이용할 수는 없을까? 물론 가능하다. 좀 더 정확히 말하면 역이용이라기보다는 제약사항 바깥에서 자유롭게 투자하는 것이다. 각 제약사항의 너머에서 투자한다는 게 어떤 뜻인지만 이해하면 된다.

- **단기 실적 압박이 없기에 장기적 관점으로 길게 보고 투자할 수 있다.**
- **로스컷을 해야 할 이유가 없으므로 주가 하락을 추가 매수의 기회로 활용할 수 있다.**
- **비중 조절의 제약이 없으므로 더 유연하게 포트폴리오 비중을 짤 수 있으며, 소수의 공부가 된 종목들 위주로 집중해서 투자할 수 있다.**
- **기관이 관심을 둘 수 없는 소형주에서도 적극적으로 투자 기회를 발견할 수 있다.**

물론 위의 네 가지 투자 방법을 내 것으로 만들어 활용하려면 많은 공부와 실전 경험이 필요하다. 하지만 이런 방법을 터득하고 나서부터는 프로 투자자들 못지 않은 투자 성과를 낼 수 있다. 정말 탄탄하게 실력을 쌓은 개인 투자자들은 프로들과 비교할 수 없는 성적을 내기도 한다. 1억 원 미만으로 투자를 시작해 수백억 자산을 쌓은 숨겨진 개미 고수들도 꽤 있다. 자신의 불리한 점과 유리한 점을 냉정히 파악하고, 스스로에게 맞는 투자법을 터득한 사람들의 성과인 것이다. 다만 그런 실력을 쌓기 위해 피나는 노력을 기울였다는 것을 명심해야 한다. 개미 투자자는 불리하지 않다. 하지만 공부하고 노력하지 않는 투자자는 절대로 유리해질 수 없다.

투자에서 운은 얼마나 중요한가?

2017년은 주식 시장이 꽤 호황인 해였지만, 주식보다 훨씬 더 많은 관심을 끌었던 사건이 있다. 바로 비트코인 광풍이다. 연초부터 시작해 끝도 없이 오르던 비트코인과 각종 암호화폐의 시세에 수많은 사람이 관심을 가졌다. 특히 젊은 세대들 중에 굉장히 많은 사람이 투자에 뛰어들었다. 당시 내가 다니던 회사의 20대 인턴들을 떠올려보면 거의 대부분이 코인을 샀다고 이야기했었다. 시세가 오르자 기뻐하고 신나하던 모습도 기억난다. 개인적으로는 주식 투자에 집중하고 있었기 때문에 코인은 전혀 사지 않았다. 그래서 많은 사람들에게 질문을 받기도 했다. “어떻게 생각하세요?” 하고 묻는 분들도 있었고, 시세의 정점에 들어설 무렵에는 "왜 안 하세요?" 하고 묻는 분들도 있었다.

연초에도, 여름에도, 가을에도 내 대답은 똑같았다. "그쪽은 잘 몰라서 안 해요." 실제로 암호화폐 관련해서 이해하는 것도 거의 없었지만, 시세의 상승과 사람들의 반응이 이성과 거리가 멀다고 판단했다. 이미 주식 투자를 통해 버블이 쌓이고 비이성이 이성을 지배하는 시세 상승의 결과를 경험해보았기 때문이다. 대부분의 사람들이 코인 투기에 뛰어든 이유는 '지금 가격이 오르고 있기 때문'이었다. 이것은 100년 전에도 지금도 절대로 사야 할 이유가 되지 못한다. 그 끝은 항상 같기 때문이다. 가격의 정점에서 매수한, 비쌀 대로 비싸진 자산은 더 이상 누가 사주지 않는다. 누군가 사주지 않는 자산은 더 낮은 가격을 불러야 팔 수 있다. 가격을 낮춰도 팔리지 않으면 그보다 더 낮은 가격을 불러야 하며 이 패턴은 빠른 속도로 반복된다. 그러는 동안 시세는 절벽처럼 아래로 떨어진다.

가격 외에 더 중요한 이유를 설명할 수 있어야 한다. 전망이 좋은 이유, 세상에 영향력을 미칠 이유가 있는 자산이 상승한다. 암호화폐를 산 사람들의 일부는 암호화폐와 블록체인이 가지는 기술적 가치가 높기 때문에 장기적으로 지배력이 높아질 것이라고 이야기했다. 맞는 말이지만 2017년 비트코인의 상승은 그런 이유 때문이 아니었다. 그저 가격이 오르고 있었고, 이에 현혹된 사람들이 몰려든 매수세가 상승의 가속도를 위험하게 덧붙였기 때문이었다.

그렇다면 합리적 이유에 따른 상승과 비이성적 탐욕에 의한 상승을 어떻게 구분할 수 있을까? 이 또한 쉽지는 않다. 하지만 경험적으로 봤을 때 구분이 쉬운 직관적 방법이 하나 있다. 바로 '상승의 속도'와 '영향력의 속도'를 비교해 보는 것이다. 2017년에 암호화폐들은 1년 새 수십, 수백 배가 오르는 속도를 보여줬다. 이럴 때, 이런 암호화폐가 우리 일상에 실제로 끼친 영향력과 비교를 해보면 된다. 실제로 우리가 이 화폐를 일상에서 얼마나 사용하고 있는지, 현재 지배적인 화폐의 가치가 얼마나 훼손되었는지, 전체 암호화폐 자산 규모가 글로벌 경제에서 얼마만큼의 비중을 차지하고 있는지, 인류의 생활이 암호화폐로 인해 얼마만큼 더 윤택해졌는지 등등 우리가 일상에서 체감할 수 있는 현상의 강도, 영향력이 퍼지는 속도와 자산 가격의 상승 속도를 비교해봐야 한다. 만약 시세의 상승이 내 인생에서 느끼는 변화보다 더 빠르다고 느낀다면 조심해야 한다. 실제 가치보다 더 빠르게 가격이 올라간 자산은 반드시 하락해 원래 자리로 돌아가게 마련이다.

이렇게 합리적인 추론과 비교해서 매수를 하는 것이 진짜 투자이다. 단순히 가격이 오르고 있으니 앞으로 더 오를 것이라는 생각으로 매수하는 것은 투자가 아니라 투기다. 투기의 말로는 정해져 있다. 한두 번은 운 좋게 돈을 벌 수 있지만, 그것이 자신의 실력이라고 착각하는 사람은 같은 투기를 또다시 반복하게 된다. 카지노와 다를 것이 없다. 룰렛을 통해 돈을 딸 수도 있지만, 그것은 운이다. 내 운이 다하고 나면 그때부터는 하우스에 계속해서 돈을 헌납할 수밖에 없다.

그런데 재미있는 사실이 있다. 누군가는 운발이 끝장나게 좋을 수도 있다는 것이다. 로또로 인생 역전을 맞은 사람들도 분명히 존재한다. 카지노에서 잭팟을 터뜨리는 사람도 존재한다. 실제로 암호화폐 투기로 인생을 바꾼 사람도 있었다. 내가 들었던 이야기 중 가장 드라마틱한 이야기는 비트코인을 1억 원어치 매수했던 회사원 부부의 이야기였다. 그들은 수십억으로 불어난 그 돈을 전량 현금화하고 부동산으로 바꿨다. 당연히 다니던 회사는 그만두었다고 한다. 이 이야기를 들은 사람들은 복잡한 감정에 휩싸일 것이다. 부럽기도 하고, 왜 나는 그렇게 하지 못했을까 하는 아쉬움도 생긴다. 어떤 사람은 나도 저렇게 인생 역전을 해야지, 하는 야망이 생길 수도 있다. 하지만 이런 감정들은 하등 쓸모가 없다. 위 부부의 사례는 운이 크게 작용한 극소수의 일이기 때문이다.

투자에는 처음부터 끝까지 상당히 많은 운이 작용한다. 비트코인의 시세를 살펴보면 바닥에서 꼭대기까지는 100배가 넘는 상승도 있었지만 꼭대기에서 하락할 때는 반의 반토막까지 떨어졌다. 누군가는 1억을 수십억으로 불릴 수 있었고 누군가는 1억을 수백만 원으로 쪼그라들도록 까먹을 수도 있었다. 사람들의 매수세가 비합리적이고 비이성적이기 때문에 이런 경우 시세의 변동은 카오스적인 성질을 띤다. 노벨상을 받은 물리학자도 예측할 수 없는 숫자를 일반인이 예측할 수는 없는 것이다. 따라서 저 부부의 사례를 내 인생과 비교하는 것은 의미가 없다. 매수할 때의 상황과 매도할 때의 상황 모두 운이 크게 작용했고, 나에게 동일한 운이 적용될 리 없다는 것을 깨달아야 한다.

하지만 딱 한 가지, 위 부부의 사례에서 배워야 할 점이 있다. 바로 '운'과 '실력'을 냉정히 구분한 것이다. 1억이 수십억이 되는 운 좋은 상황을 맞이한 이 부부는 비트코인을 전량 현금화해 부동산으로 바꾸었다. 이렇게 판단한 이유는 이런 시세상승으로 자산이 불어난 사건이 운이었다는 것을 깨달았기 때문이다. '1억이 수십억이 되었으니, 수십억이 수백억이 될 수도 있잖아?' 이렇게 생각하고 수익실현을 하지 않았다면 큰 폭락을 맞을 수도 있었다. 하지만 더 이상 욕심내지 않고 현금화한 것에는 운과 실력을 구분한 판단력이 작용한 것이다. 다른 코인에 투자하지 않고 부동산으로 전환한 것 또한 안전한 옵션으로 돌아오겠다는 판단을 했기 때문이다. 스스로의 실력으로 또 한 번 수십억을 수십 배 불리는 것은 무리라고 생각했을 것이다. 후행적으로 보기엔 간단해 보이지만, 실제로 그런 판단을 내리려면 자신의 상황을 냉정히 바라볼 수 있어야 한다.

여기서 우리가 꼭 배워야 하는 것은, 투자는 운이 상당히 많이 작용하는 곳이라는 점이다. 이건 무슨 뜻일까? 한두 번의 투자 사례로는 절대로 내 실력을 가늠할 수 없다는 것이다. 그리고 실력에 의해 성공했을 때도 성공의 크기는 운에 따라 천차만별로 나뉠 수 있다는 것을 의미한다.

비트코인의 시세를 생각해보자. 누군가는 수십억을 벌었고 누군가는 수억을 까먹었을 것이다. 소소하게 벌다 만 사람도 있고, 소소하게 잃고 빠져나온 사람도 있다. 이 모든 사람들의 지적 능력에도 수십, 수백 배의 차이가 있을까? 결코 그렇지 않다. 명문대를 나온 사람이 몇억씩 잃은 사례도 있었고, 그렇게 똑똑하지 않은 사람이 크게 벌기도 했다. 주식 투자에서도 크게 다르지 않다. 소수의 사례만으로는 개개인의 절대적 실력을 가늠할 수 없다. 똑같은 투자 아이디어와 똑같은 종목으로 누군가는 돈을 벌 수도 있고, 누군가는 돈을 잃을 수도 있다. 따라서 언뜻 보기에는 공부와 실력이 통하지 않는 거대한 도박판처럼 보이는 것이다.

이런 현상에 대해 잘 정리한 책이 있다. 컬럼비아 MBA에서 투자론을 가르치고 있는 마이클 모부신이 쓴 《마이클 모부신 운과 실력의 성공 방정식》이다. 이 책의 백미는 가로로 놓인 긴 스펙트럼을 통해 각종 분야에서 운과 실력이 작용하는 비율을 비교한 것이다.

가령 스포츠에는 운이 많이 작용하는 종목과 전적으로 실력에 좌우되는 종목이 있다. 야구에는 운이 크게 작용한다. 스트라이크존, 파울 라인, 1루, 2루, 3루의 구분 등 구획이 복잡하다. 둥근 공을 둥근 배트로 때리기 때문에 미묘한 차이에 의해 타구의 방향이 달라진다. 심지어 가만히 놓인 공이 아니라 투수가 던진 공을 쳐야 한다. 그뿐이 아니다. 수많은 타자가 한 번씩 타격 기회를 가지고 로테이션하기 때문에 한 경기당 공을 칠 기회가 매우 적다. 이런 복잡한 변수들이 작용하기 때문에 야구에서는 운이 많이 작용한다고 한다. 반면 테니스에서는 실력이 정말 중요하다. 넓은 코트에서 단 두 명이 경기를 하고 한 경기에서 서로 주고받는 타구의 개수는 수백 개가 된다. 그쯤 때리다 보면 자신의 역량이 더 정확히 드러날 수밖에 없다. 환경적 변수가 많을수록 운이 많이 작용하며, 역량을 드러낼 횟수가 많을 수록 실력이 크게 작용한다. 따라서 경기가 벌어지는 환경, 경기의 룰, 경기 시간, 참여 선수의 수, 각 선수가 역량을 펼칠 기회의 수 등등에 따라 구분할 수 있다.

스포츠의 예를 통해 운과 실력의 작용 원리에 대해 설명한 후, 책에서는 스포츠 외적인 분야를 본격적으로 분석해준다. 카지노는 운이 절대적으로 작용하는 분야이다. 반대쪽 끝에는 체스가 있다. 체스에는 실력이 중요하게 작용한다. 그리고 다양한 분야가 이 끝단의 스펙트럼 사이에 존재한다. 그런데 투자와 사업의 경우 체스보다 카지노에 가까운 분야라고 한다. 운이 굉장히 크게 작용하는 것이다. 일단 사업을 생각해보면, 수많은 경제 변수가 작용하는 환경에서 판단을 내려야 한다. 사업은 태풍의 영향도 받고, 전쟁의 영향도 받고, 사람들의 심리 변화에도 영향을 받는다. 일례로 코로나바이러스가 갑자기 창궐하면 여행사들은 망하지만 마스크를 만드는 회사들은 대박이 난다. 여행사와 마스크 회사의 객관적 실력 차이를 구분할 수는 없다. 모든 것은 바이러스라는 '예측 불가능한 변수' 때문이었다.

투자는 이렇게 운이 작용하는 사업의 영역을 또 한 번 꼬아 놓은 분야다. 자연스럽게 운이 미치는 영향이 커질 수밖에 없다. 따라서 소수의 사례만 보면 도박과의 차이를 느끼기 어렵다. 실제로 대부분의 사람들은 도박과 비슷한 접근법으로 투자를 한다. 어떨 때는 돈을 벌고 어떨 때는 돈을 잃는다. 결과적으로 투자를 통해 자산 증식을 하지는 못한다. 운에 맡기기 때문이다. 운이 좋아야 성공하기에 운이 그저 그렇거나 나쁘면 실패를 하게 된다. 그런 경험을 하고 나면 괜히 스트레스 받을 바에 투자 자체를 하지 말자는 판단을 내리기도 한다. 우리나라 인구 수에 비해 증권계좌의 수가 더 적은 이유는 그것 때문이다. 얼마 없는 증권계좌에서도 꾸준히 수익이 나는 계좌는 적다. 절대다수가 돈을 벌지 못하고 있다. 투자는 아직까지도 소수의 영역이다. 그럼에도 누군가는 공부와 노력을 통해 투자 수익을 만들어가고 있다. 이것은 어떻게 설명할 수 있을까?

운이 많이 작용하는 것과 운에만 의존하는 것은 다르다. 어떤 사람들은 이렇게 운이 많이 작용하는 분야에서도 실력을 토대로 한 성과를 하나씩 만들어 가고 있다. 이들의 비결을 알아야 한다. 한 가지 확실한 것이 있다. 한두 번은 운의 작용이 절대적이지만 오랫동안 그 분야에 머물면 점점 실력이 드러나는 비율이 늘어난다. 투자 또한 1, 2년 안에 성과가 날 수 없는 분야다. 최소 몇 년 이상, 길계는 수십 년에 걸쳐 공부하고 노력해야 하는 분야다. 어떻게 보면 근육을 만드는 것과도 같다. 3달 동안 PT를 끊고 식단조절을 열심히 해서 몸짱이 되었다고 치자. 그런데 그때부터 대충 살면 본래의 체중으로 원상복귀하게 된다. 오히려 요요가 생겨 더 망가질 수도 있다. 꾸준히 단련을 해줘야 오랫동안 건강한 몸을 유지할 수 있다. 관리하지 않으면 끝인 것이다.

투자도 마찬가지다. 한 번 수익이 났다고 해서 공부하지 않고 손을 놓으면 안 된다. 계속 공부해서 투자 근육을 만들고 유지해야 한다. 주식 공부를 하면서 수많은 투자 선배님들을 만났다. 그들 중 성과를 내고 부자가 된 사람들을 보면, 대충 해서 그 자리까지 간 사람은 한 명도 없었다. 모두들 10년 이상의 노력을 통해 경제적 자유를 달성한 분들이었다. 듣기만 해도 골치가 아픈가? 그렇지만 희망적인 점은 경제적 자유를 달성한 투자자들의 삶이 너무도 행복해 보였다는 것이다. 더 이상 남들에게 휘둘리지 않고, 독립적이며 자유로운 삶을 누릴 때의 만족감은 상당하다. 앞으로 10년을 혹독하게 훈련해서 남은 수십 년을 자유와 함께 살 수 있다면 시도해볼 만하지 않은가?

운은 무시할 수 없다. 하지만 오랫동안 시장에 남아
단련할수록 운은 실력으로 덮을 수 있다.

증권 투자의 실전 이야기

그렇다면 투자에서 운을 극복하고 실력을 만드는 구체적인 방법에는 무엇이 있을까? 개인적으로는 다음의 세 가지 실천이 필요하다고 생각한다.

1. 기록한다.
2. 루틴을 만들어 실천한다.
3. 다른 사람과 피드백을 주고받는다.

기록이 주는 기회들

주식 공부를 시작하면서 개인적으로 제일 잘했다 싶은 것 중 하나는 블로그에 글을 쓰기 시작한 것이다. 글을 쓴다는 것은 투자뿐 아니라 모든 성취의 영역에 필수적으로 들어가야 하는 훈련의 과정이다. 팀 페리스의 유명한 책 《타이탄의 도구들》을 보면 과학 기술 문화 전문 잡지 〈와이어드WIRED〉의 창업자인 케빈 켈리의 이야기가 나온다. 케빈 켈리는 생각을 얻기 위해 글을 쓴다고 말했다. 아이디어에서 글감이 나오는 게 아니라 글을 쓰는 행위 자체가 아이디어를 생성시켜 준다는 뜻이다. 기록의 힘은 강하다. 블로그에 글을 쓰며 나 또한 그런 과정을 체험했다. 대단한 내용을 쓴 것도 아니다.

그냥 투자 공부를 하며 배우고 느끼고 생각한 것들을 일기처럼 쓰기 시작했다. 처음 쓴 글을 보면 정말 초라하다. 하지만 시간이 갈수록 투자 철학이 만들어지고 있다는 걸 실감했다.

창조와 연관된 모든 영역에는 이런 관찰이 필요하다. 투자 또한 창조의 영역이다. 시장은 항상 그곳에 존재하지만, 언제 무엇을 얼마나 샀다가 파느냐는 개개인이 모두 다르기 때문이다. 특히 투자 아이디어를 세우는 과정에서는 창의성이 중요하다. 세상에 일어나지 않은 것을 상상하는 작업이기 때문이다. 머릿속에서 생각만 할 때는 항상 자기가 옳다고 느낀다. 하지만 글로 뱉어내는 순간 피상적인 자기합리화와 자신의 진짜 생각을 분리할 수 있다. 전자제품을 분해해서 나열해 보듯이, 내 생각을 분해하고 나열해 직접 관찰할 수 있게 된다. 대부분 창의적 영감은 외부의 새로운 정보에서 만들어진다고 생각한다. 하지만 내 머릿속에 들어 있는 정보를 다른 관점에서 볼 때 진정한 창의성이 발휘된다. 따라서 새로운 정보를 찾아 헤매는 시간 못지 않게 내 생각을 정리하는 기록의 과정이 필요하다.

투자 공부를 시작하고 3년쯤 지났을 때였다. 같은 회사에 다니던 인턴 중 굉장히 성실하고 똑똑한 친구가 있었다. 말도 시원시원하게 하고 성격도 좋아서 누구나 좋아하는 그런 친구였다. 어느 날 회사에서 쉬는 시간에 이런저런 이야기를 하다가 그 친구의 경제상황에 대해 듣게 되었다. 20대의 나이에도 불구하고 번 돈을 집에 고스

란히 보내드리고 본인은 아주 조그만 원룸에서 살고 있다는 이야기였다. 돈이 부족해 적당한 살 곳을 찾지 못해서 매일 출퇴근에만 네 시간 가까이 쓰고 있다는 것도 알게 되었다. 대한민국에 돈 걱정 없는 밀레니얼이 있겠냐마는, 나와 가까운 사람의 알려지지 않은 돈 걱정을 듣다 보니 마음이 좋지 않았다. 마침 그 친구도 재테크 공부를 본격적으로 하고 싶다고 하기에 내가 공부한 모든 것들을 처음부터 정리해 메일로 보내줘야겠다는 결심을 했다.

그러고 나서 막상 글을 쓰다 보니 내가 공부한 것들의 분량이 상당하다는 것을 알게 되었다. 여전히 스스로가 초짜라고 생각했는데 정리해보니 꽤 괜찮고 쓸 만한 내용들이었다. 최소한 나보다 더 초보인 사람에게는 확실히 도움이 될 거라는 느낌이 왔다. 그래서 쓰던 글을 좀 더 정리해 개인 블로그에 하나씩 옮겨 적기 시작했다. 이렇게 올린 블로그 글이 우연찮게 공유되기 시작했고, 이는 더 많은 사람들에게 나를 알리는 계기가 되었다. 개인 일기를 올리던 블로그가 수천 명이 구독하는 개인 채널이 되었고, 덕분에 유튜브 채널도 개설하며 더 많은 기회가 생기기 시작했다. 가장 뿌듯한 성과는 내가 만나기 쉽지 않았던 진짜 재야 고수 개인 투자자들을 만날 기회가 생겼다는 점이다.

루틴의 중요성

이렇게 만난 재야 고수 투자자들을 통해 더 많은 것을 배울 수 있었다. 첫 번째는 투자 자산이 성장하는 곡선은 월급쟁이들의 틀로 생각해선 안 된다는 것이었다. 월급 소득은 선형적으로 성장한다. 올라가는 궤적이 쉽게 예상된다. 하지만 투자 소득, 투자하는 회사의 사업 소득은 비선형적으로 성장한다.

**월급 소득은 선형적으로,
투자 소득은 비선형적으로 성장한다**

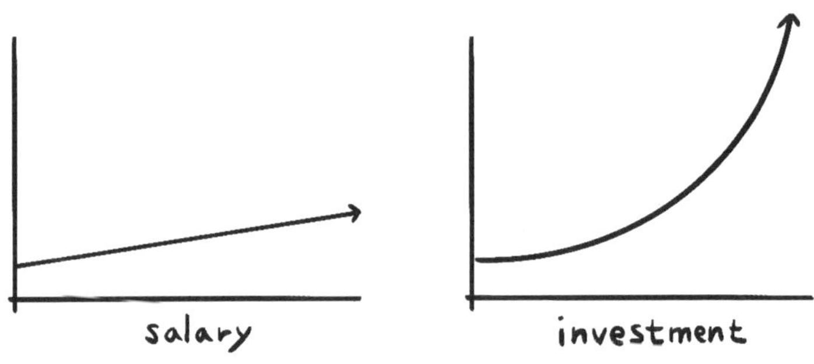

따라서 어느 정도 투자 소득이 쌓인 뒤부터는 무서운 속도로 자산이 불어난다. 우리가 평생 모아도 살 수 없을 것 같은 빌딩을 몇 채씩 갖고 있는 부자들, 1억 모으기도 버거운데 자력으로 수백억 자산가가 된 주식 투자자들. 이런 사람들 또한 비선형적 성장을 통해 만들어지게 된 것이다. 프로 투자자들의 경우 연 10~20% 수익을 내는 것도 어렵다. 보유 자금이 크고 룰이 많기 때문이다.(워런 버핏의 40년 평균 수익률도 20%가 되지 않는다) 하지만 보유 자금이 수억대로 작은 개인 투자자들, 특히 실력이 뛰어난 분들의 경우 연 세 자릿수 이상의 수익률을 기록하는 경우도 있다.

뉴스 등을 통해서 알려진 자산 100억대 이상의 슈퍼개미들의 사례를 보면, 1억이 10억으로 불어나는 기간보다 10억이 100억으로 불어나는 기간이 짧은 경우가 많다. 언뜻 보면 9억을 버는 것보다 90억을 버는 게 더 어려울 것 같지만 전혀 그렇지 않다. 수익률을 기준으로 보면 똑같은 10배 성장이다. 하지만 1억을 10억으로 불리면서 공부한 지식과 투자 경험이 내공으로 쌓이기 때문에, 10억이 100억이 되는 과정에서는 더 발전한 실력으로 투자할 수 있게 된다. 이런 '실력의 향상'이 재테크의 핵심이다. 10억을 목표로 하는 사람에게 100억은 꿈의 이야기지만, 일단 10억을 넘기는 성과를 이룬 사람이라면 100억은 더 현실적인 목표가 될 수 있다.

이런 비선형적 성장으로 몇 년 사이에 큰 자산가가 된 투자 선배님 한 분이 있다. 유튜브를 하다가 알게 되어 가끔씩 이야기를 나누고 조언도 구하는 멘토분들 중 한 명이다. 이 선배님은 일찍부터 주식 투자를 시작했지만, 시작하고 10년 정도는 성과가 그렇게 좋지 않았다고 한다. 뚜렷한 철학을 갖추기 전이라 마음 가는 대로 매매를 하던 때였다. 하지만 제대로 된 투자서를 읽고 스타일을 바꾸기 위해 노력한 이후부터 성과가 매우 좋아졌다고 했다. 그 당시 투자 실력을 쌓기 위해 했던 시도 중 가장 효과가 좋았고 많은 사람들에게 추천한 방법이 있는데, 이는 '증권사 리포트 최대한 많이 읽기'였다.

이분은 직장생활을 할 당시 통근 시간이 매우 긴 상황이었다. 편도로 한 시간 반 가까이가 걸려 출퇴근에만 세 시간이 소요됐다. 그래서 아예 이 시간을 활용해 주식 공부를 하기로 결심했다. 특히 아침 출근 때 사람이 많은 시간을 피하기 위해 새벽 다섯 시에 일어나 버스를 탔다고 한다. 그래야 앉아서 갈 수 있기 때문이다. 그러고는 회사에 도착할 때까지 스마트폰으로 증권사 리포트와 뉴스를 읽는다. 그렇게 한 시간 정도는 버스에서 읽고, 회사에 일찍 도착해 동료들이 출근하는 시간 전까지 생기는 한 시간 동안 이어서 공부를 더 하였다. 이렇게 아침 두 시간 정도를 공부 시간으로 확보하는 루틴을 세웠다고 했다.

여기서 더 중요한 사실은 이 루틴을 끝까지 지킨 것이다. 2년 정도를 하루도 빼먹지 않고 매일 실천하였다는 이분의 일화는 개인투자자들 사이에서 꽤 알려져 있다. 실제 투자에서 성과가 나는 것과 별개로, 매일같이 새벽에 일어나 자료를 읽고 생각하는 루틴을 만든 것이 실력 향상의 중요한 비결이었다. 앞서 말한 것처럼 한 건 한 건의 투자에는 운이 작용한다. 운이 많이 작용하는 영역에서는 결과보다 과정이 중요하다. 그리고 이 '과정'을 최대한 알차게 보내는 방법이 바로 루틴을 세워 꾸준히 지키는 것이다.

이분의 사례뿐 아니라 수많은 성공한 개미 투자자들의 일화를 들으면 항상 루틴의 중요성이 언급된다. 중요한 것은 매일 하는 것이다. 하루도 빠지지 않고 투자 실력 향상을 위해 뭔가를 하는 게 쉽지는 않다. 당장에는 지루하고 귀찮고 힘든 일이다. 게다가 한동안은 그대로 투자 성과에 반영되지도 않는다. 그럼에도 불구하고 실천해야 한다. 대부분의 사람들은 몰라서 못하는 게 아니라 알고도 하지 않는다. 따라서 루틴을 지키는 사람들은 반드시 좋은 결과를 얻는다.

스터디 활동을 하자

요즘 본격적으로 주식 투자를 하는 개인 투자자가 많아지며 주식을 함께 공부하기 위한 스터디도 굉장히 활성화되고 있다. 학창 시절에 취업 스터디를 하던 사람들이 직장생활을 시작한 이후부터는 월급으로 하는 재테크를 배우기 위해 투자 스터디에 가입하는 것이다. 판단은 혼자서, 공부는 여럿이. 이것이 주식 투자에 성공하기 위한 중요한 자세다. 최종 판단은 남의 의견에 흔들리지 않고 독립적으로 내릴 수 있어야 하지만 독립적인 의견을 세우기 전까지는 최대한 객관성을 확보할 필요가 있다. 공부한 내용과 개인적인 의견을 다른 사람과 나누며 피드백을 받다 보면 내가 놓쳤던 부분에 대해 알게 될 수도 있고 내 의견의 정당성이 강화될 수도 있다. 어떤 방향이건 내 분석의 정확도가 높아진다.

'메타인지meta-cognition'라는 개념이 있다. 성공한 사람들이 그렇지 않은 사람과 어떤 차이가 있는지 연구하는 과정에서 IQ나 집안 내력, 학력 등 흔히 생각하는 조건의 차이보다 더 중요한 게 존재한다는 것이 발견되었다. 바로 자신의 지적 능력과 인지 수준을 객관적으로 판단하는 분별력이다. 성공한 사람들은 그렇지 못한 사람들에 비해 자신의 실제 수준을 더 객관적으로 파악한다고 한다. 반면 그렇지 못한 사람들은 자신의 수준을 실제보다 더 높게 평가하는 경향이 있다. 누구에게나 한계는 있다. 하지만 자신의 한계를 정확히 아는 사람이 그렇지 못한 사람보다 더 나은 판단을 내릴 수 있는 확률이 높다. 메타인지는 자신의 주관을 초월한 인지 능력인 것이다.

투자 판단을 내릴 때도 마찬가지다. 사람은 누구나 자신의 의견을 미화하고 강화시킨다. 자칫 과도한 낙관으로 잘못된 투자 결정을 내릴 수도 있는 것이다. 이런 실수를 피하기 위해서는 내 정보와 생각을 최대한 객관적으로 보아야 하고, 그러기 위해서는 계속해서 다른 사람과 의견을 교환해야 한다. 따라서 주식 투자를 할 때 리서치를 하고 리서치의 결과를 공유하는 스터디 활동은 필수적이다. 간혹 스터디에서 군중심리에 휩쓸리는 문제점이 생기기도 한다. 하지만 아무것도 모르는 초보 입장에서 빠르게 투자 실력을 쌓으려면 스터디 활동이 꼭 필요하다. 다른 사람들의 공부와 생각을 벤치마킹할 수 있고, 그런 배움으로 내 분석의 수준을 빠르게 끌어 올릴 수 있기 때문이다.

생각의 기록, 루틴의 실천, 스터디 가입. 세 가지 실천방법을 제시했지만 이 외에도 투자 실력을 쌓기 위해 해야 하는 것들은 많다. 결론은 쉽게 실력을 쌓은 사람은 단 한 명도 없다는 것이다. 모두가 피나는 노력과 경험을 통해 투자에서 성과를 거두었다. 주식 투자는 출근을 하지 않아도 되는 불로 소득이기도 하지만, 혹독한 지적 노동이 필요한 격노 소득이기도 하다.

노력할 시간이 없다면 어떻게 해야 할까?

앞서 이야기한 것처럼, 투자는 상당한 지적 노동을 필요로 하는 활동이다. 많은 시간을 들여야 남다른 성과가 나온다. 하지만 이런 시간을 내는 것 자체가 사치인 분들도 있다. 주변 사람들에게 "공부하고 노력하면 누구나 할 수 있어요"라고 이야기했을 때, 절반 이상이 비슷한 대답을 하곤 했다. "그런데 저는 다른 일이 많아서 도저히 공부할 시간이 나지 않아요." 개인적으로는 경제적 속박을 벗어나는 것보다 중요한 다른 일이 어떤 것들인지 의아하긴 하다. 돈이 최우선이라는 뜻이 아니라, 돈이 해결되면 다른 수많은 문제들이 해결되는 경우가 많기 때문이다.

그런데 각자의 상황이 다르고 현재의 상태가 다른 것은 사실이다. 본업이 너무 바빠서, 육아가 힘들어서, 타고난 게 게을러서, 공부머리가 없어서 등등. 부득이하게 주식 공부에 시간을 쓰기 힘든 분들도 많다. 하지만 상황이야 어쨌든 자산도 불려야 한다. 다양한 투자 방법들 중 최대한 소극적으로 실천할 수 있는 방법은 없을까? 이런 경우 투자 대상을 찾기 위해 기업의 개별 성적을 확인하는 수고를 들일 수 없다. 그렇다면 주식 시장만의 속성을 벗어나 사본주의와 인류의 역사가 지니는 장기적으로 검증된 확실한 속성을 활용해야 한다. 공부에 시간을 들일 수 없다는 전제 하에 투자 수익을 내려면 몇 가지 조건이 존재한다.

목표 수익률의 냉정한 세팅

수동적으로 수익을 내고 싶다면 수익률을 조금 양보해야 한다. 가령 연평균 20% 이상의 수익은 불가능하다는 것을 인지해야 한다. 대신 주식 투자를 포기하지 않는다면 예금이자보다는 확실히 더 나은 돈을 벌 수 있다. 이론적으로 봤을 때, 주식에 초장기로 투자하면 연평균 7~8%대의 수익률은 가능하다. 여기에 약간의 인사이트를 섞어 장기적으로 10% 초반대의 수익률을 가져 가는 것을 목표로 하는 정도가 최선이다.

장기적 확률로 확실히 돈을 버는 투자처

고수익의 기반은 판단력이다. 하지만 판단력을 기르려면 공부가 선행되어야 한다. 공부가 불가능하다면 판단력이 아니라 다른 방법으로 돈을 벌어야 한다. 역사적으로 옳은 확률에 투자하는 것도 방법이다. 긴 기간을 기준으로 하면 확률적인 정확도가 높아진다. 당장 내일 날씨가 몇도일지 정확히 맞추는 건 어렵다. 하지만 여름이 겨울보다 따뜻할 거라는 건 확실히 알 수 있다. 이렇게 역사적 확률이 높은 영역에 투자를 하는 것이다.

단순한 원칙에의 집중

대부분의 복잡한 원칙은 성과를 내는 데 자신이 없을 때 만들어진다. 수익률에 지나친 욕심을 내지 않는다면 단순한 원칙으로도 충분히 성과를 낼 수 있다. 실천 가능성 측면에서 볼 때, 원칙은 복잡할수록 지키기 어렵다. 지키기 쉬운 원칙을 세워야 따를 수 있다.

장기 투자

장기 투자는 예외 없이 좋은 성과를 돌려준다. 역사와 통계가 증명해주고 있다. 2~3년 후의 경기는 맞추기 어렵지만 10~20년 뒤 인류가 지금보다 번영할 것은 확실하다. 외계인이 침공하거나 운석이 떨어지지 않는 이상, 인류의 번영에 투자하면 자산은 반드시 늘어날 수 있다.

이런 전제를 기반으로 시간이 없는 투자자들이 따르기 좋은, 추가 공부시간을 들이지 않아도 괜찮은 투자법 네 가지를 다음과 같이 뽑아보았다.

1. 지수 인덱스 투자

워런 버핏과 펀드매니저들의 유명한 내기 일화가 있다. 펀드매니저들이 액티브 펀드로 주식을 발굴하며 매매할 때, 지수 인덱스에만 투자해도 더 나은 성과를 낼 수 있다는 버핏의 주장이 화제가 되었다. 이로 인해 모 헤지펀드와 10년짜리 내기가 벌어졌다. 버핏은 인덱스 펀드의 수익률에 돈을 걸고, 헤지펀드는 자신의 투자 성과에 돈을 걸었다. 놀랍게도 10년 후 성과를 비교했을 때 지수 수익률이 펀드를 능가하여 버핏이 내기에서 승리했다.

인덱스에 투자하는 것은 쉽게 말해 한 나라의 증시 자체에 투자하는 것으로 보면 된다. 그 나라의 발전을 확신한다는 뜻이다. 한국이 과연 망할까? 비관론자들이 나라 망한다고 온갖 한탄을 해도 국민소득은 3만 불을 넘어섰다. 그래도 한국이 불안하다면 미국은 어떨까? 미국이 망할까? 인구, 지정학적 위치, 자본력, 기술 발전… 모든 영역에서 유리한 나라이다. 그렇기 때문에 최적의 투자처가 될 수 있다. 선진국에만 투자하기 아쉽다면 흔히 이머징emerging이라고 불리는 고성장 국가에 투자하면 된다. 베트남 등 아세안 국가들도 전망이 좋다. 더 먼 미래에는 아프리카도 이머징 시장으로 활약하며 경제가 성장할 것이다. 그런 나라의 지수 인덱스에 투자를 하는 방법이다.

2. 시총 1위 회사만 매수

특정 국가의 시총 1위 기업만 매수하는 전략이다. 지수 인덱스에 투자하는 것보다는 리스크가 있지만 훨씬 강력한 수익을 기대할 수 있는 방법이다.

어떤 증권사 임원분이 자신이 뵙게 된 노교수님의 일화를 공유한 기사가 있었다. 이 교수님은 놀랍게도 주식을 통해 1조가 넘는 재산을 만들었다고 한다. 그는 70년대부터 주식을 시작해 단일 전략을 썼다. 바로 시총 1위 기업에 투자하는 것이다. 과거에는 건설주, 은행주, 한국전력 등 당대의 1위 기업에 투자했다. 그러다가 시총 1위의 순서가 뒤바뀌게 되면 교체매매를 했다고. 2000년 초반부터는 부동의 1위인 삼성전자를 계속 보유하고 있었을 것이다. 최근 20년간 삼성전자의 차트만 보아도 이 전략의 성과를 쉽게 예상할 수 있다.

시총 1위 회사 매수 방법이 강력한 이유는 무엇일까? 숫자로는 놓치기 쉽지만 매우 중요한 핵심 경쟁력 하나를 확보할 수 있기 때문이다. 바로 '인재'에 대한 경쟁력이다. 시가총액이 가장 큰 기업은 당대의 트렌드를 반영하고, 높은 연봉을 통해 가장 유능한 인재를 거느리는 경우가 많다. 그렇게 모인 인재는 당연히 평균 이상의 능력을 발휘할 테고, 그 능력은 더 좋은 기업 실적으로 돌아오게 된다. 우리나라 1위 기업도 괜찮고 지수 투자와 마찬가지로 마음에 드는 국가의 1위 기업들을 찾아서 투자할 수도 있다.

3. 버크셔 해서웨이 매수

세계 부호 Top 5중 유일한 '증권 투자 전문가'는 워런 버핏이다. 버핏의 회사, 버크셔 해서웨이의 장기 투자 성과는 그 누구도 부정하지 못한다. 당연히 명실상부한 세계 최고의 투자자로 인정받을 수 있다. 버핏보다 투자를 잘할 자신이 없다면 버핏에게 투자를 하자. 이것이 버크셔 해서웨이 매수의 논리다. 투자에 일가견이 있지만 더 이상 공격적 투자를 할 필요성을 못 느끼는 자산가들 중 버크셔 해서웨이 주식만 갖고 있는 분들이 은근히 있다고 한다.

4. 시장 폭락 천수답

마지막으로, 금융위기 등 큰 시장 폭락이 올 때까지 주식 투자를 하지 않고 현금을 쥔 채 기다리는 방법이다. 투자 수익이 나는 확실한 종목을 찾기 어렵다면 투자 수익이 나는 확실한 시기를 찾을 수도 있다. 바로 위기를 기다리는 것이다.

신용 사회의 시스템적 속성과 인간의 욕심이라는 본성이 만나면 필연적으로 한 번씩 시장 폭락의 위기가 나타나게 된다. 이것은 불편하지만 자연스러운 진실이다. 금융 역사상 단 한 번의 예외도 없이 큰 폭락의 시기가 간헐적으로 찾아왔다. 가장 최근에는 팬데믹으로 인해 2020년 3월에 큰 폭락이 찾아왔었다. 개별 기업의 저평가 여부를 찾는 건 쉽지 않지만 이런 폭락기에는 모두가 함께 저평가가 된다. 이른바 패닉셀panic sell 기간을 노리는 것이다. 주식 투자에 대한 지식이 많지 않아도 저평가 주식을 살 기회를 얻을 수 있다.

대신 이 방법을 현실화하려면 상상을 초월하는 인내심이 필요하다. 여태까지 이런 시장 폭락은 최소 5, 6년 길게는 10년 이상의 주기로 찾아왔다. 10년 이상의 기간 동안 아무것도 하지 않고 기다린다? 아무나 시도할 수 있는 방법은 아니다. 대신 실행할 수만 있다면 확실한 수익을 얻을 수 있을 것이다.

위의 네 가지 전략들로 수익을 내기 위해서는 다음의 중요한 조건이 있다.

1. 공부를 '완전히' 포기하라

어설프게 공부하면 손실만 난다. 주식 시장은 결코 만만치 않다. 의도적으로 정보를 차단해야 할 수도 있다. 견물생심이라고 새로운 정보를 습득하는 순간 이상한 유혹에 빠지는 경우가 많다. 따라서 공부할 여유가 없는데 주식은 하고 싶다면 공부를 아예 금하는 대범함을 발휘해야 한다. 생각보다 중요하다. 애매하게 공부하면 공부하지 않고 할 때보다 더 큰 손해가 발생할 수도 있다. 어설픈 지식이 무지보다 위험하다.

2. 본업을 통해 투자금을 지속적으로 적립하라

주식 투자가 어려운 이유 중 하나는 단기적 변동성이다. 일반적으로 변동성의 극복은 분산 투자로 가능하다고 한다. 하지만 앞서 언급한 방법으로 투자를 한다면 종목의 분산이 어렵다. 단일 전략을 고수해야 하기 때문이다. 이럴 때는 종목 분산이 아닌 시간 분산을 하는 것으로 보완해야 한다. 즉 여러 번에 걸쳐 나눠서 매수하는 것이다. 가장 일반적인 형태는 월급을 받을 때마다 적금을 붓듯이 일정하게 매수하는 방법이다.

공부해서 발굴한 종목에 직접 투자를 할 때도 마찬가지다. 애매한 종목 분산보다는 시점 분산을 통해 같은 자산을 여러 번에 걸쳐 매수하는 것이 훨씬 효과적이다.

3. 10년 이상을 바라보고 장기로 투자하라

10년 뒤에 인류가 지금보다 더 잘살 것은 거의 확실하다. 다시 말해, 10년 이내의 단기적 변동성을 무시할 수만 있으면 반드시 돈을 번다는 것이다. 최고의 방법을 찾는 것보다 괜찮은 방법을 지키는 게 더 어렵다. 단순한 방법에 수동적으로 투자하는 편이 위험한 방법에 적극적으로 투자하는 것보다 훨씬 좋은 성과를 낼 수 있다.

대신 같은 전략을 꾸준히 고수해야 한다. 위에 설명한 예시들은 최소 10년 이상 유지할 수 있어야 의미 있는 성과가 나오는 방법이다. 중간에 다른 전략으로 갈아타면서 성장 동력을 부러뜨리는 일이 생겨서는 안 된다. 교통 체증의 징크스를 떠올려보자. 한 차선으로 계속 가면 안전하고 빠르게 갈 수 있는데 괜히 여기 저기 차선을 옮겨다니다 오히려 내가 붙는 차선만 막히는 경우와도 비슷하다.

투자뿐 아니라 거의 모든 성취의 영역이 그러하다. 최고의 전략을 찾아 촐싹거리는 것보다는 평범한 전략이라도 성과가 날 때까지 버티는 게 답이다.

에필로그

처음 제주로 이주하는 날이었다. 자동차로 6시간을 달려 완도항에 도착해 카페리car ferry에 차를 싣고 객실로 들어갔다. 강아지(이름 만수르, 당시 3살)는 낯선 곳에서 케이지에 갇혀 있는 게 무서웠는지 틈만 나면 낑낑거렸다. 그러면 나는 주변 사람들 눈치를 보고는 조그만 간식을 케이지 안으로 계속 넣어 주며 강아지를 달랬다. 그렇게 배 안을 한 번도 구경하지 못한 채 강아지가 들어있는 케이지를 끌어 안고 2시간 반 동안 바다를 건넜다.

그 초조하고 무료한 시간을 달래기 위해 책을 한 권 읽었다. 박종기님이 쓴 《지중해 부자》라는 책이었다. 수십 년 전부터 목숨 걸고 주식 투자를 해 엄청난 부자가 되었으며, 지금은 지중해에 집을 사서 느긋하고 풍요로운 노후를 보내는 자산가의 이야기였다.

새벽 5시부터 이사를 하느라 피곤에 절어 있었지만, 카페리 3등급 객실에 드러누워 책을 읽다 보니 점점 기분이 좋아지기 시작했다. 바다를 건너고 나면 왠지 나도 부자가 되어 있을 것만 같았고, 이 항해가 자유로운 영혼이 되어 우리나라에서 가장 따뜻한 섬을 즐기는 행복한 백수가 되는 여정처럼 느껴졌다.

평소에 책과 친하지 않더라도 가끔은 책이 술술 잘 읽히는 경험을 하게 될 때가 있다. 여행을 떠나는 비행기 안에서 읽는 책처럼 말이다. 출발 시간을 기다리며 대합실을 서성이다 우연히 공항 서점에 들어가 고른 책을 읽어 본 경험이 있다면 공감할 것이다. 희한하게도 그렇게 펼쳐 든 책들은 비행 내내 잠잘 겨를도 없이 단숨에 읽어 내려가게 된다. 아마 여행을 앞둔, 새로운 모험이 주는 설렘과 기대감 때문이 아닐까. 좋은 기분으로 시작하면 무엇이든 좋게 받아들일 수 있으니까.

같은 대상이라도 내 기분에 따라 전혀 다르게 받아들일 수 있다. 똑같이 해외를 나가도 출장으로 가는 것보다 여행으로 가는 게 더 재미있을 것이다. 출장과 여행을 대하는 나의 기분과 자세가 다르기 때문이다. 똑같은 업무를 받아도 어떤 사람은 즐겁게 하고 누군가는 억지로 한다. 나에게 소중한 월급과 배울 기회를 주는 일이라고 여기면 즐겁고, 쥐꼬리만 한 돈을 주면서 중요하지도 않은 일을 시킨다고 생각하면 정말 하기 싫을 것이다. 내가 맞닥뜨리는 일의 실제 매력은 중요하지 않다. 중요한 건 '자발성'의 정도다. 내가 기꺼이 하는 일이라면 고되고 힘들어도 재미있고, 내가 억지로 하는 일이라면 쉽고 편해도 싫기만 하다. 그런데 다행인 건 자발성의 여부가 전적으로 나의 결정에 달렸다는 점이다. 어떤 일을 받아들이는 좋고 싫음은 직접 정할 수 있다.

경제적 자유로 가는 길은 절대로 쉽지 않다. 쉬우면 누구나 다 부자였을 것이다. 누구나 다 자유로웠을 것이다. 주식 투자가 지금처럼 주목받기 전에 기업을 공부하고 주식을 사자고 주변의 많은 지인들에게 권유했다.(사실 오지랖이긴 했다) 하지만 10명에게 얘기했을 때 5명 정도가 겨우 관심을 보였고, 그 중 3명 정도가 실제로 시작해 보는 듯했다. 그중 1, 2년 이상 투자를 이어간 사람은 1명이 될까 말까였다.

온라인 클래스 플랫폼인 '클래스101'을 통해 매일 투자 공부를 하는 루틴 프로그램을 만들었다. 네이버 카페를 개설하고 수강생 분들을 초대하여 각자의 게시판을 만들어 드렸다. 매일매일 공부한 결과를 적어서 올리고 서로서로 공부를 독려하자고 제안했다. 200명이 조금 넘게 가입했을 무렵이었다. 가입자 수만큼 게시판이 개설되어 있었지만 실제로 글이 올라오는 게시판은 5개도 되지 않았다. 사실 확률적으로 당연한 현상이었다. 아주 어려운 숙제는 아니지만 아무나 실천하지는 못하는 일이기 때문이다.

경제적 자유를 얻기 위해 재테크를 공부하고 돈을 아끼는 것. 어떻게 보면 고3 시절을 다시 살아보는 것과도 비슷하다. 하고 싶은 것, 놀고 싶은 것들을 참아야 하고 잠을 줄이며 공부 시간을 늘려야 한다. 중간중간의 시험(투자) 결과가 나쁠 때는 마음의 상처도 입는다. 그래도 털어 내고 다시 하던 일, 지키던 루틴을 이어가야 한다. 그리고 이렇게 어려운 일이기에 더더욱 즐겨야 한다. 아니, 즐거움이라는 감정을 '선택'해야 한다. 경제적 자유로 가는 길을 또한 하나의 여행으로 받아들이자. 어렵고 힘겨운 숙제로 생각하면 끝내기 어렵다. 하지만 나를 시험할 수 있는 여행이라고 생각하면 즐겁게 달성할 수 있다. 매 순간이 역경이고 함정이라고 생각하지 말자. 매 순간을 모험과 성취로 생각하자.

처음부터 끝까지 정체성 싸움이다. '나는 이것을 힘들게 겪어야 하는 사람'이라고 생각하면 오래 갈 수 없다. '나는 기꺼이 이것을 선택한 사람'이라고 생각해야 한다. 이미 해낸 거라고 스스로를 속여버리면 더더욱 좋다. 다음의 두 문장을 비교해 보자.

나는 돈이 없어서 궁상떠는 사람, 남들 놀 시간에 머리 싸매고 공부해야 하는 사람이다.	나는 절제력이 있고 자기통제에 능한 사람, 미래를 위해 매일매일 단련하는 사람이다.

같은 일을 해도 어떤 마인드인지에 따라 결과와 효과가 달라진다. 이미 나는 부자라고 생각하고 진짜 자수성가한 부자들처럼 행동하자. 그들의 소비력이 아니라 그들의 자기관리를 따라하는 것이다.

대부분의 사람들은 '자유'에 대해 제대로 오해하고 있다. 자유는 주관적인 가치다. 누군가에게는 속박으로 느껴질 상황이 누군가에게는 더할 나위 없는 자유로 느껴질 수 있다. 그리고 이것은 철저히 개인적인 도전이다. 넷플릭스 다큐멘터리 〈파이트월드Fightworld〉에서 진행자이자 배우인 프랭크 그릴로가 무에타이 챔피언에게 이런 질문을 했다. "당신은 경기 상대방이 결정되면 그 상대에 대해서 얼마나 연구를 하시나요?" 챔피언의 대답은 의외였다. "상대방에 대해 너무 신경쓰면 안 됩니다. 중요한 건 나 자신이 얼마나 완벽하게 준비되었나 하는 것이죠. 내가 완벽하게 준비가 되면 싸워서 이길 수 있습니다." 1:1로 승부를 겨루는 격투기의 세계에서도 궁극적으로는 남을 이기는 게 아니라 나 자신을 이기는 게 중요하다는 교훈이었다.

그렇다면 개인적으로 자유로움을 느끼기 위한 파이어로의 도전은 더더욱 그러하지 않겠는가. 자유를 쟁취하는 과정은 타인과의 경쟁이 아니다. 나 자신과의 싸움이자 혼자 하는 훈련이다. 그런데 일부 사람들은 재테크를 공부하면서 끊임없이 옆자리를 기웃거린다. 혼자 잘하면 되는 일도 남과 비교하며 자신의 경험으로 깨달으려 하지 않고 남이 해준 이야기에 의존하려 한다.

2020년 들어 재테크, 특히 주식 투자 열풍이 밀레니얼 세대와 Z세대 사이에게 번졌다. 하지만 절대다수의 사람들이 쉽게 얻는 정보, 남이 떠먹여주는 정보만 찾아다닌다. 이런 정보들은 차고 넘치다 못해 줄줄 흘러내리고 있다. 신문기사만 봐도 수많은 종목 이야기가 범람하고, 유튜브나 블로그를 통해 수많은 투자 고수들이나 전문가들이 한마디씩 거드는 시대다.

개인적으로는 이런 부분이 아쉬웠다. 수시로 정보를 쏟아내는 미디어가 잘못되었다는 건 아니다. 하지만 이런 미디어의 홍수 속에서 중심을 잡지 못하고 팔랑귀를 휘날리는 재테크 입문자들의 모습은 아쉽다. 빠르게 생산되고 빠르게 소비되는 정보는 유통기한도 짧다. 특히 매일매일 올라오는 시황이나 전망은 전혀 도움이 되지 않는다. 처음 재테크에 입문해 절약을 시작하고 투자 대상을 찾는 초보자들에게는 1초마다 변하는 정보보다 10년이 지나지 않아도 변하지 않는 정보가 중요하다. 느린 호흡으로, 작은 정보라도 스스로의 생각과 고민을 병행하며 충분히 곱씹어 보는 자세가 필요하다. 현재 세계 최고의 부자인 아마존의 제프 베조스도 그렇게 말했다. "모든 것이 빠르게 변하는 시대에는 아무리 세월이 흘러도 변하지 않는 게 무엇인지 찾아야 한다."

내가 유튜브에 영상 올리는 것을 줄이고, 책으로 이야기를 시작한 것도 이런 맥락에서였다. 유속이 빠른 강물에 뜬 낙엽처럼 1초만 지나도 저만치 달아나 버리는 온라인 콘텐츠에서는 다룰 수 없는 느린 이야기. 과거에도 변하지 않았고 앞으로도 변하지 않을 이야기를 다루고 싶었다. 몇 년 남짓한 짧은 경험이지만 내가 고생하며 얻어 낸 교훈들 중 가장 오래 남아 있을 것들을 공유하고 싶었다. 만약 책에서 해온 많은 이야기를 단 한 줄로 요약한다면 어떻게 말할 수 있을까?

평범한 진리를 비범하게 실천해야 한다.

경제적 자유를 얻는 데 선천적 재능과 천재성은 크게 필요하지 않다. 결국은 실천력에 달려 있다. 정보가 홍수를 이루는 시대에 몰라서 못하는 것은 없다. 알아도 안 해서 못하는 것이다. 거의 모든 분야의 성공은 재능이나 운이 아니라 시간을 낚는 실천력에 달려 있다. 물론 약간의 재능과 운도 필요하긴 하겠지만, 그것은 성공의 규모에 차이를 줄 뿐 성패의 여부에는 영향을 미치지 않는다.

평범한 진리를 꾸준히 실천하다 보면 정도의 차이는 있을지언정 누구나 원하는 결과를 얻을 수 있다. 운이 좀 따라주는 사람은 상상도 못할 만큼 거부가 되어 있을 것이고, 운이 좋지 않은 사람이라도 최소한 노후와 노동에 대한 걱정에서는 해방될 수 있을 것이다. 스스로에게 떳떳할 만큼 실천할 수 있다면 성패에 대한 의심은 전혀 할 필요가 없다. 그렇기 때문에 불안한 마음이 아니라 설레는 마음으로 출발할 수 있고, 파병이 아니라 여행의 마음으로 떠날 수 있게 된다.

처음으로 책을 쓰는 일이 쉽지는 않았다. 아이디어와 교훈은 오래된 방의 먼지처럼 겹겹이 쌓여 있었지만 그것을 누군가가 읽을 수 있는 이야기로 풀어 내는 과정은 개인적으로도 큰 도전이었다. 책을 쓸 기회를 주고 과정을 함께해주신 토네이도 출판사에 감사드린다.(개인적으로 정말 좋아하는 팀 페리스의 책들을 출판해준 것도 감사드린다) 나에게 진짜 자유가 무엇이며 인생의 가장 중요한 가치가 어디에 있는지 깨닫게 해준 아내(이름 윤소운, 현재 34살)와 강아지(이름 만수르, 현재 6살)에게도 감사하다.

언젠가 이 책을 읽어 주신 감사한 분들을 만나고 싶다. 무엇보다도 자본주의의 희생자가 아닌 이용자, 수혜자가 되어 만나길 기원한다.

2020년 가을, 제주 서귀포에서

여신욱

서른여섯, 은퇴하기 좋은 나이

1판 1쇄 발행 2020년 12월 24일

지은이 여신욱
발행인 오영진 김진갑
발행처 토네이도

책임편집 허재희
기획편집 이다희 박수진 박은화 진송이
디자인팀 안윤민 김현주
표지 및 본문 디자인 유어텍스트
마케팅 박시현 신하은 박준서 김예은
경영지원 이혜선

출판등록 2006년 1월 11일 제313-2006-15호
주소 서울시 마포구 월드컵북로5가길 12 서교빌딩 2층
전화 02-332-3310 팩스 02-332-7741
블로그 blog.naver.com/midnightbookstore
페이스북 www.facebook.com/tornadobook

ISBN 979-11-5851-200-2 03320

토네이도는 토네이도미디어그룹(주)의 자기계발/경제경영 브랜드입니다.

이 도서의 국립중앙도서관 출판예정도서목록(CIP)은 서지정보유통지원시스템 홈페이지(http://seoji.nl.go.kr)와 국가자료공동목록시스템(http://www.nl.go.kr/kolisnet)에서 이용하실 수 있습니다.
(CIP제어번호: CIP2020050013)